精神医学
ソーシャルワーカーの
「かかわり」論

長期入院精神障害者の
退院支援における関係を問う

國重智宏
KUNISHIGE Tomohiro

明石書店

精神医学ソーシャルワーカーの「かかわり」論

長期入院精神障害者の退院支援における関係を問う

目 次

序　章　なぜ長期入院精神障害者の退院支援において
　　　　「かかわり」が求められるのか ……………………………… 9

第1節　研究の背景　9
第2節　研究目的　11
第3節　用語の整理　12
　　　1．「かかわり」とは――関係に関する概念との比較　12
　　　2．精神医学ソーシャルワーカー、精神保健福祉士、相談支援専門員　12
　　　3．退院支援　13
第4節　研究の概要と方法　14

第1章　長期入院精神障害者の抱える困難と
　　　　PSWによる退院支援の歴史的課題……………………………… 17

第1節　長期入院精神障害者の抱える困難　17
第2節　精神病院への収容政策の展開とPSW　22
　　　1．PSWの誕生と精神病院における収容政策の始まり　22
　　　2．収容政策の裏返しとして始まった社会復帰活動の拡がり　25
　　　3．PSW協会の混乱からみえてきた長期入院問題　28
　　　4．精神病院での社会復帰活動に行き詰まりを感じたPSWによる地域活動　31
第3節　PSWによる人権回復への取り組み　34
　　　1．報徳会宇都宮病院事件と社会復帰施設の誕生　34
　　　2．精神病院における退院援助の難しさ　39
　　　3．大和川病院事件と退院促進事業の始まり　42
第4節　長期入院精神障害者の退院支援を巡る問題の所在　43
　　　1．退院促進事業の課題と地域移行支援事業の展開　43
　　　2．精神科病院における退院支援の限界――業務に縛られる精神保健福祉士　47
　　　3．全面的な生活支援を軸とした先進的な地域実践　49
第5節　退院支援の限界と全面的な生活支援の必要性　51

第2章　精神医学ソーシャルワークにおける
　　　　「かかわり」への着目 ………………………………………… 55

第1節　人権侵害に直面するなかで変化したワーカー・クライエント関係　55
　　　1．ケースワークの基盤としてのワーカー・クライエント関係　55

2. 人権侵害により始まった「かかわり」の模索　57

第2節　2つの「かかわり」にみる「かかわり」の論点　59

1. 柏木昭の「かかわり」論　59
2. 谷中輝雄の「かかわり」論　68

第3節　「かかわり」の現在　73

1. 日本精神保健福祉士協会における「かかわり」の位置づけ　73
2. 精神保健福祉領域における「かかわり」に関する先行研究の動向　80

第4節　実践理論としての「かかわり」の必要性と研究課題　87

第**3**章　長期入院精神障害者の退院支援における
相談支援事業所PSWの「かかわり」のプロセス
—— 相談支援事業所に勤務するPSWに対する質的調査から　……　**89**

第1節　研究目的および方法　89

1. 研究目的　89
2. 調査協力者　89
3. 実施方法　90
4. 分析方法　91
5. 倫理的配慮　94

第2節　結果と考察　94

1. ストーリーライン　97
2. 概念の説明　97

第3節　まとめ　129

1. 本調査のオリジナリティ　129
2. 本調査の限界と課題　132

第**4**章　長期入院精神障害者の地域移行支援における
相談支援専門員の「かかわり」
—— 相談支援専門員に対する量的調査から　…………………………**133**

第1節　研究方法　133

1. 研究目的　133
2. 調査方法　134
3. 回収数　134

4.　回答者の属性　135
　　5.　倫理的配慮　135
第2節　結　果　135
　　1.　地域移行支援における「かかわり」の構成要素の抽出　135
　　2.　「かかわり」の構成要素間ならびにアウトカムへの影響　142
　　3.　業務の枠を超えた活動を行う相談支援専門員の傾向　144
第3節　考　察　146
　　1.　「一緒に行う」ことを中心に展開される「かかわり」　146
　　2.　退院に影響を与える要因としての「一緒に行う」　147
　　3.　生活場面をともにする「かかわり」を行う援助者の特徴　149
　　4.　本調査の限界　150
第4節　結　論　151

第5章　一緒に行うことを通して退院に至る
相談支援専門員との「かかわり」
　　——長期入院経験者へのインタビュー調査から ···················**153**

第1節　研究目的　153
第2節　研究方法　154
　　1.　調査協力者　154
　　2.　実施方法　154
　　3.　分析方法　155
　　4.　倫理的配慮　156
第3節　結　果　156
　　1.　退院に向けて【一緒に行う】　156
　　2.　相談支援専門員に【相談する】　159
　　3.　契約終了後も【つながっている】　161
第4節　考　察　161
　　1.　【一緒に行う】ことで「関係に基づく援助」を補う　161
　　2.　【一緒に行う】ことで「関係に基づく援助」の替わりを担う　163
　　3.　【一緒に行う】ことで自己決定する力が育つ　165
　　4.　【つながっている】ことで自立できる　167
　　5.　研究の限界と課題　167
第5節　結　論　168

終　章　長期入院精神障害者の退院支援における
　　　　「かかわり」とは何か
　　　　──総合考察 ………………………………………………**169**

　第1節　退院支援における長期入院精神障害者との「かかわり」　169
　　　1．退院支援における「かかわり」の構成要素　169
　　　2．「一緒に行う」ことが退院に与える影響　172
　　　3．「かかわり」を通して自己決定する力が育つ　173
　　　4．退院支援における「かかわり」のプロセス　175
　　　5．退院支援における「かかわり」の必要性とその意義　177
　第2節　「かかわり」とは何か　182
　　　1．「援助する者－される者」と「人と人としての関係」を併せもつ関係　182
　　　2．「一緒に行う」ことを通して自己決定する力が育つ関係　185
　　　3．援助契約終了後もつながり続ける関係　186
　　　4．長期入院者の退院支援における「かかわり」の特徴　187
　第3節　「かかわり」の課題と可能性　188
　　　1．「かかわり」の課題　188
　　　2．「かかわり」の可能性　189
　第4節　本研究の限界と今後の研究課題　191
　　　1．「人と人としての関係」の構造とその意義の検討　191
　　　2．「一緒に行う」ことを中心とした効果的な援助要素の検証　192
　　　3．「つながり続ける」ことの意味についての検討　193

文　献　195
あとがき　211
初出一覧　213
索　引　214

序 章

なぜ長期入院精神障害者の退院支援において「かかわり」が求められるのか

第1節　研究の背景

　わが国では、精神科病院[1]（以下、病院）に1年以上入院している長期入院精神障害者（以下、長期入院者）が15万6000人以上おり、うち10年以上の入院者が4万2000人を超えている（国立精神・神経医療研究センター2023）。2014（平成26）年に厚生労働省（以下、厚労省）が示した報告書では、長期入院者が約20万人、死亡退院者が年間1万人超であった（厚生労働省2014）。この傾向は、今も変わらず、2023（令和5）年6月の退院者約3万人のうち、2300人程度が死亡退院となっており（国立精神・神経医療研究センター2023）、年間2万人超の人が病院で亡くなっていると推察される。これだけ多くの死亡退院者を出しながら、未だに長期入院者が15万人を超えており、新たな長期入院者を生み続けている。

　国は、2004（平成16）年の「精神保健医療福祉の改革ビジョン（以下、改革ビジョン）」において「入院医療中心から地域生活中心へ」という方向性を示

1　2006（平成18）年12月に「精神病院の用語の整理等のための関係法律の一部を改正する法律」が施行され、行政上使用する用語としては「精神科病院」に変更された。本書では、同法施行以前は「精神病院」、施行以降は「精神科病院」の表記を用いた。

した。2009（平成21）年には、「現在の長期入院患者の問題は、入院医療中心であった我が国の精神障害者施策の結果であり、行政、精神保健医療福祉の専門職等の関係者は、その反省に立つべきである」（厚生労働省2009: 14）と施策の誤りを認めた。2012（平成24）年度からは、相談支援事業者による退院支援を「地域移行支援」として個別給付化した。2016（平成28）年度の診療報酬では、「地域移行機能強化病棟入院料」を新設し、病床を削減し、入院患者の回転率を上げる病院に対してインセンティブをつける取り組みを始めた。2017（平成29）年度からは「精神障害にも対応した地域包括ケアシステムの構築」に向け、地域移行の促進に向けた体制整備を進めている。厚労省は、上記のような取り組みを進めているものの、2016（平成28）年度の地域移行支援の指定事業者3335か所のうち、実際に地域移行支援の利用者がいた（障害者総合支援法における地域相談支援給付費の算定が行われた）事業者は277事業者、わずか8.3％に過ぎない（厚生労働省2017）。また2020（令和2）年以降は新型コロナウイルス感染症対策の影響を受け、地域移行支援の利用者数は減少した。2023（令和5）年以降は回復傾向にあるものの、ひと月の利用者数は全国で600件台に過ぎない（厚生労働省2024）。

　このように長期入院者の地域移行は未だ進んでいない。しかも、病院では、2020（令和2）年に発覚した神出病院（兵庫県）での患者虐待（前川2023）、2021（令和3）年に七生病院（東京都）で起きた南京錠を使っての入院患者監禁（日本放送協会2022）、2023（令和5）年の滝山病院（東京都）における看護職員による入院患者暴行（相原2023; 平川2023）など人権侵害が繰り返されている。こうした状況のなかで実施された2022（令和4）年の障害者権利条約の対日審査では、強制入院を認める法的規定の廃止や無期限の入院の廃止などが勧告された。しかし、同年にまとめられた「地域で安心して暮らせる精神保健医療福祉体制の実現に向けた検討会」報告書や、同年の精神保健福祉法改正では、勧告内容に則した大幅な変更は行われていない。

　長期入院者の退院支援が進まない要因として、わが国特有の民間病院比率の高さによる既得権益の維持、つまり民間病院の経営上の問題（竹端2016: 107）とそれに絡む政治的な問題が指摘されてきた（安原2003: 34–5; 立岩2015: 236）。加えて、生活保護受給者の入院が長期化するとの指摘もある（後藤2019: 175）。

滝山病院事件においても生活保護行政との関係が指摘されており（古屋・後藤 2023: 24）、長期入院の解消が進まない要因の一つと推察される。また、居住資源を中心とした障害福祉サービスの不足は繰り返し指摘され、その拡充が図られてきた（厚生労働省 2004; 2009; 2014）。

しかし、これらの構造上の問題を批判するだけではなく、援助者が自らの実践を問い直す必要がある（竹端 2018: 216）。先行研究では、病院における援助者側の「退院不可能」という先入観・対象者観が大きな退院阻害要因であるとの指摘がある（古屋 2015b: 60）。この先入観・対象者観により、病院の援助者（医師や精神保健福祉士など）が退院を諦め、本来の役割である退院支援に取り組まない。さらにこうした援助者の姿勢により、長期入院者が援助者を信頼できなくなり、退院を諦め、退院しようという意欲も低下する。その結果、両者の関係性は、表面的で乏しいものになり、退院に向けて協働できなくなる。

このように長期入院者の退院支援では、援助者と長期入院者の関係が重要であるが、病院の援助者には、被用者としての立場や事務量の増大など環境的な困難さがある。そのため、障害者総合支援法において地域移行支援を担うとされている相談支援専門員との関係に焦点を当てることが必要であろう。しかし、先行研究の多くは、病院の精神保健福祉士や看護師などによる一方的な退院支援に関するものであり、長期入院者と相談支援専門員との関係に焦点化した実証的研究は、ほぼ行われていない。

第2節　研究目的

本書は、混合研究法を用いて、長期入院者の退院支援における相談支援専門員の「かかわり」の構成要素、要素間の関係性、その構成要素が退院というアウトカムに及ぼす影響、およびプロセスを検証する探索型の実証研究である。「かかわり」という個人の生活問題へのアプローチを通して、長期入院という社会的課題の解決に向けた支援のあり方の提起を目指す。

第3節　用語の整理

1.「かかわり」とは──関係に関する概念との比較

　ソーシャルワークでは、ソーシャルワーカー（以下、ワーカー）とクライエントとの関係は「ケースワークの魂（soul）」（Biestek＝2006: i）と言われるほど重要視されてきた。わが国の精神保健福祉領域においても、ワーカーとクライエントとの関係を表す用語として「かかわり」「ワーカー・クライエント関係」「援助関係」「パートナーシップ」などが用いられている。これらの概念は、明確に使い分けられている訳ではなく、人により微妙に異なった意味づけがされている。

　本書のテーマである「かかわり」とは、精神医学ソーシャルワーカーが意識的に使用してきた用語であり、問題解決で終了するものではなく、従来のワーカー・クライエント関係では説明しきれない関係（谷中1983: 31）であるとされている。そのため、援助という目的があるときに形成される「ワーカー・クライエント関係」に加え、目標や課題がない場面において、長期的にかかわる「人と人としての関係」も包含する関係であると推察される。

　しかし、これまでの「かかわり」の定義は抽象的な表現で示されており、次世代のソーシャルワーカーが、「かかわり」を具体的に理解できず、継承していくことが困難になっている。そこで本書では、「ワーカー・クライエント関係」と「人と人としての関係」を包含する関係を「かかわり」として暫定的に規定した上で研究を実施した（図0.1）。

2.　精神医学ソーシャルワーカー、精神保健福祉士、相談支援専門員

　本書では、精神医学ソーシャルワーカーの役割の一部の業務について国家資格化したものを精神保健福祉士と規定する（門屋2004: 103）。そのため、「Psychiatric Social Worker（PSW）[2]」と表記する場合は、国家資格化以前は「精

2　2020（令和2）年度の日本精神保健福祉士協会総会において、日本精神保健福祉士協会の英語表記が"Japanese Association of Mental Health Social Workers"に変更されたが、本書においては、調査時期の略称であるPSWを用いる。

図0.1 「かかわり」のイメージ

神医学ソーシャルワーカー」を、国家資格化以降は「精神医学ソーシャルワーカー」と「精神保健福祉士」を含む専門職を意味する。なお、「精神保健福祉士」と表記する場合は、国家資格が求められる場面に限定して使用する。

相談支援専門員とは、相談支援事業を担う者の業務独占の資格であり、実務経験と相談支援従事者初任者研修修了の要件をいずれも満たした場合のみ資格名称を名乗り、業務を行うことができる。資格取得後も5年に1度の相談支援従事者現任研修の受講が必要であり、受講しない場合、資格は失効する。

3. 退院支援

精神障害者の退院支援に関する用語としては、「社会復帰活動」「退院援助」「退院促進」「地域移行支援」などが用いられている。本書では、以下のように使い分けて使用した。

第一に「社会復帰活動」とは、病院に入院していた精神障害者が、退院して社会のなかで暮らすようになることであり、退院後も容易には再入院を必要とする状態に後退しない程度に精神症状を安定させることを目指す活動である（日本精神医学ソーシャル・ワーカー協会1998: 55）。

第二に「退院援助」は、病院に所属するPSWを中心とした専門職が主導する退院に向けた援助活動を示す際に使用した。

第三に「地域移行支援」とは、障害者自立支援法や障害者総合支援法に規定

された地域相談支援の一つであり、障害者支援施設や病院等に入所または入院している障害者を対象に、住居の確保その他の地域生活へ移行するためのサービスを意味する。本書では、病院に長期入院している精神障害者の退院支援に限定して調査を行うため、事業という部分を強調して用いる際に「地域移行支援」を使用した。「退院促進」も同様で、事業名として使用する場合のみ用いた。

　本書では、「退院」という用語を入れることで「長期入院」という人権侵害の状況を浮き彫りにし、その状況を解消するための「支援」の必要性を指摘できると考え、長期入院者の退院に向けた援助や支援を総称する用語として「退院支援」を使用した。

第4節　研究の概要と方法

　本書は、長期入院者の退院支援における相談支援専門員の「かかわり」について混合研究法を用いて明らかにする探索型の実証研究である。混合研究法を用いることにより、「かかわり」の構造や退院というアウトカムに与える影響を検証するとともに、「かかわり」のプロセスを示すことにより、PSWの実践知である「かかわり」を実証的に明らかにすることを目的としている。本書は、以下の7章から構成される（図0.2）。

　第1章では、長期入院者が抱える困難を振り返るとともに日本精神保健福祉士協会（国家資格化以前は、日本精神医学ソーシャル・ワーカー協会）の協会誌を中心に先行研究のレビューを行った。PSWおよび精神保健福祉士の長期入院者に対する退院支援（社会復帰活動、退院援助、退院促進、地域移行支援）の変遷を整理し、現場のPSWや精神保健福祉士が行ってきた退院支援のあり方について検討した。

　第2章では、わが国の精神医学ソーシャルワークにおける「かかわり」論の変遷を、協会誌のレビューを中心に行い、ワーカー・クライエント関係では説明できない関係としての「かかわり」にPSWや精神保健福祉士が込めた意味について検討した。

　第3章では、長期入院者の先駆的実践で知られている北海道十勝圏域（以下、十勝）の相談支援専門員7名に対してインタビュー調査を実施し、修正版グラ

序章　なぜ長期入院精神障害者の退院支援において「かかわり」が求められるのか

序章（研究の背景）
- **研究の背景**：わが国では、未だに長期入院精神障害者が約20万人おり、年間1万人超の人が死亡により退院している。しかし、地域移行支援の算定事業者は8.3%に過ぎず、精神障害者の地域移行支援は進んでいない。
- **研究目的**：混合研究法を用いて、長期入院者の退院支援における相談支援専門員の「かかわり」の構成要素、要素間の関係性、その構成要素が退院というアウトカムに及ぼす影響、およびプロセスを検証する。

↓ PSWは、何をしてきたのか？　　　↓ PSWの「かかわり」とは何か？

第1章　PSWによる長期入院精神障害者の退院支援
- 精神病院PSWを中心にした社会復帰活動から相談支援専門員を中心とした地域移行支援へと変化しつつある。

第2章　精神医学ソーシャルワークにおける「かかわり」
- 「かかわり」は、ワーカー・クライエント関係では説明できない関係として説明され、PSWのなかでは重視されてきた。

↓ どのように退院を促進するのか？　　　↓ 「かかわり」の構成要素は？

第3章　長期入院精神障害者の退院支援における相談支援事業所PSWの「かかわり」のプロセス
——相談支援事業所に勤務するPSWに対する質的調査から
- 北海道十勝圏域のPSW7名のインタビューデータを**M-GTA**により分析した。
- その結果、PSWと長期入院者は、【お互いを知るための「つきあい」】を通して信頼関係を形成し、退院に向かって【パートナーとして認めあう関係】になる。退院という援助目標が達成されて、援助契約が終了した後も、一度かかわったものとして【つながり続ける「かかわり」】を大切にしていくプロセスが明らかとなった。

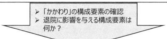

第4章　長期入院精神障害者の地域移行支援における相談支援専門員の「かかわり」
——相談支援専門員に対する量的調査から
- A地域の253か所の相談支援事業所に対する**アンケート調査**を実施し、**共分散構造分析**を実施した。
- その結果、「かかわり」は、「相談を受ける」「一緒に行う」「本音を聴く」「つながり続ける」の4要素から構成されること、「一緒に行う」という行動レベルの支援が、長期入院者の退院というアウトカムにおいて重要であることを実証的データによって明らかにした。

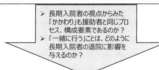

第5章　一緒に行うことを通して退院に至る相談支援専門員との「かかわり」
——元長期入院者へのインタビュー調査から
- 北海道十勝圏域の元長期入院者5名にインタビュー調査を実施し、うち1名について**事例研究法**で分析した。
- 長期入院者は、相談支援専門員と【一緒に行う】ことで「関係に基づく援助」を補うとともに、その替わりとする。そして、【一緒に行う】なかで、小さな自己決定を積み重ねることで自己決定する力が育つ。退院後も【つながっている】関係を保つことで、自立した生活を送れるようになる。

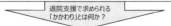

終章　長期入院精神障害者の退院支援における相談支援専門員の「かかわり」とは何か
- 「かかわり」とは、「援助する者－される者の関係」と「人と人としての関係」から構成され、「一緒に行う」ことを通して**クライエントの自己決定する力が育ち、援助契約の終結後も【つながり】を保ち続ける**という関係である。

図0.2　本書の構成図

ウンデッド・セオリー・アプローチ（以下、M-GTA）を用いて分析した。その結果、PSWと長期入院者は、「一緒に外出する」などの【お互いを知るための「つきあい」】を通して信頼関係を形成し、退院という目標に向かって【パートナーとして認めあう関係】になる。退院という援助目標が達成されて援助契約が終了した後も、一度かかわった者として【つながり続ける「かかわり」】を大切にするというプロセスを明らかにした。

　第4章では、第3章の結果に基づいて測定尺度を作成し、A地域の253か所の相談支援事業者に対して郵送法による質問紙調査を実施した。第3章の質的調査から得られた「かかわり」の構成要素が、異なる地域の相談支援専門員にもみられるのかを確認するために因子分析を行い、4因子を抽出し、その結果を基に共分散構造分析を実施した。分析の結果、「かかわり」は、「相談を受ける」「一緒に行う」「本音を聴く」「つながり続ける」の4要素から構成されること、「一緒に行う」という行動レベルの支援が、長期入院者の退院というアウトカムにおいて重要であることを実証的データによって明らかにした。

　第5章では、「かかわり」のもう一方の主体である長期入院を経験した5名に対してインタビュー調査を行い、うち1名について、事例研究法を用いて分析した。量的調査において、長期入院者の退院に影響力が認められた「一緒に行う」ことが退院というアウトカムなどに与える影響について、長期入院者本人の言葉から明らかにすることを目的に分析を行った。その結果、長期入院者は、相談支援専門員と退院準備などを【一緒に行う】ことで「関係に基づく援助」を補うとともに、その替わりとする。そして、【一緒に行う】なかで、小さな自己決定を積み重ねることで自己決定する力が育つ。退院後も【つながっている】関係を保つことで、自立した生活を送れるようになるという仮説を示した。

　終章では、総合考察として、長期入院者の退院支援におけるPSWを中心とした相談支援専門員の「かかわり」について明らかにする作業を試みた。その結果、これまで明確に示されてこなかった「かかわり」の構成要素とプロセスを明らかにするとともに、「かかわり」が長期入院者の退院支援に与える影響の一部を示した。最後に、本書で得られた知見をまとめ、本書の限界と今後の研究課題を示した。

第1章

長期入院精神障害者の抱える困難と
PSWによる退院支援の歴史的課題

　本章では、PSWによる長期入院者の退院支援の変遷を整理し、PSWが退院
支援にどのように関与し、何を大切にして、どのような実践を行ってきたのか
について、PSWの職能団体である日本精神医学ソーシャル・ワーカー協会お
よび日本精神保健福祉士協会の協会誌である『精神医学ソーシャル・ワーク』
と『精神保健福祉』を中心とした文献のレビューにより明らかにした。

第1節　長期入院精神障害者の抱える困難

　長期入院者の退院を促進させるための取り組みは、各地で実施され、一定の
効果を上げた取り組みもあったが、全国的にみれば、長期入院の解消には至っ
ていない。本節では、長期入院者の抱える困難のうち、援助者との関係に起因
するものについて整理する。

　2004（平成16）年から研究事業として実施された国立精神・神経センター
病院の社会復帰病棟における退院支援プログラムでは、まずスタッフがかかわ
り方を変え、入院患者が変化した。次に、その変化を見たスタッフのモチベー
ションが向上し、働きかけ方やかかわり方がさらに変化した。その結果、プロ
グラム導入当初は、退院できるかできないかという議論をしていたスタッフ
が、退院を前提とした討議を行うようになったとの報告があった（古屋2015b:

37–41）。この結果を踏まえて、古屋は、スタッフが「退院不可能」と考えてきたのは、スタッフ側の欠陥モデルに基づく減点方式の考え方があり、その考え方を改める必要があると指摘した（古屋2015b: 60）。

　古屋が指摘したような減点方式の退院支援では、長期入院者は、専門職が指示したリハビリテーションなどに取り組み、専門職が設定した課題をクリアしなければ退院に辿りつけない。しかし、実際には、長期入院者は作業療法などのリハビリテーションを受けているにもかかわらず、長期入院がもたらす現実検討力の低さなどの影響がみられ（課題を克服できず）、退院後の生活に対する具体的なイメージをもつことができないとの報告もあった（菊池・新開・小口他1998: 570）。つまり、減点方式のリハビリテーションの取り組みでは、退院意欲を喚起して、退院に結びつけることは難しいと推察される。

　これらの指摘は、長期入院経験者の証言とも一致する部分が大きい。長期入院経験者の証言集である『白い部屋を飛び出して』では、6名の長期入院経験者が、長期入院に至るまでの流れや入院生活の様子、退院支援の契機やそのときの思いなどについて語っていた。

　加藤は、初回入院での看護師の対応に対して「どうして人間が人間に対してこんなにも酷いことができるのか、思い出すと今でも殺意がわいてくることがあります」と振り返った。そのような入院生活のなかで、彼は地域に戻る気力を失っていった。その後の転院先でも、症状が落ちついているにもかかわらず入院し続けている人を見て、いくら良くなっても退院できないと諦めそうになった。しかし、それでも退院への思いが捨てがたく、看護師と一緒に行う院内作業では、元気なところを見せようと積極的に取り組んだ。しかし、いくら待っても、専門職から退院への声かけがなく、最後は自分から病院のソーシャルワーカーに相談して、グループホームへの入居に至った（加藤2015: 9–17）。

　高橋は、看護師に退院希望を伝えたところ、外勤作業に行くように言われ、清掃の仕事をするようになった。しかし、外勤作業をするなかで体調を崩してからは、「私は外に出ても無理だな」と思い、退院を諦めるようになった。しかし、彼女も退院への思いは捨てがたく、主治医に退院希望を伝えたところ、退院促進事業の利用を勧められ、グループホームの利用に至った（高橋2015: 18–23）。

杉山は、病院側からは退院を勧められていたが、家族の反対があり、入院が長期化していた。病棟の建て替えもあり、病院側からの退院に向けての動きが始まり、グループホームへ入居することになった（杉山2015: 24–32）。

齊藤は、入院中は農園での作業などに参加しつつ、月1回は外泊を行っていたが、院内の専門職による退院に向けた働きかけについては触れていない。地域移行コーディネーターという外部の援助者からの働きかけにより、退院を考えるようになり、グループホームでの生活を始めることとなった（齊藤2015: 33–42）。

関口は、入院中に行った院内作業（箱折り作業や配膳など）については書いているが、専門職による退院に向けた働きかけについては触れていない。当時を振り返り、「何で入院していたのかは、仕事ができないので行くところがなかったから仕方なかったと思っている。母が亡くなり、帰るところがなく入院を選ばざるを得なかった」と語っていた（関口2015: 43–50）。

雑賀は、入院生活を食事と服薬以外にすることがないと表現していた。彼の入院していた病棟には、家や仕事がなく、家族が反対しているために病院しか居場所がない長期入院者が多く、そうした人たちが「棺桶退院」していく様子を見て、自分も同じようになるのではないかと考えていた（雑賀2015: 51–9）。

6名のうち杉山を除く5名の証言には、病院の専門職による退院への働きかけについての記述はない。彼らの証言から専門職が長期入院者に対して外勤作業や院内作業などのリハビリテーションを勧めていた様子はうかがえる。だが専門職が退院に向けて積極的に働きかけた様子はみられなかった。同様の経験は、精神医療国家賠償請求訴訟の原告となっている伊藤時男もしており、外勤作業として10年以上養鶏場で働いたが、退院の「た」の字も出ず、PSWが退院の手助けをすることはなかったと語っていた（伊藤2024: 31–9）。これらの語りからも院内で漫然と行われるリハビリテーションが、長期入院者の退院を後押ししていないことが推察された。

また、古屋は、長期入院者に起因する退院阻害要因として、本人の退院意欲を挙げる関係者が多いと指摘した（古屋2015a: 137）。しかし、長期入院者の退院意欲に関する先行研究では、調査協力者の54.8%が退院を希望した研究（大島・吉住・稲沢他1996: 562）や同じく49.5%が退院意向を示した研究（菊池・

新開・小口他1998: 568）などがあり、少なくとも入院患者の半数程度は、退院を希望していることが読み取れた。

　長期入院者の退院意欲に関する文献研究を行った中越は、入院患者の退院の意思は全く消え失せている訳ではないこと、退院に対する不安から気持ちが揺れ、その気持ちを表現できない、あるいは支援者側の想定とは違った方法で表現していること、退院を希望しながらもそれが叶わなかった経験から、退院について考えることを止めてしまっている、止めたことにしていることなどが退院意欲の低下として専門職に受け止められている可能性を指摘した（中越2016: 56）。

　この指摘は、証言集の長期入院者の語りとも一致する。証言集においても、長期入院を続けている彼らの退院意欲を知ろうというスタッフは、運よく現れるレベルであった。彼らは、退院への思いを秘めていたにもかかわらず、諦めから口にすることさえしないようになっていた（きょうされん広報・出版・情報委員会2015）。

　ニューロングスティ（入院期間1～5年）の入院患者を対象とした、インタビュー調査では、患者が退院への希望を言語化できない理由として患者－医療者間の信頼関係が挙げられていた。患者が入院生活という環境の変化を受け入れたことを、医療者は安定と捉え、援助対象から外してしまう。医療者は、患者が希望を語れるような信頼関係を、彼らとの間に構築すること必要であると指摘した（石川2011: 22）。また、長期入院経験者に対するインタビュー調査では、病棟内での専門職との乏しい関係性の影響により、長期入院者は退院を諦め、治療への不信を抱いていた。もしくは退院の意思があっても、退院の見通しが立たず、入院に妥協せざるを得ない状況にあったという結果が示された（杉原2017: 9）。

　長期入院の状態にある統合失調症者の陰性症状の特徴を明らかにした調査においても、非社会性（他者との親密な関係を形成することへの関心の低下）が社会機能を低下させ退院を拒んでいる可能性があるとして、非社会性に対する介入（スタッフとの二者関係や集団活動において成功体験を得られるように介入すること）の必要性が指摘された（岡田2020: 198）。陰性症状と病棟内のコミュニケーションや看護スタッフの否定的な患者評価との関連を指摘していた調査も

あった（滝沢2014: 84）。

　これらの先行研究から専門職との関係性が長期入院者の退院意欲に影響を与えていると推察される。杉原は、現状を変えるために、援助者が長期入院者に対する人としての尊厳を尊重したかかわりと良質のコミュニケーションを実施すべきと指摘した（杉原2019: 191）。

　関係性の変化は、古屋の指摘にもあるように援助する者である専門職にも変化をもたらす。高木が行った病院勤務の精神保健福祉士に対する調査では、「（長期入院者）一人ひとりと開かれた関係をつくる」ことができた精神保健福祉士は、「（長期入院者が）成功体験を積み重ね自信と安心につなげる」実践をし、彼らが「自信を持って退院の決心がつくように後押しする」と示された（高木2017: 150–1）。

　上述の先行研究からも援助者との乏しい関係性に基づく一方的な退院支援を、開かれた関係性に基づく退院支援に変容することで、長期入院者の退院が促進される可能性が示唆された。長期入院者の退院支援を担う者は、彼らとの関係を見直し、「退院したい」という思いを表出することさえできない状況におかれた彼らと、彼らを取り囲む困難な状況に向き合う。そして、彼らの諦めや不安を受け止め、彼らが地域生活に「慣れていくまでの過程をていねいに伴走する」（白石2012: 24）ことが必要である。

　精神保健福祉士は、長期入院者の退院支援に従事する者の国家資格として誕生した。しかし、近年は診療報酬や法律に規定されたことによる業務の増加のため、長期入院者と良質のコミュニケーションをとる時間を十分に確保できていない。病院勤務の精神保健福祉士からは、機関や他職種から求められる業務に追われるなかで「本来『やりたい』と思う個別援助が片手間になり、やっつけ仕事になっているのではないだろうか」と自問し、「与えられている業務に意味付けをしながらやっているが、『やりたい』と思っている継続的な個別援助に時間がとれていない不全感がある」（澤野2010: 89）という声も上がっていた。

　岩本の調査によると、精神保健福祉士は、業務の実施度や組織からの期待度が高い仕事に対しては、明確に拒否せず現状を受け入れ、自ら行うべきか迷う仕事に対して「周辺化」（状況を許容しながら判断保留の態度を示す）と「同化」

（精神保健福祉士のアイデンティティにあまりこだわらず要請された仕事を引き受けること）の態度をとる傾向があると示された（岩本2013: 138）。

こうした状況に対してベテランPSWは所属機関や制度から与えられた業務をこなすことで、自分はソーシャルワーカーとしての役割を果たしていると思っている精神保健福祉士が多く、「ソーシャルワーカーがいなくなった」（柏木昭・大野・柏木一2014: 162）と危惧している。

本来、長期入院という人権侵害に対して「かかわりをもった私たちワーカーには、彼らの人生を取り戻す生活支援を全力で行う責任」（門屋2010: 157）がある。しかし、現状では病院勤務の精神保健福祉士に対して、ソーシャルワーカーとしてのアイデンティティに基づいた退院支援を期待することは難しい[3]。以下、このような状況に至るまでの流れについて歴史的に整理していく。

第2節 精神病院への収容政策の展開とPSW

1. PSWの誕生と精神病院における収容政策の始まり

1）PSWの誕生

日本におけるPSWの活動は、1948（昭和23）年に国立国府台病院（千葉県）において、2名の看護師[4]が「社会事業婦」という名称で配置されたことに始ま

3　病院勤務の精神保健福祉士は、二重の自己矛盾に陥っている。日本精神科病院協会（以下、日精協）のウェブサイトによると、日精協は精神障害者の人権の擁護と社会復帰の促進を図るために設立されたと記されているが、現状では、病院の存在が長期入院という人権侵害を生み出し、社会復帰を困難にしている。勤務先である病院自体の自己矛盾が一つ目の自己矛盾である。さらにそうした自己矛盾を抱えた病院に勤務する精神保健福祉士が「精神保健福祉士の倫理綱領」に沿って実践を行おうとすれば、長期入院という人権侵害を起こしている病院に対して適切・妥当な方法・手段によって改善を図らなければならないことになる。その改善を実現するためには、最終的に長期入院の温床となっている病院をなくすための行動を起こす必要が出てくる。病院に勤める精神保健福祉士が、専門職としてのアイデンティティに沿った実践をするためには、自分で自分の職場を潰さなければならないことになる。これが二つ目の自己矛盾である。こうした二重の自己矛盾という状態におかれた病院の精神保健福祉士に長期入院者の退院支援の役割を担わせることには、難しさがあると言わざるを得ない。

4　2001（平成13）年に「保健婦助産婦看護婦法」が「保健師助産師看護師法」に改正され、2002（平成14）年より、国家資格の名称が「看護師」に統一された。それ以前は、女性が「看護婦」、男性が「看護士」という名称で区別されていた。本書では、国家資格については、現在の「看護師」で統一し、国家資格者以外も含む看護職員を含む表記として「看護スタッフ」を用いた。

る。1952（昭和27）年には、国立精神衛生研究所（現、国立研究開発法人国立精神・神経医療研究センター精神保健研究所。以下、精研）の開設に伴い、7名のPSWが採用された。PSWは、精神科医、心理学者とともに臨床チームを形成し、精神衛生相談や児童心理治療における家族面接などの役割を担っていた（柏木1996: 45）。

その後、病院を中心に、徐々にPSWが配置されるようになった。1959（昭和34）年には、精研においてPSWを対象にした社会福祉学課程研修が始まった。1950年代後半には、全国で研究会が組織化され、1963（昭和38）年には、東京都や神奈川県などの病院に勤務するPSWが中心となり、精神病院ソーシャルワーク連絡協議会が発足した。そして、1964（昭和39）年11月に全国組織である日本精神医学ソーシャル・ワーカー協会（以下、協会）が設立された。設立趣意書では、「精神医学ソーシャルワークは学問の体系を社会福祉学におき医療チームの一員として精神障害者に対する医学的診断と治療に協力し、その予防および社会復帰過程に寄与する専門職であります」（日本精神保健福祉士協会事業部出版企画委員会2004: 165）と宣言した。このようにPSWは、職能団体創設当時から精神障害者の社会復帰に携わる専門職であると自らを規定していた。

その頃、欧米では、クロルプロマジンの導入により、病院の入院患者増が止まり、1950年代後半をピークに減少に転じた。欧米では、クロルプロマジンは退院促進と精神病床の減少に結びついた（藤井2004: 627）。1963（昭和38）年には、アメリカでケネディ教書が出され、「精神障害者に対する長年のネグレクトを是正する」と宣言された。

一方、日本では、1950（昭和25）年に精神衛生法が制定され、私宅監置が禁止されたために精神障害者を地域から切り離して病院に収容する流れになっていた（佐々木2004: 18）。この背景には、向精神薬の導入による入院治療の可能性の拡がりがあったが、病院の開設を後押しする国の政策もあった（岡田2002: 205–8）。病院開設のための国庫補助制度（1954〈昭和29〉年）、精神科特例（1958〈昭和33〉年）、医療金融公庫の発足による低金利融資（1960〈昭和35〉年）などの国による政策誘導もあり、わが国の精神病床数は、民間病院を中心に増加していった。

こうした精神障害者を病院に収容する流れは、1964（昭和39）年3月に起きたライシャワー事件によりさらに強化された。主要新聞の紙面に「『異常者の犯罪』どう防ぐ」「野放し状態なくせ」という見出しが躍り、社会防衛思想が世論を覆うようになった。当時の江口警察庁長官は、「突発的に事件をおこす危険性のある精神障害者は全国に30万人近いといわれている。なんとか精神障害者を治安的取締りの対象にできないかと考えている」（岡田2002: 221–2）と社会防衛思想に基づく発言を行った。同年10月に東京オリンピックが開催されることもあり、病院に社会防衛的機能を求める世論が強まるなか、1965（昭和40）年に精神衛生法改正が行われた。改正法では、保健所による訪問指導体制の強化や申請・通報制度の拡大、緊急入院制度の手続き上の整備などが盛り込まれた。わが国では、世界の潮流に逆らい、精神病床をさらに増やし、病院での収容体制を強化させていった。

2）収容体制の強化とPSWの配置の促進

こうした国による収容体制の強化がPSWの雇用先である病院を増やし、保健所による訪問指導体制の強化が精神衛生相談員という職をPSWにもたらした。当時のPSWは、この精神衛生法改正においてPSWが位置づけられることを意識して協会発足の準備を進めていた（佐々木・古屋2014: 9）。

それまでPSWの援助対象は、「一次性行動障害や適応異常など意識レヴェルでの軽症のクライエントが、その限界と心得られていた」（柴田1967: 16）。しかし、精神衛生法改正により精神衛生相談員による訪問指導が制度化され、統合失調症[5]の患者を援助対象として捉え始めた（柴田1967: 16）。病院PSWは、家族の受け入れ態勢への援助、職場や近隣に対する働きかけ、住居や職業の準備などの社会復帰を巡る仕事が自らの業務として意識するようになった（柏木・坪上・佐竹他1969: 30）。この時期の社会復帰活動の中心は、ナイトホスピタル形式の外勤作業療法であった（谷中2000b: 302）。当時は、退院時のアパー

5　スティグマの軽減を目的に2002（平成14）年に日本精神神経学会において「精神分裂病」から「統合失調症」に呼称が変更された。2005（平成17）年の精神保健福祉法改正において、法律における呼称も「統合失調症」に変更された。本書では、引用文献では、当時の呼称を用い、それ以外では「統合失調症」を使用した。

トの確保は保護義務者の役割と考えられており、各病院の「気まぐれな自由裁量」の範囲でPSWが行っていたに過ぎなかった（見浦1970: 3）。一部のPSWや医師は、自宅や病院の寮を利用して共同住居の取り組みを行ったが、長くは続かなかった（谷中2000b: 302）。

　多くのPSWは、地域精神衛生活動や児童に対する支援において専門性を示すことに意識が向き、ソーシャルワーカーでありながら、ケースワークに傾倒し、クライエントが来所してくるのを待つ傾向が強く、その姿勢に対する批判もあった（岡村・北田・長坂他1967: 38）。このようにPSWは、病院における「長期隔離収容」と「地域での生活」が対立しつつある時期に、精神医療の抱える問題に距離をおいた状態であった（小出2004: 25）。

　こうしたPSWの態度に対して、「どうして私達はほんとうに患者の人権を守り患者が社会復帰していくためのさまざまな障害を、彼らと一緒に悩みながら共同していないのか、何が私達を自由に、患者のほんとに基本的人権を守るということで共同でき得ないのか、これを一番再検討すべきことが一つです」（柏木・坪上・谷中1970: 11）という自答もあった。

　しかし、PSWの総体としては、国による病院への収容政策に対して距離をおき、さらには、精神衛生相談員として行政の指導・取り締まりの一端を担い、その結果、Y問題[6]を引き起こすことになった。

2.　収容政策の裏返しとして始まった社会復帰活動の拡がり

1）抑圧する立場としてのPSW

　病院への収容体制が強化されるなかで、病院では、病院職員による入院患者への暴行殺害事件が繰り返されていた。1968（昭和43）年12月、栗岡病院（大阪府）において、院長の指揮の下、看護職員が木刀やバットを用いて入院患者（30歳）を撲殺した。1969（昭和44）年3月、安田病院（大阪府、後の大和川病院）において、看護職員3名により入院患者（31歳）が殺害された。1971（昭和46）年、中村病院（福岡県）で病院職員による集団暴行により入院患者が殺害された（大熊1981;石川1990）。このような暴行以外にも治療の名の下にロボ

6　1969（昭和44）年に起きた行政機関のPSWによる人権侵害問題である（p. 26参照）。

トミーや電気けいれん療法、薬物の過剰投与などの行為が繰り返され（立岩2013）、治療よりも恐怖で患者を管理する体制が蔓延していた。

1967（昭和42）年11月から1968（昭和43）年2月にクラーク博士が来日し、全国の精神病院などの訪問調査を行い、5月に「クラーク勧告」を提出した。クラーク博士は、非常に多くの統合失調症の患者が病院におり、長期収容の結果、無欲状態に陥り、国家の経済的負担を増大させていると指摘した。そして、厚生省に対し、新しい法律を作り、病院に対する国家的監査官制度を作ることを提言した。しかし、当時の行政の担当者は、「英国は何分にも斜陽国でありまして、日本がこの勧告書から学ぶものは全くありません」（加藤2000:49）と発言し、国が精神障害者の収容政策を転換することはなかった。

こうした病院への収容政策が進むなか、PSWによる人権侵害であるY問題が発生した。1969（昭和44）年10月、Y氏（19歳）による母親への暴力やバットを振り回す行為について、父親からの相談を受けた川崎市精神衛生相談センターの精神衛生相談員（PSW）が、本人に会うことなく、父親から聞いた状況のみでY氏を精神障害と判断した。その後、精神衛生相談センターから連絡を受けた大師保健所PSWが、家族の拒否にもかかわらず、自宅を訪問した。最終的には、PSWも含む保健所職員が、警官同行で訪問し、手錠まで使い、Y氏を強制的に多摩川保養院に入院させた。1973（昭和48）年の第9回精神医学ソーシャル・ワーカー全国大会（以下、全国大会）において、Y氏からPSWの加害性に関する告発がなされ、PSWの実践がクライエントの人権を侵害したことについて問題提起された（日本精神医学ソーシャル・ワーカー協会常任理事会1975）。

Y問題は、精神衛生相談員であるPSWが、指導・取り締まりを行う行政の一端として、精神障害者（Y氏は精神障害者ではなかったが）を病院に収容する役割を担っていることを詳らかにした出来事であった。

しかし、Y問題で明らかとなったPSWの加害性は、一部の機関やPSWの問題ではなかった。1970（昭和45）年の碧水荘病院事件（東京都）では、入院患者の使役に協会員であるS氏が関与した（大熊1981: 48–9）[7]。1971（昭和46）年

7　朝日新聞の記者であった大熊一夫が、アルコール依存症者を装って碧水荘病院に潜入し、精神病院について潜入取材を行った。1970年より朝日新聞紙上で「ルポ精神病棟」として連載が始まり、そ

には、佐藤神経科病院（愛知県）において、ケースワーカーK氏が医療行為（診察、検査、処置等）を行い、無資格医師として働いていたことが明らかとなった（田倉1972）。このようにPSWが、精神障害者の人権侵害に加担する問題が続いた。

　一方で、自らの役割を追求し、病院から求められる役割に反したPSWたちが、所属機関から解雇されそうになる事件も起きた。1969（昭和44）年には、入院患者を退院させすぎたという理由で、都内の病院PSWであるI氏が解雇を命じられる事件が起きた（三代1970; 谷中2000b）。三重県では、勤務する病院の食費ピンハネ問題を全国大会で報告した協会員が、解雇されそうになる事件が発生した。一部のPSWは、I問題を組織の問題として取り上げ、裁判に持ち込み、精神医療の現状を訴えようとしたが、協会が介入することはなかった（谷中2000b; 2004）。劣悪な精神医療のあり方が表面化したことで精神医療そのものが患者を疎外していることが詳らかになった。PSWが、社会科学的認識が欠落したままに技術だけを追い求め、その結果、目的と一致しない方向へ実践が進んだという指摘もあった（三代1970: 5）。

2）PSWによる社会復帰活動の拡がり

　一方、三枚橋病院（群馬県）や同和会千葉病院（千葉県）などの病院では、閉鎖病棟の開放化運動が始まり、PSWも社会復帰活動の担い手として機能し始めた。

　この社会復帰活動とは、病院からの退院を援助するものであった。活動の主体である援助者が疾患や症状に着目し、教育的・訓練的に働きかけていた。そして、援助者と長期入院者との間には「治療・援助関係」が形成された（谷中1996: 178）。

の記事のなかに協会員であったケースワーカーSによる患者に対する使役行為が記されていた。当時、碧水荘病院副院長が都議選に立候補した。その選挙戦の手伝いを行っていたSが患者を使役する様子が次のように記されている。「6月18日　ケースワーカーのSが、ぶ厚い名簿とハガキ六千枚を持って、病室にやってくる。『これ、急ぐんだ。明日投函したいので、きょう中によろしく頼みます。いいですね』矛盾はだれだって感じているが、われわれは断れる立場にはない。字のうまい者十数人が狩り出される。昼すぎから夜の八時半までかかる。手首が痛い。ハガキは『投票日もせまっているので、よろしく』との文面であった」（大熊1981: 48–9）。

1965（昭和40）年にわが国で最初の精神障害者向けの共同住居である「あけぼの寮」を開設した浅香山病院では、病院スタッフが、病院と兼務で寮での社会復帰活動を展開していた。PSWは、夜間当直も行い、夜間の生活指導、新たな入寮者の相談、家族や職場との調整などについて中心的役割を担っていた（高橋・長坂・依岡他1968: 17）。1970年代に入ると病院周辺へのアパート退院も推し進めていくようになった（仲野1980: 3）。三重県立高茶屋病院では、民間アパートを共同住居のような形で活用した社会復帰活動を行っていた。退院後も病院PSWを中心に夜間も含めた訪問を行い、食事の作りを手伝ったり、入居者同士のトラブルの相談にのったり、職場との調整を行ったりしていた（渡辺1969; 萩下・中垣・藤沢他1979）。同和会千葉病院では、1970（昭和45）年に開放化を開始し、1975（昭和50）年からアパートへの退院を援助するようになった。PSWが自宅を訪問して生活指導などを行うとともに、院内に「ふぇにっくす」というコーヒーショップを開設し、そこの運営を退院者が担うことで退院後の援助も行っていた（柴田・鈴木・井村他1984）。

この時期は、院内作業療法の後に外勤作業を行い、家族のいる自宅へ戻るか、アパートに退院することを社会復帰活動と捉えていた。PSWは、業務の一環として、民間アパートへの退院を援助し、退院後は夜間も含め自宅を訪問し、相談にのったり生活指導をしたりする社会復帰活動を展開した。当時は国家資格もなく、診療報酬に位置づけられていなかったがゆえに、PSWたちは、「自由裁量」（Dustin＝2023: 282）のなかで社会復帰活動を行えていた。

しかし、こうした社会復帰活動の一方で、東海地方のPSWが行った業務実態調査では、業務として外勤作業に関する項目はあるものの、退院に関する項目がなく（岩田・大喜田・垂石他1972）、社会復帰活動がPSWの業務として十分に認知されていない状態も続いていた。

3. PSW協会の混乱からみえてきた長期入院問題

1）Y問題への対応

Y氏の告発などを受けて、PSWは、所属機関から求められる役割と本来の役割との間で苦悩し、「自分たちは何をなすべきか」と自らの存在意義を問い直さざるを得なくなった。「PSWの身分保障」と「患者の人権擁護」との間で

混乱に陥った協会は、新たに理事長となった谷中輝雄を中心に10年にわたり、この問題について取り組むことになった。

Y問題に直面するなかで柏木昭は、「患者が位置づけられている医療制度や、社会状況を直視することを避けたからでもある。（中略）患者や障害者といわれるものの実態や、彼らをめぐる状況を直視することなしに、むしろそうした現実とはかかわりのないところでの原理によって精神医療におけるソーシャルワーカーの方法論体系を構築しようとした」（柏木1975: 4）と自己批判を行った。ただし、ここでは、患者の位置づけられている医療体制や社会状況について具体的に記されてはいない。

1973（昭和48）年、協会は調査委員会を立ち上げ、Y問題に関する調査を開始した。調査委員会は、違法行為の有無に焦点化することは、第二のY氏を生むと述べ、措置および同意入院の制度がある限り、同様の問題が繰り返される可能性があること、同じ事態を繰り返さないためにPSWがなすべきことを考える必要性を指摘した。

協会は、調査委員会の報告を受け、1975（昭和50）年8月に一人ひとりのPSWが日常業務の点検を行い、各地域で検討を行っていくための資料として「Y問題調査報告により提起された課題の一般化について（資料）」を作成し、Y問題の継承を図ろうとした。そこでは、「その基本となるべき姿勢、あるいは理念を『本人の立場に立つ』ということにおいた。ここで『本人の立場に立つ』ということは、ワーカーがそのままクライエントの立場に直接的、同時的に入れ代わるということではなく、クライエントの立場を理解しその主張を尊重することを意味している」と掲げた。PSWの実践に不可欠でありながら、病院PSWに決定的に欠けていたクライエントの立場に立つということを、協会として明示した。

1980（昭和55）年には、組織の機能回復に向けてY問題で提起された問題などについて整理し、今後PSWが取り組むべき課題を明らかにする提案委員会を立ち上げ、翌年「提案委員会報告」を示した（表1.1）。

「提案委員会報告」では、同意入院（保護義務者の同意による非自発的入院）の制度上の不備と保健所の精神衛生相談員の活動に触れ、PSWが対象者を保安処分的に処理・管理してしまう状況に身をおいていると指摘した。そして、

表1.1 提案委員会報告

1. 立場と視点
「患者の立場に立つ」と言いながらも、協会がY氏の主張を尊重できなかったことを踏まえ、「本人の立場に立った業務の基本姿勢の確立を目指すこと」を確認した。
2. 状況と認識
PSWがソーシャルワーカーであるにもかかわらず、Y氏を取り囲み規制している状況を分析するという社会的視点が乏しかったことについて反省し、ワーカー・クライエント関係を取り囲む状況の分析を通して日常実践と協会活動を進めることを確認した。
3. 実践とワーカー・クライエント関係
PSWがY氏を信頼せず、彼との間に「世話をする・される関係」という傾斜のある力関係を形成したことへの反省から、両者が信頼関係を築くプロセスを大切にしつつ、相互に独立した人間としてつきあうなかで問題の解決に向かって学びあう関係であることを確認した
4. 福祉労働者としての二重拘束性
Y問題では、PSWは、精神衛生法体制に組み込まれた機関の一員としてY氏の人権を侵害した。PSWは、日常実践のなかで「患者の立場に立つ」という関係性とともに、一方ではクライエントの要望に十分対応できない雇用者との関係を有している。このことを正直にクライエントに伝えつつ、課題解決に向かって彼らと共同作業を進めることを確認した。

出典：日本精神医学ソーシャル・ワーカー協会提案委員会（1981）をもとに筆者作成

組織として状況分析し、状況の改善に向けて活動していく方向性を示した（粟谷・大野・小出他1980）。

　協会は、こうした議論を経て1982（昭和57）年の第18回全国大会において「札幌宣言」を採択した。「札幌宣言」では、「精神障害者の社会的復権」をPSW実践の終局目標とし、「精神障害者の社会的復権と福祉のための専門的・社会的活動を進める」ことをPSWの責務として示した。協会はY問題の教訓化と継承への取り組みを通して、国家資格制度の実現を目指すようになった。そして、自らの専門性と実践を高めていくため、三点課題（精神障害者福祉論の構築、PSW業務指針の策定、PSW倫理綱領の制定）を掲げ、専門性の構築に取り組み始めた。

2）行き場のない長期入院精神障害者

　協会がY問題への対応に揺れるなか、病院のPSWたちは、外勤作業を中心とした社会復帰活動を展開していた（藤沢・大海・重石他1979）。先述の浅香山病院では、1971（昭和46）年よりアパート退院を開始し、8年間で100世帯を

超える人たちが退院した。PSWは、「精神科の患者さんだからといって本人の意思を曲げてまで、病院に釘づけされてはならないのだと考えています」（菅野1979: 13）と本人の意思に反する入院への批判的視点をもつようになった。

一方で、アパート退院の対象を「彼らは家に引き取ってもらえず、かといってすぐには働けないので仕方なく入院が延びている人たちでした」（菅野1979: 13）と捉え、退院阻害要因を家族や本人に還元する傾向も強かった。そのため、援助者が入院中から指導して社会復帰を援助するという援助者主体の活動の域から抜け出すことができなかった。

こうしたPSWの活動に対して、三枚橋病院院長の石川信義は、PSWの仕事は、病院が作り出した長期入院の後始末であり、「下請け仕事」であると指摘し、そのような状態（長期入院）を作り出さないようにすることが必要と指摘した（石川1982: 5）。

病院のなかでは、1979（昭和54）年に大和川病院（大阪府）で起きた看護職員による入院患者撲殺事件に代表されるように病院職員による患者殺害、患者虐待が止むことがなく続いていた。PSWは、「下請け仕事」の域を出ることができず、精神障害者の疎外の歯止めとして十分に機能することができなかった。

4. 精神病院での社会復帰活動に行き詰まりを感じたPSWによる地域活動
1）やどかりの里の始まり

1970年代に入ると、谷中ら一部の病院PSWたちは、地域に飛び出し、地域実践を通してPSWの専門性を問う活動を続けた。

1970（昭和45）年、大宮厚生病院（埼玉県）のPSWであった谷中は、院外作業先の企業に工場の2階を貸してもらい、そこを退院者の宿舎として活用する取り組みを始めた。企業からは、健康管理などは病院の責任で行って欲しいという要望があったが、院長は退院者が事故などを起こしたときのことを考えると、病院として中間宿舎を運営することはできないと判断した。その結果、谷中個人の活動として「やどかりの里」の活動を始めた。谷中は、病院勤務を終えた後に、食事作りなどの援助を行ったが、生活面の援助は企業の専務が担っており、再入院する者も出てきた。そのため、専従スタッフを採用し、病院にも応援のスタッフを出してもらい、運営を続けた（谷中1988）。

最初の専従スタッフとなった荒田稔は、日中は企業のスタッフとして作業訓練を行い、夜は寮生とともに工場の2階に住み、一緒に食事を作って食べ、食後は雑談をし、休日には一緒に外出するという24時間生活をともにする生活を送った（荒田1988; 2020）。

　荒田が専従スタッフとして入ったことで援助としては充実したものの、専従スタッフの人件費の捻出という新たな問題も生じた。荒田の人件費は、半分を企業に出してもらい、残りを家族から訓練費として徴収し（後に寮生から徴収に変更）、足りない費用は谷中が外部講師を行うことで賄っていた（谷中1976; 1988）。

　当時の精神衛生法では、第48条に「精神病院又は他の法律により精神障害者を収容することのできる施設以外の場所に精神障害者を収容してはならない」と規定され、かつ社会復帰施設に関する規定もなかった。そのため、共同住居の運営は、第48条に触れる危険性をもちつつ、経営基盤も脆弱という2つの苦難を抱えていた。1972（昭和47）年には、企業から分離して宿舎を設け、寮生による自主管理へと変更し、1973年からは寮の長期利用を廃止した（谷中1976）。1974年末には、資金繰りが悪化し、職員たちの給与も支払えない状況に陥った。いよいよ運営が厳しくなり、存続の危機という状況になったとき、メンバーから「利用者も法人の会員となること」が提案され、やどかりの里の会員の会員による活動が始まった（谷中1988）。

　谷中たちは、精神障害者とともに生きるなかで、同じ地面に立つ者として、彼らを取り囲む劣悪な状況を知り、彼らの立場に立ち、その苦悩を分かちもつことを選んだ。谷中たちは、「援助する者－される者」からなる一方的で固定的な「ワーカー・クライエント関係」から、彼らと支えあいながら、ともに成長していく「かかわり」を選び取った。そして、彼らと協働して、劣悪な状況に立ち向かう態度を希求するようになった。

2）やどかりの里に続く活動

　1970年代中盤から1980年代にかけて「やどかりの里」に続く活動が、全国で徐々に生まれた。1974（昭和49）年には、「あさかの里」（福島県）において、共同住居とともに、職場や生活のなかで困ったことについてお茶やコーヒーを

飲みながら話せる場、企業の下請け作業などの働く場などを作る活動を開始した（半田1979）。

　十勝では、1982（昭和57）年に門屋充郎ら病院PSW5名により、自宅に帰れない人やアパートなどでの生活が困難な人たちのための共同住居「朋友荘」の運営が始まった。PSWたちは、無報酬のボランティアの管理人、あるいは援助者として活動し、入居者に自宅の電話番号を伝え、24時間365日対応できる体制をとった（門屋2002; 2015）。

　東京都板橋区では、1983（昭和58）年に寺谷隆子ら病院PSW11名が、共同出資し、「JHC板橋」を立ち上げた。病院PSWとして退院支援をするだけではなく、誰でも暮らしやすい街づくりを目指した活動を開始した。活動を開始するにあたり、精神障害者に対して調査を実施し、「働きたい」を実現するために大山作業所を開設し、就労に向けた準備プログラムから事業を始めた（寺谷2002; 2008）。

　1984（昭和59）年には、北海道浦河町において、浦河赤十字病院PSWの向谷地生良らによって「浦河べてるの家」の活動が始まった。1979（昭和54）年、向谷地が空き家になった教会の旧会堂に住み始め、翌年には、病院の退院者が入居し、共同生活が始まった。その後、回復者クラブ「どんぐりの会」のたまり場になり、働く場を確保する必要から有限会社を設立した（向谷地1992; 1996）。

　このように一部の病院PSWたちは、病院職員としての業務を行いつつ、PSWとしてのミッションのために、自分のプライベートな時間、金、人脈などを使い、地域において社会復帰活動を展開するようになった。この時期、わが国でもPSWたちによる地域活動の萌芽がみられ、1980年代後半には、約100か所程度の共同住居が整備された（谷中2000b: 65）。しかし、そうした社会復帰活動にもかかわらず、精神病床はさらに増え続け、病院における精神障害者の長期隔離収容政策は強化されていった。

　一方欧米では、1978（昭和53）年には、イタリアでバザーリア法が成立し、新規の精神病院の設立が禁止されるなど「病院から地域へ」という流れが加速していた。

第3節　PSWによる人権回復への取り組み

1. 報徳会宇都宮病院事件と社会復帰施設の誕生

1) 報徳会宇都宮病院事件とPSW

　1983（昭和58）年の協会誌において「精神科病院における長期在院者をめぐる諸問題」が発表され、協会誌の論文タイトルに初めて「長期在院」という用語が入ったものが掲載された。その論文のなかで、長期入院者は不適応のために入院が長期化しているのではなく、病棟生活に適応していること、治療者が積極的に治療対象としているのはごくわずかの患者に過ぎないことが示された。今井らは、問題を起こさないことを評価の前提とし、問題を起こす人にしかかかわらないという病院職員の姿勢が長期入院の要因ではないかと指摘した（今井・斉藤・田宮他 1983: 50–1）。

　同誌で門屋は、PSWが所属する機関と対立することを避けたことを、PSWとしての役割機能の放棄であると指摘した。そして、PSWは、所属機関の社会的立場性や役割についての見方を失っている。精神衛生法に反医療的面があることを認識し、その法を乗り越えたところで対象者との関係を築くことがPSWの役割であると主張した（門屋 1983: 79）。

　これらの指摘があった1983（昭和58）年、報徳会宇都宮病院事件（栃木県）において病院職員の暴行により入院患者が相次いで死亡する事件が起きた（発覚したのは翌年3月）。4月には、食事に不満を漏らした入院患者（32歳）に対して看護職員3名が金属製パイプで叩くなどして撲殺した。12月には、面会に来た知人に病院への不満を漏らした入院患者（35歳）に対して、職員5名がパイプ椅子などで殴打し殺害した。宇都宮病院では、この事件以外にも、患者に対する暴行、使役などの人権侵害が常態化していた。

　この病院では、PSWも入院患者の人権侵害に関与しており、女性PSWは看護師とともに死亡患者の脳を研究用に摘出する作業を行っていた（大熊 1988: 151–2）。当時、宇都宮病院を調査したPSWによると、この病院のPSWは、「院長にいわれるまま、入院時に患者を迎えに行って拘束して連れてきたり、死亡退院になりそうな人の解剖承諾書をとったりしていた」（高橋 2002: 84）と

いう役割を担っていた。

また、宇都宮病院の入院患者は、栃木県内の患者だけでなく、首都圏から入院していた。行政や警察と癒着し、アルコール依存症者を中心に引き取り手がいない人の入院を引き受けていた（森山1984）。当時、宇都宮病院がセールスのために、都内の病院に配布したパンフレットには、「特に慢性難治の治療には力をつくします」と記され、印字されたものの上にスタンプで「特に慢性酒精中毒病棟200床あり」と押されていた。このように宇都宮病院は、行政や警察、そして他の病院から「いらない患者」をもらい受けることにより病床を満たしていた。

1984（昭和59）年、協会は「報徳会宇都宮病院問題に関する決議」を出した。そのなかで、宇都宮病院の問題を精神病院のもつ根源的な問題として捉え、同様の事態が多少の差こそあれ協会員の身近にあることを認識すること、その改善に向けた実践的歩みを進めることを指摘した。そして、PSWの実践が所属機関の影響を受けやすいこと、力量に限界があること、これらに対して協会が総体としてどのように援助するか検討する必要性を指摘した（日本精神医学ソーシャル・ワーカー協会1994: 5）。

宇都宮病院事件が発覚した直後の第20回全国大会のシンポジウムにおいて、谷中は、この事件に触れ、「すべての病院に勤務する我々ソーシャルワーカーが、真剣に、かつ、患者さんの立場に立つという、そのことを自ら患者さんの不利益にならないためには、身を張ってでも闘わなければならない問題だと私は思います」（柏木・小松・谷中他1985: 76）と会員に語りかけた。そして、病院PSWに、病院のなかで給料をもらうだけでなく、地域のなかで患者さんが生活できる支援体制を作るのが病院ワーカーの役割であると指摘し、PSWのミッションに基づいて活動することの意味を問いかけた（柏木・岩本・谷中他1985）。

この事件は宇都宮病院で起きたが、この病院に患者を送ったのは、行政機関や他の医療機関であり、そこには精神衛生相談員や病院PSWも関与していたはずである。宇都宮病院を成り立たせていた精神障害者に対する抑圧的な構造には、PSWも含むすべての医療福祉関係者が関与していたと言える。実際、同時期に協会の島根支部が行った業務実態調査でも、公立病院や総合病院

のPSWに比べ、民間病院のPSWが退院援助を行っておらず（日本精神医学ソーシャル・ワーカー協会島根支部1985）、結果的に収容体制に協力していたことが示唆された。

報徳会宇都宮病院事件は、国内外で大きく報道され、わが国の精神医療体制に対する批判が高まった。国際法律家委員会（The International Commission of Jurists: ICJ）と国際保健専門職委員会（The International Commission of Helth Professionals: ICHP）の合同調査団が来日し、「日本の精神医療制度の現状は、精神障害者の人権及び治療という点において、極めて不十分とみなさなければならない」と指摘され、① 精神衛生法の改正、② 精神衛生サービスの改革と再検討、③ 精神衛生分野の教育とトレーニングの改革という勧告がなされた（精神医療人権基金運営委員会1986）。

2）社会復帰施設の創設

国内外の批判を受け、国もようやく重い腰を上げ、1987（昭和62）年に精神衛生法を精神保健法に改正し、法律の目的に、精神障害者の「社会復帰を促進し」と明記した。そして、精神障害者社会復帰施設として精神障害者生活訓練施設、精神障害者福祉ホーム、精神障害者授産施設が制度化された。各施設には、必置の職種として「精神科ソーシャル・ワーカー」が規定された。

これにより、既に活動していたやどかりの里やJHC板橋などが法内施設として活動することが可能となり、ようやく地域で活動するPSWに安定した給与を保証できる体制が整い始めた。さらに1993（平成5）年の精神保健法一部改正において、精神障害者地域生活援助事業（グループホーム）も法定化され、地域におけるPSWの職域が拡がり始めた。

社会復帰施設の法定化は、長期入院者の退院を促す契機となった。病院を経営する法人が社会復帰施設を立ち上げるケースも多く（大島2000）、社会復帰施設を利用した退院援助が一般化し、その業務にPSWが携わるようになった。

この時期の病院による退院支援の一例として谷野呉山病院（富山県）の実践を挙げる。この病院では、1970年代から民間アパートへの退院という取り組みを始め、1977（昭和52）年からは病院が中間施設を運営し、社会復帰活動を行っていた。精神保健法施行後の1988（昭和63）年からは、PSWを中心に

長期入院者のグループ退院（退院に向けた5～10名のグループを作り、同じ日に退院する取り組み）を開始した。そのなかで住居の確保が課題となり、1993（平成5）年の精神保健法改正後に、グループホームの運営も始めるようになった（宮部2009）。

地域側の実践例としては、十勝の実践が挙げられる。既述のように1980年代から始まった病院PSWたちの活動は、その後も拡がりをみせ、地域で下宿や民間アパートを開拓し、作業所を作り資源を拡充していった。その結果、地域で暮らす人が増え、その人たちの支援を行うために、勤務先である病院の仕事ができなくなり、PSW自身も地域社会のなかで、自分が生活する場を作らざるを得なくなった。門屋は、「ラッキーにも精神保健法は、その一つの場を創るチャンスを与えてくれました」（門屋・菅野・寺谷他1994: 20）と表現した。一方で、病院が敷地内に社会復帰施設を作り、母体病院の退院者しか受け入れないのであれば、それは病院の奥座敷を拡げるだけで、社会資源とは言えないと批判した（門屋・菅野・寺谷他1994: 22）。

また、病院における患者の退院基準が専門職の「狭い了見」に基づくものであると指摘し、掃除や調理などの生活技術がなくても、様々なものを活用して生活すればよい（門屋・菅野・寺谷他1994: 21）と、ストレングスモデルにつながる考えをこの時点で指摘した。

同様の考えは、病院PSWからも示され、PSWは、これまでの援助システム（外勤作業や掃除当番など）や、食事や住まいを問題として捉える視点を見直す必要がある。病院が食事や住まいを提供してきたが、そのやり方には限界が来ており、多くの人は退院できると指摘した（梶元1991: 21）。

このように視点を変化させたPSWがいた一方で、長期慢性期病棟の「荒廃期の患者」に対して、治療共同体的取り組みを用いてハリのある生活をもたらすという病院内での援助に固執するPSWもおり（橋本1992）、地域で支えるという考え方は道半ばであったこともうかがえた。

このように社会復帰施設の法定化は、PSWの実践に大きな影響を与えた。精神保健法施行1年後の全国大会では、5つの分会のうち、地域活動の分科会が3つを占めるようになった。「住まいの問題」の分科会では、福祉ホーム、共同住居、アパート退院の報告が行われ、地域におけるPSWの実践に拡がり

がみられた。一方、病院PSWが共同住居の管理・運営を兼務するようなこと
は減り、施設に専従の職員がおかれ、「病院のワーカー」と「地域のワーカー」
という役割の分断が起き始めた。クライエントの求めに応じて柔軟に対応して
きたPSWの動きに対して、制度やサービスから一定の制約がかかり始めた。

3) 国家資格化へ向けた動き

　病院だけでなく、地域においてもPSWの配置が進むなかで、協会は、自ら
の専門性を構築するために精神障害者福祉に関する理論の構築を続けるととも
に、1988（昭和63）年に「日本精神医学ソーシャル・ワーカー協会倫理綱領」
を制定した。

　倫理綱領では、「われわれ精神医学ソーシャルワーカーは、個人の尊厳を尊
び、基本的人権を擁護し、社会福祉専門職の知識、技術および価値観により、
社会福祉の向上ならびに、クライエントの社会的復権と福祉のための専門的・
社会的活動を行うもの」と自らの役割を規定した。PSWは、精神障害者の権
利を抑圧する機関に勤務していようとも、「精神障害者の社会的復権」を目指
して活動することを改めて明示した。

　翌年には、「精神科ソーシャルワーカー業務指針」を採択し、PSW業務の専
門性を示した。この業務指針では、PSWの業務を「対象者の社会的機能を低
下させている問題の特質と、問題を複雑にし現在まで持続させている要因を探
り、問題解決ないし困難緩和のための具体的方法にはどのようなものがあるか
を吟味し活用すること」（日本精神医学ソーシャル・ワーカー協会1989）と規定
した。そして、業務分類においてケースワーク業務の一つとして「退院援助」
を挙げ、業務の範囲でも「退院援助（社会復帰）」[8]を示した。1980年代終盤の
PSWたちは、退院援助（社会復帰）を自らの業務として認識していた。

　同時期、国家資格化を巡る動きとしては、1987（昭和62）年に「社会福祉
士及び介護福祉士法」が成立し、わが国で初めてのソーシャルワーカーの国家

8　「退院援助（社会復帰）」の内容として「退院後の生活設計に関与し、予測可能な問題を対象者と
ともに整理し、退院可能な状況整備（生活条件）を援助する。転院、在宅医療（療養）等にともなう
対象者及び家族の不安・葛藤を軽減すること。医学的判断を前提に、転院のための医療機関の設定・
紹介、退院後の社会福祉施設等の紹介と通所・入所に必要な援助をする。死亡にともなう諸問題を援
助する」と説明した（日本精神医学ソーシャル・ワーカー協会1989）。

資格が誕生した。社会福祉士が医療ソーシャルワーカー（以下、MSW）を切り離して誕生したこともあり、MSWの資格化を巡る議論が活発化した。しかし、厚生省が示した医療福祉士案には「医師の指示」による医行為が含まれていたため、日本医療社会事業協会が社会福祉士以外の資格を受け入れないとし、協会はPSW単独で国家資格化を目指すことになった。坪上は国家資格化に向かうなかで、これから人権の擁護がPSWの業務となるとした上で、① PSWが倫理的に危険な商売であることを自覚すること、② これだけは絶対に譲れないことを守るために他を譲って生きる、いざというときに身体を張って断る覚悟をもつこと、③ 倫理からの逸脱に気づいたときは、逸脱した経験をバネとして活かすことを協会員に求めた（坪上1994）。

　1993（平成5）年に障害者基本法が成立し、精神障害者も障害者として認められ、精神障害者を対象とした福祉法が必要になった。1995（平成7）年に精神保健福祉法が成立し、精神障害者保健福祉手帳制度も始まった。こうした状況のなかで、PSWは、病院や行政機関だけでなく、社会復帰施設や共同作業所の職員として社会復帰や社会的復権を担うようになり、国家資格の必要性が高まっていった。

2．精神病院における退院援助の難しさ

1）精神保健福祉士法の成立

　1993（平成5）年の精神保健法一部改正では、グループホームの法定化など長期入院者の退院に向けたハード面の整備を進めるとともに、長期入院者の社会復帰を促進する専門職の必要性が強調され、「PSW国家資格制度の創設」が国会において付帯決議された。

　精神保健福祉士法は、1997（平成9）年12月の臨時国会において可決成立した。精神保健福祉士法の提案理由として「我が国の精神障害者は入院者の割合が高いこと、入院期間が長期にわたること、精神保健及び精神障害者の福祉の増進を図る上で、その社会復帰を促進することが喫緊の課題となっていること、こうした状況を踏まえ、精神障害者の社会復帰に関する相談援助の業務に従事する者の資質の向上及びその業務の適正を図り、精神障害者や家族が安心して必要な支援を受けることができるように、新たに精神保健福祉士の資格を

定めることとする」（日本精神医学ソーシャル・ワーカー協会1998: 104）と説明されていた。

1997（平成9）年当時、わが国の精神病床数は約36万床、平均在院日数が約450日であり、入院患者の半数が5年以上入院している状況であった。精神保健福祉士は、長期入院者の病院から社会復帰（退院）を担う専門職として誕生した。この頃には、病院から地域に出て活動するPSWも増え始めた。精神保健福祉士法が国会審議されているときに開催された第33回全国大会では、「岐路に立つPSW──地域の中で共に歩む」がテーマとなり、特別講演を行った厚生省の官僚から社会復帰施設などのハードと障害者をつなぐ役割を担って欲しいとの発言があった（岩崎1997）。

2）社会的入院の解消に向けたPSWを中心とした退院援助の展開

浅香山病院の柏木は、これまでのアパート退院などの実践に触れ、病院PSWが退院者の地域生活を支える役割を担ってきたが、これからは地域の社会資源にその役割を委ねたいと語った。そして、長期入院者に対する病院PSWの役割を、患者の不安を受容し、彼らが自己決定するときを待ち、地域で暮らす人の生の声を彼らに届け、具体的な生活不安にともに向きあうことであると述べた（柏木2002）。しかし、この頃には、病院の二極化が進みつつあり、PSWが時間をかけて退院支援をすることができず、ベッドコントロールに追われる状況も指摘され始めた（柏木・小田・安藤他2002）。

2003（平成15）年には、協会誌において社会的入院の特集があり、各地の実践が報告された。退院に向けて、院内で細かく段階を分けて訓練する退院援助（瀬戸山2003）や地域の状況が改善されない限り社会的入院の解消は難しい（藤井2003）とする報告などクライエントや環境の欠陥に焦点化する報告がみられた。一方で医療従事者は失敗を恐れて手助けをしてしまうところがあることを指摘し、失敗することの意義を伝える報告もあった（黒木2003）。加えて、退院促進事業を活用して退院支援を行った病院PSWから、本人と自立支援員とのつながりを作り、彼らが退院したいと思う環境を作ることが病院PSWの役割であるという気づきがあったとの報告もあった（朝本2003）。

同年からその翌年にかけて、協会の精神医療委員会では、「社会的入院者の

退院促進のためにPSWは何をすべきか」をテーマに検討が行われ、2005（平成17）年に『社会的入院の解消に向けて』という報告書が出された。委員の構成は10名中8名が病院PSWであり、残り2名は大学教員と行政職員で地域の支援者は含まれていなかった。報告書では、5つの病院による退院援助の実例が示された。駒木野病院（東京都）では、民間マンションの1室を借り、退院支援アパートという名称で一人暮らしの体験をする部屋を設けた（山口2005）。南埼玉病院（埼玉県）では、地域生活支援センターと協働して退院支援に取り組んだ（今野2005）。一方、都立松沢病院では、病棟の建て替えによる病床の削減と病棟の再編にあたりPSWが12名増員され、社会復帰支援室を設置して退院援助を行っていたが、退院者の半数以上は他の病院への転院との報告もあった（山田2005）。この報告は、病院の二極化が進み、病床のダウンサイジングと機能分化が起こった結果、転院調整という名での患者の「転売」が起き、その担い手としてPSWが機能することを暗に示していた。

　精神障害者の社会復帰を促進する専門職として誕生した精神保健福祉士であったが、未だに社会的入院は解消されておらず、精神保健福祉士は、その役割を果たしているとは言えない状況が続いている。この状況に対して門屋は次のように厳しく批判した。

　　PSWが医療社会の中にあって役割の自己矛盾に陥り、二重拘束のきわみの中で苦労してきたと自覚するならば、それは精神障害者の不幸の現実を認識し、その歴史的実態の反映であること意識化するものであることを強調しておきたい。繰り返すが、自己矛盾に陥らず、二重拘束を意識できずに活動しているPSWは、精神障害者の不幸を当たり前と容認していることになり、厳しくいえばPSWとしての専門性が微塵も認められないということである。（門屋2004: 103）

　長期入院者の社会的復権を実現するためには、疎外状況からの解放、つまり病院からの退院促進、個々人の生活の場での治療のあり方を保障することが必要である。しかし、こうした取り組みは、過去からの解放に過ぎない。本当に社会的復権を果たすためには、「精神科病院や社会復帰施設、医療専門職主導

のかかわり方からの解放が必要」（門屋2004: 105）と指摘した。この指摘のように、病院による退院援助には、個々の病院により取り組み状況が異なること、病院の運営するデイケアなどへの利用誘導がされやすいという限界がみられた（川口2009）。

　長期入院者の退院支援の担い手は、二重拘束のきわみのなかで動けない病院PSWから地域の支援者へと移り、病院による「退院援助」から「退院促進」そして「地域移行支援」へと端境期を迎えた。

3．大和川病院事件と退院促進事業の始まり

1）大和川病院事件と精神病院による退院援助の限界

　報徳会宇都宮病院事件以降も、わが国の精神病床数は増え続け、1993（平成5）年にピークを迎えた。同年2月には、大和川病院（大阪府）において、入院患者（57歳）が世話役患者から暴行されたまま12日間適切な治療を受けずに放置され、死亡する事件が発生した。この病院で患者が死亡する事件は、これで3回目であった。この病院は、行政にとり、困った人を引き受けてくれる都合の良い病院であった（里見2003: 869）。当事者の山本深雪は、PSWに対して以下のように問いかけた。

　　　デイケアや授産施設など法定化された仕事の枠内で、こじんまりと消化作業に終わらず、患者の心の痛みや悔しさに共感できる「人」として、更に日常の専門性の内容を問いつづけて欲しい。そしてワーカーがいることの重要さを初志貫徹でひろげて欲しい。（山本1995: 48）

　協会は、大和川病院事件に対して情報の収集と共有を行うに過ぎなかった。1995（平成7）年には、阪神淡路大震災が起こり、その対応を図るとともに、前節にある国家資格化へ向けた動きのなかで、この事件について、協会内で深く検討された様子はなかった。

2）退院促進事業の始まり

　こうしたなか、大阪府精神保健審議会では、当事者や支援関係者で議論を

重ね、「大阪府障害保健福祉圏域における精神障害者の生活支援施策の方向とシステムづくりについて」を答申した。大阪府では、「社会的入院は人権侵害」と明記された答申を具体化するために、2000（平成12）年より大阪府独自事業として「精神障害者社会的入院解消研究事業」を開始した。2002（平成14）年には「地域生活移行支援研究事業」、2003（平成15）年からは国のモデル事業である「精神障害者退院促進支援事業」を実施した。この事業では、病院の管理者が対象者の承諾を得た上で、保健所に設置された自立支援促進会議に対象者を推薦し、この会議において事業利用の可否を決定する。事業対象者への退院支援は、大阪府から委託を受けた精神障害者社会復帰促進協会に所属する自立支援員が担当した。自立支援員が病院を訪問し、一緒に院内作業療法に参加したり、馴染みの喫茶店への外出に同行したりしながら、自立支援計画に基づいて退院支援を実施した。退院後は2か月以内でアフターフォローも行った（鹿野2003；吉原2005；今井・奥村・伊永2005）。この事業では、支援開始時には、マネジメントの軸をPSWが担うことが多かったが、支援終了時には、自立支援員が担うことが増えていた（鹿野2003）。大阪府では、この事業を通して人権侵害である社会的入院の解消を目指した活動を開始した。

　この事業を契機に、個別の病院の取り組みを超えて、行政の取り組みとして長期入院者を対象にした退院促進事業が始まることになった。そして、地域の機関の職員が、病院のなかに入り、退院支援を行うことも、この事業から始まることになった。

第4節　長期入院精神障害者の退院支援を巡る問題の所在

1．退院促進事業の課題と地域移行支援事業の展開

1）退院促進事業の拡がり

　2000（平成12）年に大阪府単独事業として退院促進事業が始まり、埼玉県など他の自治体でも独自事業として実施するところが出てきた。2003（平成15）年には、大阪府事業の実績評価に基づき、国がモデル事業として全国16か所において「精神障害者退院促進支援事業」をスタートさせた。

　また、2002（平成14）年には、国立精神・神経センター国府台病院におい

てAssertive Community Treatment（ACT）プログラムも始まった。2011（平成23）～2013（平成25）年にアウトリーチ推進事業では、当該事業を実施する医療圏域における精神病床数の削減を条件に事業が実施され、国立国府台病院などで病床が削減された。

2004（平成16）年の精神保健医療福祉の改革ビジョンでは、「入院医療中心から地域生活中心へ」という方針を示し、今後10年間で約7万人の「受け入れ条件が整えば退院可能な者」を解消するという数値目標を掲げた。

2006（平成18）年からの「精神障害者退院促進支援事業」では、障害者自立支援法の都道府県地域生活支援事業に位置づけられ、2007（平成19）年には、41都道府県において事業の実施がみられた。2008（平成20）年から「精神障害者地域移行支援特別対策事業」となり、さらに2010（平成22）年には「精神障害者地域移行支援・地域定着支援事業」に再編され、長期入院者の退院支援を担う地域移行推進員に加え、地域生活に必要な体制整備を行う地域体制整備コーディネーターが配置された。事業対象者を退院させることがゴールではなく、精神障害を有していても生活できる地域づくりが強調された。

同年には、精神保健福祉士法一部改正も行われ、精神保健福祉士の役割として「地域相談支援の利用に関する相談」が追加され、地域の精神保健福祉士が病院に出向いて退院支援を行うことが法律上規定された。

この頃より、長期入院者の退院支援の主たる担い手は、病院PSWから地域の支援者に移行し始めた。その流れは障害者ケアマネジメントの流れと一致した。2002（平成14）年には、三障害共通の指針となる「障害者ケアガイドライン」が示され、2003（平成15）年から支援費制度が始まり、障害者ケアマネジメントが動き出した。2006（平成18）年に障害者自立支援法が施行され、相談支援事業（ケアマネジメント）が法律に明記され、精神障害者も支援対象となり、相談支援事業者に勤務するPSWが、ケアマネジージャーの役割を担う相談支援専門員として活動するようになった。

協会は、こうした状況を踏まえ、ケアマネジメント委員会を設置し、2001（平成13）～2006（平成18）年にかけてケアマネジメント研修会を実施した（日本精神保健福祉士協会2008）。ケアマネジメントと退院促進（地域移行支援）は、流れを同一にしていった。

第1章　長期入院精神障害者の抱える困難とPSWによる退院支援の歴史的課題

　2006（平成18）年に協会が厚労省の補助金を受けて実施した「精神障害者退院促進支援事業の効果及び有効なシステム、ツール等に関する調査研究」では、調査を実施した12地域において、PSWを中心とした自立支援員が訪問支援を行い、相談支援事業者や自立促進協議会がケアマネジメント機能を担っていた（日本精神保健福祉士協会2007）。2007（平成19）年に協会が受託した厚労省の「平成19年度精神障害者退院促進強化事業」では、全国9地域を対象に退院促進の事業体制や実施状況について調査した。9事例中、病院が中心となった事例は3つであり、うち一つは、国立精神・神経センター精神保健研究所が中心となって行うACTの実践であった。相談支援事業者が中心となり、行政とともに事業を実施する流れが鮮明になってきた（日本精神保健福祉士協会2008）。

　この頃の退院促進事業や地域移行支援事業では、まず都道府県から病院に依頼して協力病院として登録してもらう。次に病院から退院支援の候補者を挙げてもらい、自立支援員や地域移行推進員、ピアサポーターなどが病院に出向いて退院支援を行っていた。支援員は、長期入院者本人が退院意欲を示していなくても（契約を結んでいなくても）、意欲喚起のために買い物や外食などを一緒に行っていた（丸瀬2010; 國重2010）。また、従来の地域生活のためのスキル（調理や掃除などのスキル）を身につけるプログラムではなく、夢を語りあったり、見学や外泊をしたりして夢や希望を取り戻し、退院意欲の回復を図る実践（岩上2010）や、ピアサポーターが病院に出向いて一緒にレクリエーションに参加したり、情報を提供したりする実践（河島2010）がみられた。退院意欲が示されるようになると、一人ひとりとかかわる時間を多く確保して、本人と一緒に不動産屋巡りや施設見学をするなかで退院後の生活イメージを膨らませていた（金川2009）。他にも病院に出張講演に行き、希望者には入院中から退院支援を行っている法人の事業所に通所してもらい、通所が安定してきた段階で住居探しをする実践もみられた（田尾2008; 2010）。当時の事業では、報酬が包括払いであり、支援期間も定められていなかったため、一人ひとりの利用者に対して、必要な時間をかけて退院支援やアフターフォローを行うことが可能であった。

　一方で、協力病院が事業対象者として推薦しなければ事業を利用できない、病院間で事業の利用状況に差がある、事業者間に動きの差が出る（活動しなく

ても補助金額に変化はない）などの課題もみられた。

2）地域移行支援（個別給付）の始まり

　2012（平成24）年からは、障害者自立支援法に基づく地域相談支援（地域移行支援・地域定着支援）として個別給付化され、一般相談支援事業者の相談支援専門員が地域移行支援を担うようになった。相談支援専門員の役割として、個別支援から抽出した課題を普遍化し、協議会を活用して社会資源の改善・開発につなげることが強調されるようになった。また、この頃から退院者の生活をフォーマルサービスで固めることに対する批判が展開されるようになった（門屋 2008; 2010; 佐藤 2008; 門屋 2010; 岩上 2010; 金川 2014）。相談支援従事者研修などを通して、相談支援専門員にストレングスモデルが浸透し、これまでのフォーマルサービスで囲い込む支援ではなく、本人の意向を中心に据えた支援のあり方への変化がみられた。

　個別給付化以降の退院支援でも、相談支援専門員と長期入院者が、一緒に買い物や昼食に行ったり雑談したりして信頼関係を構築することは重視されていた（藤澤 2014; 金川 2014）。退院が具体的になった時点では、本人が参加するケア会議を開催し、本人の頑張りや退院後の生活の希望などを支援チームで共有していくことも強調された（金川 2014: 178）。こうした支援のあり方は、本人の意向を中心に据えた支援のあり方を反映した実践と言える。

　地域移行支援の個別給付化によるメリットとしては、本人の申請があれば、市町村が認定調査を行い、サービス利用の可能性が高まったこと、退院支援を一般相談支援事業者が実施することになったため、退院支援を実施できる機関の裾野が拡がることが期待された（金川 2013: 62）。しかし、制度施行後も長期入院者や家族から直接申請が来たという話はあまりない（金川 2014: 176）。また、序章で示したように地域移行支援サービス費の指定事業所のうち算定事業所は8.3％に過ぎず（厚生労働省 2017）、期待された実施機関の裾野の拡がりは起きていない。

　加えて、個別給付化のデメリットとして、長期入院者が自ら利用申請を申し出るとは考えにくく（古屋 2015b: 151）、退院意欲を示さない人が支援対象とならないこと、従前の事業で行われていた契約前の利用者の掘り起こしのための

第1章　長期入院精神障害者の抱える困難とPSWによる退院支援の歴史的課題

支援ができないこと、利用期限（原則6か月、具体的に退院が見込まれる場合は更新可）があるため、時間をかけて退院支援を行えないことなどが挙げられる。

2017（平成29）年度からは「精神障害にも対応した地域包括ケアシステムの構築」に向け、地域移行の促進に向けた体制整備を進め、病院には、市町村と連携して長期在院者への支援を求めていた。しかし、同年の患者調査では、長期入院者が約17万人いると報告されており（厚生労働省2017）、長期入院者の社会復帰の促進という課題は未達成である。

2. 精神科病院における退院支援の限界——業務に縛られる精神保健福祉士

2013（平成25）年の精神保健福祉法改正により、病院の管理者は、医療保護入院者が入院して7日以内に退院後生活環境相談員を選任することとなった。2022（令和4）年の精神保健福祉法改正により、2024（令和6）年4月より措置入院者に対しても退院後生活環境相談員を選任することになった。このように退院後生活環境相談員を担う精神保健福祉士が、医療保護入院者や措置入院者の早期退院に向け、中心的役割を担っている。

また近年、診療報酬でも、精神保健福祉士の配置が要件として規定されるようになっている。専従の精神保健福祉士を配置した退院支援部署において退院支援計画を作成した際に算定される退院調整加算や、病棟に専従の精神保健福祉士1名を配置することなどによって算定される精神保健福祉士配置加算に加え、地域移行機能強化病棟、精神科救急病棟、精神科急性期治療病棟、精神科地域包括ケア病棟等でも、精神保健福祉士の配置が要件になっている。例えば、地域移行機能強化病棟入院料では、入院患者数が40名を超えない場合、精神保健福祉士を専従1名、専任の退院支援相談員（精神保健福祉士もしくは保健師等で精神障害者に関する業務に3年以上従事した者）1名を配置することが条件となっている。精神療養病棟でも、退院支援相談員の配置が規定されており、主に精神保健福祉士がその役割を担っている。

このように精神保健福祉法や診療報酬に精神保健福祉士の役割が規定されたことで、病院におけるPSWの配置は進んだ。その一方で、割り当てられた仕事や役割をこなすことでPSWの仕事をした気になっているとの危惧も生まれている（柏木昭・大野・柏木一2014）。現場のPSWからも、診療報酬対象外の

47

支援を行うことに躊躇する傾向がみられるとの指摘もあった（鈴木2019: 73）。

　国が診療報酬などを用いて精神病棟の機能分化を促進し、入院期間を短縮し、精神病床の削減に向けた政策誘導を行うなかで、病院PSWは、新規入院者の退院支援やそれに伴う書類作成などに追われ、長期入院者の退院支援にかかわる余裕がなくなっている。

　また、国が推し進める病院の機能分化やダウンサイジングは、より良い精神医療を実現するために必要であるものの、その過程で一定の入院期間を超える者を転院させる傾向が強まっている[9]。2017（平成29）年度の統計資料によると、入院期間が「1年以上5年未満」および「5年以上」の長期入院者の退院後の行き先として「他の病院・診療所に入院」が最も多く、「5年以上」では、41.7％となっている（厚生労働省2020a）[10]。この転院調整の担い手として病院PSWが機能している。ベテランPSWから、3か月以内に退院できない人に転院を強要することを、「退院支援」とすることへの危惧が語られた（金成2014）。転院後に長期入院者に降りかかる不幸を想像できたとしても、病床の削減や廃止が決まっていたり、ベッドコントロールする立場にいたりすれば、職員として、その役割を担わざるを得ない。こうしたPSWの姿勢に対して、トリアージュと称して、入院患者の選別に奔走し、病院のベッド稼働率に汗水を流し、病院に消費されている（物江2010: 79-80）との指摘もみられた。

　PSWが転院調整という長期入院の後始末を担っていることは、既述の事例（山田2005）や浦河赤十字病院の精神科廃止に伴い転院した事例（高田2015）などからも推察された。浦河赤十字病院は、精神医療改革のモデル実践と言えるが、浦河赤十字病院のPSWであった高田の述懐にあるように長期入院者の

9　公立精神科病院が病棟を削減し、患者のほとんどを転院させることで、スタッフも削減し、機能を特化するという場あたり的な方法は「悪魔の囁き」であり、長期入院者に申し訳ないだけではなく、治療技法の進展の放棄であるという指摘（藤井2004: 673）もあった。しかし、山田（2005）や高田（2015）の報告にあるように転院という方法でダウンサイジングを行った病院が少なくなく、その担い手としてPSWが機能した。

10　病床の機能分化を進め、病床回転率を上げようとする病院から長期入院者を引き受けることで病床稼働率を上げようとする病院では、入院患者の死亡退院率が高くなっている。2001年に不祥事で閉院となった朝倉病院（埼玉県）の系列病院である滝山病院（東京都）では、60％台の死亡退院率が続いていた（木村2013: 105）。都内の病院で勤務する少なくない数のPSWは、この病院の状況については理解していながらも、所属機関のベッドコントロールの調整弁として利用しているという一面もあった。

苦悩の上に成り立った改革でもあった。

> 浦河で起きた2014年の精神科病棟閉鎖の物語は、決して地域移行の成功
> 例ではない。支援者の力不足と病院の一方的な事情により転院を余儀なく
> され、今も別の精神科病院の中で生活を送っている方がいることを忘れて
> はいけない。慣れ親しんだ病棟を奪われ病状が悪化してしまった方、家族
> との距離が離れてしまった方、治療が十分にできないまま転院してしまっ
> た方たちがいたこともまた事実である。（高田2015: 498）

　このような報酬の影響を受ける病院PSWの活動は、この社会の抑圧構造か
ら目を背け、「（当事者に対する）抑圧を内在化させ、その枠内で生きること、
あきらめさせることを強いる支援」（茨木2021: 155）と言うことができる。協
会は、こうした状況にある病院PSWに対して、社会的入院解消に向けて担う
役割として、入院患者との関係づくり、相談支援事業者などの紹介、入院患者
のストレングスの発見、社会資源の情報提供などを示した（日本精神保健福祉
士協会2014）。つまり、病院単独の退院支援ではなく、地域の相談支援事業者
（相談支援専門員）との連携に基づく退院支援を行い、権利擁護を担うことを、
協会は会員に明示した。

3.　全面的な生活支援を軸とした先進的な地域実践

　このように長期入院者の退院支援は、病院と相談支援事業者などが連携する
形で取り組み体制になり、PSWの役割も大きくなりつつある。しかし、地域
移行支援の算定事業者数の少なさからも、その連携が長期入院者の解消に寄与
しているとは言いがたい。

　そうした状況のなか、全国の国公立病院を中心に経営上の理由などから精
神病床の削減が進み、2018（平成30）年には、32万9692床となり、漸減傾向
が続いている（厚生労働省2018）。しかし、世界的にみれば、異常に多い精神
病床数を維持し続けている。そして、そのなかでは、毎年1万人を超える人
たちが、死亡退院している。こうした状況の改善に向けて、病院（経営者や医
師）主導での病床削減や廃止という取り組みが全国でみられる（渡邉2011;高田

2015; 長野2018）。こうした取り組みにPSWも関与しているものの、PSW中心の地域実践により病床削減が実現した事例はほとんどみられない。

　本章の最後にPSWを中心とした生活支援を通して精神病床の削減に成功した十勝の実践を紹介する。

　十勝では、病院PSWを中心に、1970年代半ばから病院に長期入院を強いられた人たちの人生を取り戻す「生活支援」に取り組み始めた。法制度や公的援助のないなか、PSWたちは、眼前のクライエントとかかわり、彼らの思いを実現するために必要な資源を一つひとつ開拓していった。

　住まいの確保では、1982（昭和57）年に1日3食365日食事を提供する最初の共同住居を開設した。5病院から16名の退院者が入居した共同住居では、管理人はおかず、当事者を責任者とする共同生活方式で運営した。必要な支援については、入院していた病院の職員が訪問し、24時間365日で対応して継続的ケアを行った。どの病院に入院していても利用できるオープンシステム方式をとり（門屋2002; 2011; 2015）、運営主体の私物化が起きない工夫を行った（門屋2008）。近年では、倒産したホテルを建設関連会社に購入してもらい、その建物に建設関連会社の事務所とグループホームが入ることで、退院先の確保、事業費の削減等とともに建設関連会社社員との自然な交流を実現している（國重2018）。こうした共同住居の開設や民間アパートの開拓に留まらず、若い学生が敬遠する食事つきの下宿というインフォーマル資源を積極的に活用して退院先を確保するとともに、下宿のスタッフや他の入居者という市民を巻き込んでいる。こうした様々な工夫により、現在までに300人分以上の住居資源を開発した。

　通所先の確保では、補助金もないなか、無償で家屋を貸してくれる市民を探し、PSWなどがボランティアで活動することで、1986（昭和61）年に地域で初めての作業所を開設した。1991（平成3）年には、地域ケアの拠点として農業を行う授産施設を立ち上げた。近年では、地元商店街との共同企業体を作り、経済産業省の補助金を活用してシャッター街の活性化に取り組む活動も始め、PSWも当事者も、一人の地域住民として地域を支える活動を始めた（門屋2015）。

　また、PSWたちは、個別支援を通して明らかになった状況を変えていくた

めに、行政を支援に巻き込みながら地域の支援ネットワークを構築していった。この圏域では、医療資源も圏域の中心地である帯広市に集中しており、周辺自治体の住民が、市内の病院に入院すると地元に帰りにくいという地域特性を有していた。そのためPSWたちは、行政や医療機関に働きかけ、保健所での出張診察などを始め、北海道単独事業としてサテライトクリニックの開設を実現した。これにより地元に戻って精神医療を受けられる体制を構築した（門屋2002; 2015）。近年では、ACTをモデルにした支援により、重度精神障害者の地域生活を実現している。

　この圏域のPSWたちは、「資源がない」と嘆くのではなく、眼前の長期入院者との「かかわり」を通して、彼らに必要な資源を発見・開拓し、彼らの思いを中心にしたネットワークを築いてきた。こうした取り組みや考えは、60年間続くPSW研究会である月曜会などを通して次の世代にも引き継がれている。特に社会資源の活用方法については、現在でも、下宿などのインフォーマルな資源を優先的に活用している。退院時に利用者の生活をフォーマルサービスで固めることはせず、退院後に本人からニーズが表明された時点でサービス調整を行っている（日本精神保健福祉士協会60周年記念誌編集委員会2024: 30–1）。

　十勝は、国公立病院などの公的な病院の占める割合が高いという地域事情に加え、経営主導での病床削減という一面もあった（小栗2021: 49）。しかし、病院が病床削減を始める以前から、地域に多様な生活資源が存在しており、病院側が精神病床を維持するメリットも必要性も低下し、病院に依存しない地域ケアシステムが構築されたのである（図1.1）。

第5節　退院支援の限界と全面的な生活支援の必要性

　本章では、PSWによる長期入院者の退院支援の変遷を整理し、PSWが退院支援にどのように関与し、どのような実践を行ってきたのか明らかにした。

　PSWによる退院支援は、1987（昭和62）年の精神衛生法から精神保健法への改正、そして2006（平成18）年の障害者自立支援法の施行という法律の施行の影響を受け、大きく3つの時期に分類することができた。そして、時期ごとに退院支援のあり方に違いがあることを示すことができた。

51

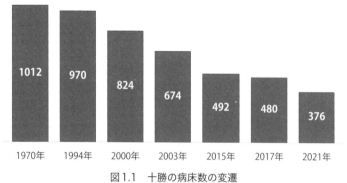

図1.1　十勝の病床数の変遷

出典：門屋（2002）などをもとに筆者作成

　精神衛生法下の退院支援では、病院PSWは、公的な居住資源が少なかったためにインフォーマルな社会資源であるアパートを使った「社会復帰活動」を展開していた。やどかりの里や十勝のように、社会資源を開発し、当事者とともに生活をするような実践を行うPSWも現れた。病院PSWは、無資格であったがゆえに、院内の医療事務や運転業務、ボイラーなど様々な業務をこなす必要があったが（谷中2000b: 64）、診療報酬の影響を受けなかったため、PSWの「自由裁量」により外勤作業先の確保や退院者の自宅訪問などを行う者が多く、職場にそれを許容する雰囲気もあった。

　一方で、病院のなかでの退院支援では、退院阻害要因を家族や本人に還元する傾向が強く、援助者が課題のある長期入院者を指導して社会復帰に導くという援助者主導の活動から抜け出すことができなかった。そのため、長期入院者の隔離収容が続く状況や自らがその一端を担っていることへ疑問を抱くPSWは少なかった。

　1987（昭和62）年の精神保健法への改正による社会復帰施設の法定化以降は、長期入院者の退院先として援護寮や福祉ホーム、1993（平成5）年以降はグループホームが活用できるようになった。地域のフォーマルな社会資源の誕生は、長期入院者の退院先の選択肢を増やすとともに、地域で活動するPSWに安定した労働環境を保障することになった。

　一方で、病院PSWが、退院後の利用者宅を訪問して食事作りを手伝ったり

夜間に訪問したりするような実践は徐々に少なくなっていた。病院PSWが行うのは、病院での「退院援助」であり、退院後の支援は、地域のPSWが担うという認識が拡がっていった。またアパートなどのインフォーマルな資源を活用したPSWの実践が少なくなっていった。

1993（平成5）年の大和川病院事件を契機とした大阪府の退院促進事業の始まりにより、病院PSWによる退院援助の限界が露呈し、地域の支援者による退院促進の流れが生まれた。2006（平成18）年の障害者自立支援法の施行に向けたケアマネジメントの導入がその傾向に拍車をかけ、病院からの退院支援の主体は、「病院PSW」から「長期入院者本人と相談支援専門員」に移っていった。

現在、病院PSWの多くは、診療報酬や精神保健福祉法に定められた業務に追われており、スーパー救急病棟での退院調整に代表されるサービスの枠内の退院支援に留まっている。そのため、「精神障害者の社会的復権」や「長期入院者の社会復帰の促進」というPSW本来の役割を十分に果たせない状況が続いている。

一方、相談支援事業者による地域移行支援も報酬の低さや契約前の意欲喚起ができないなどの使いにくさ、あるいは計画相談で手一杯な事業者の状況などもあり、算定事業者も少なく、十分な成果を上げているとは言えない状況にある。人権侵害である長期にわたる社会的入院を解消するためには、相談支援事業者が地域移行支援に取り組みやすい体制整備が不可欠である。

しかし、体制が整備されたとしても、そこで展開される「かかわり」の質が低ければ、長期入院者は援助者を信頼することができず、抑えてきた退院意欲を表明し退院に向けて協働することができないと思われる。

そのため、次章では、先行研究のレビューからPSWが「かかわり」に込めてきた意味や思いを整理し、長期入院者との協働を可能にする「かかわり」のあり方を検討していく。

第2章

精神医学ソーシャルワークにおける
「かかわり」への着目

　日本のPSWや精神保健福祉士は、クライエントとの関係や自らのソーシャルワーク実践を「かかわり」という用語で表現してきた。特にY問題以降は、PSWとクライエントとの関係やPSWの実践を示す重要な用語の一つとして「かかわり」を用いてきた。

　本章では、日本の精神医学ソーシャルワークにおける「かかわり」論の変遷を、日本精神保健福祉士協会（前日本精神医学ソーシャル・ワーカー協会）の協会誌のレビューを中心に時系列で振り返る。この作業を通じて、PSWが「かかわり」という用語に込めた意味を整理していく。

第1節　人権侵害に直面するなかで変化した
　　　　ワーカー・クライエント関係

1．ケースワークの基盤としてのワーカー・クライエント関係

　初期の精神医学ソーシャルワークの理論的支柱の一人であった早川進は、ワーカー・クライエント関係において、クライエントは自己決定の原理の主体的実現の当事者であり、ワーカーは問題解決過程に必須でありながらも、側面的にそのプロセスを容易ならしめる存在と整理した。そして、問題解決過程は、両者の共同遂行の営みと説明した（早川1968）。

坪上宏は、「ケースワーク論を基底に支えているものがワーカー・クライエント関係であるということについては、現在大体異論のないところだと思う」（坪上1970: 3）と述べ、ワーカー・クライエント関係の重要性を強調した。坪上は、「クライエントを変える」のではなく、「クライエントが変わる」という見方をした。前者はクライエントを外界に適応させる援助観であり、後者はワーカーが変わることによる相互作用の表れとしてクライエントが変わり、回復につながるという援助観である。当時のケースワーク論に対して、自己覚知によるワーカー自身の変化を重視しながらも「クライエントを変える、あるいはクライエントに欠けているものを補うといった援助観に収斂しがちであったように思われる」（坪上1970: 3）と批判した。

　そして、坪上は「変わる」ことによる関係のあり方の変化を次のように説明した。まずクライエントがワーカーを受け入れ、ワーカーの働きかけを受け入れる。これはクライエントにとり、これまでの自分との内的な闘いの始まりであり、ワーカーはこれを支持する。この相互作用を通して、ワーカーは自らの人間観や方向性を再確認する。次にワーカーは、クライエントを象徴する存在として外界の人との関係に入り、ワーカーは外界の人に対して新しい捉え方をし、外界の人はワーカーを通してクライエントに対して認識を新たにして自らの都合を見直していく。ワーカーは、クライエントの内的な闘いを支えるが、クライエントにとってワーカーは外界を象徴する存在となる。こうしたプロセスを経て、クライエントの内部の新しい自己が強められると、ワーカーの支えは減少し、クライエントは自力で外界の人との相互作用を再開する（坪上1970: 6）。坪上は、クライエントを「変える」のではなく、ワーカーが「変わる」ことを契機に始まるクライエント・ワーカー関係を基盤にしてクライエントが「変わる」ことを示した（坪上1970）。

　『ルポ・精神病棟』が連載され、協会員S氏による入院患者に対する人権侵害が明らかになった後に開催された第6回全国大会では、「われわれは現代において何をなすべきか」とPSWの存在意義を問い直し、ワーカー・クライエント関係の再検討が行われた。パネルディスカッションのなかで、坪上は「ワーカー・クライエント関係の再検討」として次のように指摘した。

第2章　精神医学ソーシャルワークにおける「かかわり」への着目

ワーカーが「変わる」ということは、自分の都合で動いてしまっている
ワーカーが、ワーカー・クライエント関係のなかでクライエントのありう
べき自己展開の可能性をうけいれることのできるワーカーになるというこ
とを意味している。(坪上1970: 2)

谷中輝雄は、PSWが面接室における面接業務のなかに埋没し、クライエン
トの個人的病理を治すために治療的働きかけをすることができているという幻
想をもっていたと批判的に自分たちの実践を振り返った。そして、以下のよう
にワーカー・クライエント関係を軸にして社会に働きかけていくことを強調し
た。

どうして私達はほんとうに患者の人権を守り患者が社会復帰していくため
のさまざまな障害を、彼らと一緒に悩みながら共同していないのか、何が
私達を自由に、患者のほんとに基本的人権を守るということで共同でき得
ないのか、これを一番再検討すべきことが一つです。それから私達が、従
来のワーカー・クライエント関係だけでない、もっとひろがりをもった運
動を転換してゆく、それが技術論、政策論のような二つに分かれるのでは
なくて、やはり私達はワーカー・クライエント関係を軸に、患者の痛みを
己が痛みとしたところから出発していく。(柏木・坪上・谷中他1970: 11)

精神障害者の病院への隔離収容政策が推し進められ、診断主義によるワー
カー・クライエント関係では、クライエントの人権を守り、援助することがで
きない状況に陥っていた。面接室のなかで問題をもつ個人に専門的関係を提供
するだけでは済まされず、ワーカー・クライエント関係を軸に社会に働きかけ
をしていくことを志向するPSWも現れ始めた。

2. 人権侵害により始まった「かかわり」の模索

1969(昭和44)年に起きたY問題に対して、当時の協会は、「PSWのかかわ
りがクライエントの人権を侵害する結果をもたらすという重大な事実を突きつ
けられた。Yさんの人権を擁護し、社会的名誉を回復するため日本PSW協会

に求められたごく当たり前の支援の要求は、会員をしてすべからく諸手を挙げては受け入れられず、その対応の是非と内容に関して会員にばらつきがみられたことは大変な驚きであった。率直にいって当時の日本PSW協会には、Yさんの希望に応えられるだけの力量がなかったゆえの混乱であったのかもしれない」（門屋2004: 98）という状況であった。

　設立10周年を迎えた協会は、自らの専門性や実践のあり方に対する問い直しが求められ、「ワーカー・クライエント関係」に関しても再考を迫られた。当時の岩本正次理事長は、「十年を振り返って」という協会誌の巻頭言で、「いままで患者さんと呼ばれて来たひとびととその福祉をそのひとのくらしを、くらしの内側からかかわり、ながめかえすことを十分にしてきたか。あるいは、そこでの顕わになつた問題をまとめて世のなかに問うことを十分にして来たか。この問いかけに、わが協会は十分に対応しなかつたと反省しています」（岩本1975: 2）と述べ、「ワーカー・クライエント関係」ではなく、「かかわり」という用語を用いて谷中と同様の指摘をした。

　柏木は、Y氏からの問題提起を受けて、自らの実践を以下のように見つめ直した。医療社会事業を不適応状態にある患者・障害者対策であるとした上で、その医療社会事業のなかで、患者を社会的観点から捉えるためとして彼らの家族史や人間関係の側面を精査していた。しかし、そのアセスメントは、彼らを自分とは異なる異常者として捉えた上でのものであったにもかかわらず、「私はワーカー・クライエント関係の対等性を強調したのであった」（柏木1975: 7）と自らの対象理解について自己批判を行った。さらに、自らの対象理解を「私の側では関係の対等性を強調したけれども、事実は未だ話もしない、会いもしないうちから患者だと断定しないまでも、取り扱わるべき対象者だときめてかかった。だから対象者として規定された相手方からすれば、その経験は決して対等などではありえなかったのである。したがって私の中のワーカー・クライエント関係の理念は空転したといわざるをえない」（柏木1975: 7）と内省し、これまで強調していた「ワーカー・クライエント関係の対等性」を「錯覚」と言い、その錯覚のなかでの援助において相手を抑制していたと自己批判を続けた（柏木1975: 6–7）。

　このようにY問題を通して、診断主義に基づくワーカー・クライエント関

係の非対称性が明らかになり、PSWはその関係のあり方に直面することになった。そして、これまでのワーカー・クライエント関係とは異なる関係のあり方を模索し始めた。

第2節　2つの「かかわり」にみる「かかわり」の論点

1978（昭和53）年の第14回大会では、「PSWの当面する課題（その2）――入院を軸としてクライエントとのかかわりを考える」が大会テーマとなった。協会は、これまでの「ワーカー・クライエント関係」ではなく、「かかわり」を大会テーマに使用した。第15回大会では、坪上が「生活する者同士の関わり」「自己表現していくもの同士の関わり」を実現するために「いつの間にか自分の立っている地面と相手の立っている地面が違ってきてしまうことがありがちなので、助けると同時に、助けられて自己を表現し始めた相手と僕は同じ地面に立っているのだ、というそのことの反省がいつも必要だろうと思います」と述べ、精神障害者の抱える問題を、彼岸の話にしないことを強調した（坪上1979: 26）。

この後、「かかわり」に関する議論は大きく2つの流れに分かれる。一つは、柏木昭によるY問題の反省に基づく「かかわり」論であり、もう一つが谷中輝雄のやどかりの里での実践のなかで積み上げられた「かかわり」論である。以下、二人の語る「かかわり」論の変遷について確認していく。

1.　柏木昭の「かかわり」論

柏木昭は、Y問題により「"かかわり"ということに急速に目覚めることとなった」（柏木・佐々木2010b: 46）と述懐しているように、Y問題に対する自己批判から「かかわり」の検討を始めた。

1960年代は、世界的にソーシャルワーカーが専門職化を志向した時代であった。日本精神医学ソーシャル・ワーカー協会（以下、協会）の初代理事長であった柏木は、「ワーカー・対象者関係」ができていれば、サービスや法律などの情報提供といった具体的援助はほとんど必要ない、「ケースワークは問題を解決しない。それは問題を持つ個人に専門的関係を提供するだけである」

（柏木1966: 10–1）と専門的関係の重要性を強調した。そして、この専門的関係がクライエントの適応する力に影響を与え、問題が解決されると指摘した（柏木1966: 10–1）。また、専門的関係を形成するための必須条件として、ワーカーはありのままのクライエントを受容し、クライエントは全幅の信頼をワーカーにおこうとするとともにワーカーと対等な立場であるという自覚をもつことを挙げ、両者の関係性は「民主的な人間観にもとづく、対等な関係」（柏木1966: 10）と示した。

　当時の柏木は、診断主義の立場をとっており、精神分析の知識と理論を用いることにより、PSWはクライエントの感情や行動を受け入れることができ、彼らとの間にコミュニケーションをとれるようになると指摘した（柏木1966: 19）。この関係では、援助者は、一方的にクライエントを理解する立場であり、理解される者であるクライエントとの間には、傾斜のある力関係が生じる。理解される立場であるクライエントは変わるべき存在として変化することを暗に求められる。

　後年、柏木は、当時のワーカー・クライエント関係を振り返り、「患者が立たされている状況にあっては、関係が民主主義的であるなどというのは幻想でしかないことを私は見落としていた」（柏木1977c: 237）[11]、「対等性が強調されながらも片方は専門家、もう一方は援助の必要な弱者という傾斜のある関係が見られた」（柏木2007: 2）と批判的に振り返った。以下、柏木の「かかわり」論の変遷を歴史的に整理する。

1）経験をともにすること

　1977（昭和52）年に出版された『社会福祉と心理学』のなかで、自らの「ワーカー・クライエント関係」の見直し作業を行った。PSWがクライエント

11　谷中は当時の様子を「PSW協会がY問題などで内部的に揺れた時期があるのですが、揺れの原因の1つとして、診断主義的と機能主義的な考え方の対立があったと思います。当時柏木さんは、診断主義的な立場を取っていて、岩本さんは診断主義的な対応に関しても批判的な立場であった」と振り返った。坪上は「（柏木）先生は自己批判を迫られて、自己批判をした。自己批判ついでに、今までの柏木先生の診断主義を全部捨ててしまって、それで批判の方に走ったというか、流れたというか、そういう印象を持って僕は見ていた。このまま批判に飛び込んで流れてしまうのはこれは協会としてまずいと僕は考えて、先ほど出たように早川、岩本対柏木という時に、僕もやはり交替したほうがいいなという気持ちを持ったのです」と述懐した（坪上・谷中・大野1998: 83–4）。

第2章　精神医学ソーシャルワークにおける「かかわり」への着目

を「この社会に適応しないもの、貢献度の低いもの、またさらに社会にとって好ましくない存在」として捉えることにより病院などへの収容が図られた。そして、PSWが「自らを例外として除外し、安全圏に立った心算で、そうした人たちを対象化する限り、疎外の歯止めになることはけっしてできないであろう」（柏木1977a: 2-3）と述べ、PSWの対岸の火事を眺めるような姿勢はクライエントを「疎外の対象者」と浮き上がらせるだけであり、彼らの「疎外の歯止め」として機能できないと指摘した。

　この著書では、PSWとクライエントが経験をともにすることが重要である（柏木1977b: 10）と強調した。柏木は、Y問題の反省とデイケアでの実践から、クライエントと経験をともにすることで、彼らを障害者や病者として対象化することを乗り越えようとした。

2）自己決定を支える「かかわり」

　1980年代に入ると、国家資格化に向けて精神医学ソーシャルワークの基盤として「かかわり」を位置づけ、「働きかけ」「自己決定」などとの関係から強調するようになった。

　柏木は、「かかわり」とともに「働きかけ」という概念を挙げ、「専門職業として成立するソーシャル・ワーカーの仕事というのは、待っててかかわるというのではなくて、働きかける職業」（柏木1982: 19）と規定した。「働きかけ」とは、共同作業、クライエントの経験の理解、情報の共有化などを意味し、その「働きかけ」を行うために「関係」が必要であると論じた（柏木1982: 25）。

　1989（平成元）年には、医療ソーシャル・ワーカー業務指針検討会の報告書に対して、医療ソーシャルワーカーの専門性について、ほとんど触れられていないと批判した。そして、ソーシャルワーカーの基本的見方のなかでも最も重視しなければならないものが「クライエントへのかかわり方」であると指摘した。「少なくとも自分都合や、機関、施設の管理上の整合性を優先させてしまい、クライエントの当然の自己決定の機会を奪ってしまうことのないように自己を点検し、自らを知ることができるように訓練、研修を積んでいかなければならないと思います」（柏木1989: 2-3）と述べ、クライエントの自己決定を尊重するために、自らの「かかわり」を点検する必要性を指摘した。

1991（平成3）年には、「Wr（註：ソーシャルワーカー）が相手といい関係を持ち続ける、そういう中で相手の示すサインがあると思う。サインを我々がきちんと読みとれるかどうかということがそこで問われていると思う。言葉に出してあーしたい、こうしたいということ、表面的に言うことが本当に自己決定かどうかというのではなくて、自己決定が能力によって制約されるというのではなくて、やはり関係の質の関数であろうと、自己決定は関係の質の関数だと私は考えております」（柏木1991: 67）と述べ、信頼関係が形成されていれば、非言語的コミュニケーションで示されるクライエントの思いを理解でき、クライエントの自己決定を尊重できると強調した。

1993（平成5）年には、「自分も相手も独立した人間同士として、互いに人格を尊重し、特にワーカーは相手方の自己決定を中心に据えて、有効な関係を創造することが、PSWの基本理念であるという方向に考え方が固まりつつある。『治療志向』から『関係共有志向』に専門性を見出すようになっているのである」（柏木1993: 54）と述べ、経験をともにし、お互いの人格を尊重した関係を形成することを、PSWの基本理念であると主張した。

3）かかわりの専門性

柏木は、1995（平成7）年に「かかわり」論を整理し、精研でのデイケア実践なども踏まえ、「かかわりの専門性（思案）」を明らかにし、以下のように関係性の転換を提案した。

第一に「治療的関係性」から「日常的関係性」への転換で、PSWが本音や人間性を出さないかかわりに留まることなく、「ごく対等のあたり前の友人関係」を築くことを主張した。

第二に「担当する関係性」から「選ばれ、雇われる関係性」への転換で、援助者都合で担当者が割り当てられる関係からクライエントが担当を選ぶ関係への転換と説明した。

この関係は、第三の「ワーカー主導の関係性」からワーカーも「一票の投票権」しかもたない関係性への転換を図ることにもつながる。このワーカーもクライエントも一票の投票権しかもたないという関係性は、精研デイケアでの実践に基づくものであった。

第2章　精神医学ソーシャルワークにおける「かかわり」への着目

　この関係の構造は、第四の関係性の転換である「権威と従属の関係」から「対等な関係」への転換につながる。

　第五は「客観性による決定」から「自己言及性」への転換で、客観性の名の下に利用者の断りなしに治療行為を押しつけてきた関係を止める。利用者の考え方をよく聴き、こちらの考えを伝え、利用者の了解を得るというお互いの自己言及性を尊重しあう。

　柏木は、この5つ関係を「ごくあたり前の関係」と呼び、その関係のなかで、相手の人格を尊重し、相手の話にじっくりと耳を傾ける。こうした技術と度量、心の広さがPSWに求められていると論じた（柏木1995: 88）。加えて「自己決定の質（S）」は、「利用者の資質（A）」「ワーカーと利用者の関係の質（R）」「かけた時間の長さ（T）」の関数であるとして、S＝f（ART）という公式を表した（柏木1995: 89）。

4）時熟の必要性

　柏木は、1990年代後半から時熟[12]という用語を用いて「かかわりの熟すときを待つこと」（柏木2010: 84）の必要性を強調するようになった。1970年代からカイオス的時間の重要性を指摘していたが（柏木1977b: 10）、1990年代に入り、時熟が自己決定の質を高めると主張し始めた。近年になると、再び「カイロス」という用語を用いて、クロノス（数字で示すことができる時間）ではなく、クライエントとともに過ごしながら主観的な時間（カイロス）が来ることを待つ必要性を強調した（柏木2023: 37）。

　実践の場での関係では、援助者の手の内を明かすこと（自己開示）なしにクライエントの協力を得ることは難しく、お互いに「わかりあう」関係性が必要である。また自己決定を実現するためには、「ゆだねあい」の関係性が必要であり、これらの関係性を形成するには、ソーシャルワーカーが一方的に援助するのではなく、関係を共有する体験として援助過程を進める必要がある（柏木

12　「時熟」とは、ハイデッカーの使った言葉を村上陽一郎が引用したものである。それを柏木が「ソーシャルワーカーがクライエントとの間で、かかわりを構築しようとするときの試み、すなわち技術と、いい意味での忍耐を的確に言い表しているといえないでしょうか」（柏木2010: 84）と考え、1990年代後半から「かかわり」を説明する際に用いるようになった。

63

1997: 4）。このような「わかりあう」「ゆだねあい」の関係を作るためには、両者が「時」をともにすることが必要である。

　また、1997年には、成年後見制度における自己決定の制限に関する合理的な説明に対して、「専門職としてのソーシャルワーカーのクライエントとのかかわりが、合理的説明とともに、なしくずしに無力化されてしまう一種の怖さを感じる」と危機感を表明した（柏木1997: 8）。そして、「どんな相手であっても、クライエントを人間として尊重し、共に生きようとする『かかわり』が共有できるときに、その『かかわり』は良質なものになりうる」ので、十分な時間をかけて「かかわり」、「時熟」を待つことを強調した（柏木1997: 10）。

　精神保健福祉士法成立直後にも、「かかわり」を豊かにするためには、クライエントにとって必要な時間を十分にとること、つまり「時熟」を待つことが必要であり、ゆっくりと機が満ちて、クライエントから本音が現れてくるのを待つことこそがソーシャルワークの専門性であると論じた（柏木1999: 5–7）。

　2002（平成14）年に発表した「ソーシャルワーカーに求められる『かかわり』の意義」では、「この構造の基礎にはソーシャルワークの原理がある。原理の上に構築された業務があり、それを進めるプロセス、すなわち援助過程が設定されている。この援助過程はクライエントとソーシャルワーカーの間の実践的関係において成立する。本論ではこの関係を『かかわり』と表現する」（柏木2002: 37）と「かかわり」を定義した。その上で、自己決定を制限する場面における「かかわり」について、「知・情・意すべての局面の感覚を動員」し、かつ相手を理解するために十分な時間をかけることを主張した（柏木2002: 38）。

　加えて、「ここで、今」直にクライエントと触れあう「出会い」を大切にし、他職種の判断を基に安易に相手を理解した気になってはならないと指摘した（柏木2002: 43–4）。この考えは、Y問題での反省が下敷きになっており、ランクの「ここで、今」という表現を用いて、クライエントと直接かかわるなかで、時間をかけて相手を理解することを強調した。

5) ワーカー・クライエント関係を超える関係

　柏木は、2006年に東京都杉並区のけやき精神保健福祉会の理事長となり、

けやき亭の実践に関与し、「地域のトポス（人が生き、集まる場）」における「かかわり」論を展開するようになった。

2007（平成19）年には、「かかわり」を、専門的・職業的関係であると認めながらも、それだけでは説明しがたい関係であり、ワーカー・クライエント関係とは異なる関係であることを次のように示した。

> かかわりは「関係論」のなかには凝縮できない幅と深みのあるコミュニケーションであり、人格の交流である。いわばソーシャルワーカーとクライエントが共に体験する人生のある時点の歩みそのものである。「ワーカー - クライエント関係」が示唆するよりもっと人の営みの深みにおいて織り成す人間模様の一部始終に触れることによって、ようやくそれを論じえるかもしれない厄介な代物である。つまりその関係は、客観的尺度では評価できない二人の主観的なかかわりあいである。職業的関係でありながら人間として共感しあい、特には反発しあいながら、結局そこに「理解」という絆の鍵を二人して発見していこうとする行為である。（柏木2007: 2）

2010（平成22）年には、Y問題以前のワーカー・クライエント関係を、好意的で善意に満ちたソーシャルワーカー主導の父性主義（パターナリズム）によるアプローチであり、平等と言いながら自分たちが職員であるという自覚ができていなかったと反省した（柏木・佐々木2010b: 46-7）。援助・支援関係では、クライエントが受動的になること、理念と現実の間にはキャップがあることを認めた上で、「対等性によって規定された専門的な『かかわり』」（柏木2010: 105）であると語った。

そして、ソーシャルワークの中心技法として「協働というかたちの『かかわり』」を挙げ、その「かかわり」を地域のトポスで展開する必要性を強調した（柏木2010: 89）。また精神分析理論では、明確な終結があるが、地域のトポスで活動するPSWは「スパッと切るということができない専門職なのだから、ここで連携という技法を使いながら、地域住民と一緒に精神障害者の社会生活を支えていく」（柏木2010: 69）とつながり続ける意味を指摘した（柏木2010: 69）。

このように柏木は、「ワーカー・クライエント関係」と「かかわり」を分けていたが、それ以降の講演会などでは、両者を明確に区別しないようになった（柏木2011;柏木2014;柏木2017;柏木・大野・西澤他2020）。

しかし、近年目白大学で定期的に開催されている「かかわり研究会」では、再び両者を分けて説明した。筆者からの質問に対し、柏木は、「援助関係」には終わりがあり、「かかわり」には明確な終わりがないと説明した。また、その研究会で示した25項目からなる「『かかわり論』の真髄を探る」（表2.1）では、「『関係』が成熟し『かかわり』（かかわり合いの略称）が成立する」（柏木2022）と両者を区別していた。

6) 柏木「かかわり」論の特性

柏木は、亡くなるまで「かかわり」にこだわり続けていた。遺著においても「（ソーシャルワーカーにとり）あえて武器と言うならば、『クライエントは協働主体である』と位置づける『かかわり』だけである」（柏木2024: 71）と、その重要性を強調していた。ソーシャルワーカーであるPSWが、「地域のトポス」において、クライエントに自己開示しながら直接かかわり、時（カイロス）と場を共有する。そして、彼らのかたわらにいて、彼らが自分で決めるときが来る（時熟）まで待ち続ける。ソーシャルワーカーは、何かをしてあげる存在なのではなく、「協働者」であると柏木は唱え続けた。

佐々木は、柏木の功績として、ワーカー・クライエント関係を「かかわり」論という形で実践のなかに取り込みながら組み立て直し、精神保健福祉士の専門性の根拠を築いた点を挙げた（柏木・佐々木2010b: 51）。柏木自身が「どんどん変わっていく」（柏木・佐々木2010b: 47）と評しているように、柏木「かかわり」論には、その時々により若干の幅がある。しかし、柏木の強調している「ともに経験すること」や、それにより生み出される「相互主体的関係」や「対等な関係」は、精神保健福祉士の専門性を再構築する際の理念的支柱となった。また、柏木「かかわり」論は、荒田寛や富島喜揮、相川章子らに影響を与え、精神保健福祉士養成教育にも反映された（荒田2002a; 2002b; 2003;岩尾2009;富島2011; 2019; 相川2024）。

第2章　精神医学ソーシャルワークにおける「かかわり」への着目

表2.1　「かかわり論」の真髄を探る（柏木昭）

1) クライエントとの対等性をどう考えるか。ワーカーの仕事はクライエントに「何かをしてあげる」ことではない。

2) クライエント自身の責任性：自らの課題に対し自分自身、いかなる身辺処理をしてきたのか。

3) ソーシャルワーカーの仕事について、問題を抱えているクライエントが何かをしようとするクライエントを支持するのがワーカーではないか。

4) その上で、ソーシャルワーカーが率直に自分自身の胸の裡を開いて、クライエントに伝えようとしているのか、点検することが必要である。

5) 先ず、受容と傾聴が出来ているかを自己点検する。

6) その上で、自己開示を、行う。

7) 「関係」が成熟し「かかわり」（かかわり合いの略称）が成立する。

8) ワーカーとクライエントの間で対話（≠教示・指示etc.）が可能になる。

9) クライエントにワーカーの支持を感じて受け止め、自己決定生起の気運が見られる。

10) クライエントの自己決定は「かかわり」の産物である。

11) カイロス（kairosちょうどよい時）が来、かかわりが熟すのを見る。

12) ワーカーとクライエントの間で、協働が可能になる。

13) 資源開発や活用はクライエントとの協働による。看護師や福祉事務所等との連携は協働とは言わない。それはクライエントとの協働の成果である。

14) 地域包括支援とは何か：病院・施設の相談室から飛び出て、地域におけるクライエントの生活支援事業所を創設しよう。これをトポスという。

15) 地域社会の通念として精神障害者に対する偏見、差別の実態を知る必要がある。

16) クライエントの主体性尊重が意味を持ってき、対面・集団での「かかわり」とパラレルの相関性を持っている。

17) ここに対面・集団での面接において、クライエントとの対話が可能になる。

18) SV（スーパービジョン）関係はクライエントとの「かかわり」とパラレルの相関性を持っている。

19) SVRの姿勢は上司としての関係にあるそれではない。SVRはSVE業務管理にはタッチしない。

20) SVRはSVEに対し、支持に徹する。

21) 精神障害、精神病等は遺伝・幼児期決定論等、個としての要因のみでは解明しえない。

22) 個としての精神病理（特に診断名）について批判的視点を持つ。

23) ワーカーは「人と状況の全体性（力動的関連性）」を重視する。状況には家族関係、地域社会、時代の文化的要因等が含まれる。

24) 精神病理や特に診断名は過去の事態である。（there and then）

25) ワーカーは「ここで、今（here and now）」のクライエントをあるがままに受け入れるのである。

2018/12/30, 2019 5/21, 2022/5/21改訂

出典：柏木（2022）「『かかわり論』の真髄を探る」かかわり研究会資料、目白大学

67

2. 谷中輝雄の「かかわり」論

　柏木の「かかわり」論がY問題の反省のなかで生み出されたものであるのに対し、谷中の「かかわり」論は、主にやどかりの里での精神障害者との出会いの積み重ねから生まれたものであった。第1章で詳述したように、当時のやどかりの里では、谷中が病院勤務終了後にメンバーとともに食事づくりをしたり、荒田が一日中生活をともにしたりするなかで「かかわり」が深められていった。

　谷中は、「我々の仕事はすべてかかわりから始まり、かかわりで終る。かかわりこそが命であると常日頃から考えているのである」（谷中1993b: 120）と述べるほど、「かかわり」の重要性を強調していた。

1) 谷しおりとの「かかわり」

　谷中は、クライエントとの関係性が重要である一つの要素が「出会い」であり、その出会いにより、ワーカーとしての方向性が決定するほど重要であると指摘した。そして、谷中は、谷しおり（ペンネーム）との出会いが、自分に与えた影響を以下のように語った（谷中1993b: 120）。

　1969（昭和44）年、大宮厚生病院に入職して間もない谷中は、病棟で谷さんという20代の女性に呼び止められた。彼女から「退院させて欲しい」と言われた谷中は、彼女の母にその希望を伝えた。母は、彼女が恋愛を契機に自殺未遂を繰り返したため、その命を守るために恋愛する気持ちがなくなると母が考えていた40歳まで入院させると強く心に決めていた。その母の決意を聴いた谷中は、彼女にその事実を正直に伝え、母に安心してもらい、気持ちを翻すための方法を一緒に考え始めた。二人は、母を安心させるための方法として外勤作業を考えたが、大宮厚生病院では、外勤作業を行っていなかった。谷中は、彼女の希望を実現するために外勤作業の協力事業者を探し、彼女は、外勤作業に行けるようになった。彼女は、外勤作業を通して自分の課題を理解し、その課題に向きあうために谷中との面接を繰り返した。その面接のなかで、谷中は、彼女の深い苦悩を知ることとなった。

　　女として生まれてきたからには結婚し、子供を作り、ささやかな幸せを手

にしたいという願いすら叶えられないのか、というあなたの訴えはきつい質問であった。即答はできなかったけれど、これは二人三脚していかなければならないな、というのがその時の実感であった。（谷中 1993b: 8）

　この協働作業が母の気持ちを和らげ、谷中の訪問を条件に、彼女は外泊できるようになった。しかし、谷中が自宅を訪問すると、母は彼女が自殺できないようにガス栓を堅く閉じ、包丁などを隠していた。その様子を知った二人は、母を安心させるために、母が希望するデイケアに通うことを考えた。当時の診療報酬では、精神科デイケアは認められておらず、大宮厚生病院でも実施されていなかった。谷中は、病院に働きかけ、病院側も無償サービスとなるデイケアの設置を認め、彼女は退院することができた。
　しかし、彼女の退院後、経営上の都合でデイケアが廃止されることになった。谷さんたちからの「地域に集える場があれば再発を防止できる」という言葉に後押しされ、谷中たちは、1972（昭和47）年に中間宿舎として開設した「やどかりの里」にデイケアの機能を吸収した。谷中は、彼女との「かかわり」を次のように述懐した。

　　振り返って考えるに、今日私がやどかりの里を担っているのは彼女の要請に負うところが多いのである。入院中に退院の実績作りのために院外作業療法を開始したこと。退院後のアフターケアとして病院内デイケアを開始したこと。廃止に伴ってやどかりの里へ合併し、グループ活動を開始するに至ったこと。地域の中に「いこいの家」があれば再発を防止できると発信し、後のやどかりの里のイメージを私に焼きつけ、さらには再入院した中でも、やどかり存続への希望をふくらませ、私に発破をかけたこと。私をゆさぶり、動かしたのは彼女の存在が大きかったと告白せざるをえない。（谷中 1993b: 84）

　当時の精神衛生法では、地域で精神障害者を支援する民間施設に対する規定がなく、経営基盤が脆弱ななかでの船出であった。1974（昭和49）年末に存続の危機が訪れた際には、谷さんが、利用者も法人の会員となり、利用するだ

けでなく、経済的にやどかりの里を支えていこうと提案し（谷1993: 64）、やどかりの里の会員の会員による活動が始まった。谷中は、彼女との「かかわり」を次のように表現している。

　　この谷さんとの出会いのような、対象者としての患者たちではなく、必死に生きようとしている「生きている仲間」との出会いが重なり、彼らの痛みや苦しみへの共感と、彼らを劣悪な状況に隔離し続けている精神医療への怒りが強いエネルギーとなって、谷中を、そして周りの医療従事者を、「やどかりの里」の創造へと駆りたてていったのである。（谷中1988: 58）

　谷中は、谷さんたちとともに生きるなかで、彼らを取り囲む劣悪な状況を知り、彼らの苦悩を分かちもつことを選んだ。「援助する者」であったはずの谷中が、やどかりの里の運営資金のやりくりに苦労し、自らも体調を崩すなかで、谷さんたちから助けられ、「援助される」者となっていった。

　谷中は、「援助する者－される者」からなる一方的で固定的な「ワーカー・クライエント関係」から、支えあい、ぶつかりあいながらともに成長していく「かかわり」を選び取った。「かかわり」のなかでは、支えるだけでなく、支えられることもある。支えられるには、相手に身を託すことが必要であり、そのためには、相手を信じなければならない。そして、「いつでも困った時には一身に我が身に責任をひきうけるといった覚悟」（谷中1993b: 236）も必要であると強調した。谷中は、「かかわり」において、相手を信頼するとともに、相手を背負う覚悟も必要であるとPSWに求めた。

　谷中は、やどかりの里のメンバーとの支えあい、ぶつかりあいを重ねるなかで、自らの「かかわり」論を発展させていった。以下、時系列に谷中「かかわり」論の変遷をみていく。

2）谷中「かかわり」論の展開

　やどかり里の資金繰りが厳しい1974（昭和49）年には、「人と状況は相互に影響している。人は状況を変えたり、状況によって変えられたりする。状況抜きにして人は考えられない。私たちをとりまく状況をもっとよいものにと考え

る時、お互いに力をあわせたり、注意しあったりする。そこにかかわりが生じるのである」（谷中 1974: 19–21）と語り、私たちを取り巻く状況をともに変えていこうとするときに「かかわり」が生じると指摘した。

谷中は、「かかわり」を「人と人との出会いとそこに繰り広げられる関係」（谷中 1979: 810）であり、「全人格的な関係」と唱えた。そして、「障害を持っていても、自分たちと同じ1人の人間として、主張しうる人であり、そこに責任と義務を遂行しうる人であるという姿勢で臨み、かつそのように努力する両者の姿勢が必要である」（谷中 1979: 810）と強調した。「かかわりいかんによっては、互いに影響しあう存在、共に気づいたり気づかされたりする存在になりうることはある」「相互に影響しあう存在として相手をみる態度があれば、今まで見失っていた数多くのものを見つけることができるであろう」（谷中 1979: 810）と相互に影響しあうなかで関係性が深化する可能性を示唆した。

谷中は、「かかわり」と「ワーカー・クライエント関係」を使い分けていた。「ワーカー・クライエント関係」を「ワーカー・クライエントの間においてある共通の関心事をとおしての結びつきを意味し、相互作用そのものである」（谷中 1983: 25）とし、その関係が深まった状態からを「かかわり」とした。加えて「かかわり」を、終結を前提としている「ワーカー・クライエント関係」とは異なる「全人格的・全生活的かかわり」であると説明した。

> 「問題に対処」するための「専門的能力」をあらわすことだけではなく、常に日常生活的なかかわりや、共同体の一員としてのかかわりが要求されてくることから生じてくる。問題解決で終了するものでもない。とすると、従来のワーカー・クライエント関係では説明しきれない部分がある。全人格的なかかわりと、全生活的なかかわりとが同時に両者の間の深い結びつきともなってくるものである。（谷中 1983: 31）

1987（昭和62）年には、「かかわり」の過程を、以下のように詳細に述べた。まず、相手の欲求や要求を受け止めて対応する。次に、その対応に対して相手がどのように反応し、判断するかを確認し、一緒に共通の課題性を導き出す。この過程で強い信頼関係が生まれる。相手との関係を軸に多くの人々との

出会いや出来事が生まれ、それらの経験が成長のバネになり、自己の内的世界がふくらんでいく。この内的世界のふくらみにより、周りの人の意見や経験などを自己の世界に取り込めるようになり、その変化は相手との関係にも影響を与え、両者の関係が変化していく。このかかわりの過程を通して両者の関係性は、以下のように柔軟に変化し深化していく。

> 相手とかかわる側の間柄が相談者と来談者、援助者と被援助者から活動を共にする人、よりよきパートナーとしての間柄へと移行する。時には活動を共ににない、仲間としての間柄や相手から援助されたり、援助したりすることもある。援助者と被援助者といった一定の関係を意味するだけでなく、いろいろな状況のもとで、相手方との関係性や役割には変化が生じてくるのである。(谷中 1987: 72-73)

　さらに谷中は、「これらの変化を相手方との間で意識しつつ、活動の中での自らの役割、位置づけ、相手方との距離といったことを常に測定しておくことが重要なことになってくる」(谷中 1987: 72-3) と述べた。

　また谷中は、面接業務では片づかない障害物を一緒に乗り越えることを通して「この人は信頼できる」と相手から思ってもらえる。外側のこと (障害物) を片づけることによって内側のこと (関係) が結ばれていく。経験をともにすることで、関係性が深まると強調した (谷中 1993a: 136)。

　「地域での精神障害者とのかかわりは、ケースワークの教科書通りの関係以上のかかわりが求められる。そこでのかかわりの課題を、谷中は深く受け止めていた」(藤井 2004: 166) という藤井の指摘にあるように、地域では、「援助者」としてだけでなく、「生活者」としてもかかわることが求められたため、常に関係性の変化を意識していたと推察される。

3)「かかわり」論から「生活支援論」へ

　谷中の「かかわり」論は、その後発展して「生活支援論」につながっていく (藤井 2004: 168)。生活支援とは、単なる生活への援助ではなく、「その人の自己決定を尊重したその人なりの生活の実現という理念を、多様なサービスを

用意して説明と選択による当事者参加の支援活動を繰り返し、自己決定と相互支援を育てつつ実現していく援助方法」(藤井2004: 66) である。その生活支援では、① 当事者中心、② 目標志向、③ ありのままに、という3つ理念(稲沢1999: 292–6) を大切にしており、援助者とクライエントは、「共に歩む・支え手として」(谷中1996: 178) の関係性を構築していた。

　谷中は、生活支援におけるかかわる側の役割を「当事者の夢の実現化のためのパートナー」と位置づけ、「夢の実現化のためには長いつきあいを覚悟しなければならない。いわゆる生活を継続して支援することである」(谷中2000a: 136) と長期にわたり関係を継続する必要性を指摘した。利用期限のある障害福祉サービスが多い現在と比べ、当時は継続的にかかわりやすい、長く利用者とつきあい続けることが前提であった。

　また、谷中は、かかわる側に発想の転換を求めていた。かかわる側には、危険を避けるパターナリステックな支援ではなく、挑戦する利用者に寄り添い、失敗したときに一緒に振り返り、その人なりの生活を認めていく覚悟が必要である。そして、「世の中一般の規範にあてはめようとするのでなく、かかわる側の考え方を切り替えてその人なりの生活を認めていこうとするのである。時に規制的に、時にマイペースにというように時間配分などで枠にはめようとするのでなく、周りに迷惑をかけない限り、その人を受け入れていくという柔軟な態度が必要とされる」(谷中2002: 37) と述べ、障害者自立支援法以降の利用期限を定めた障害福祉サービスの弊害を予見するかのような指摘をしていた。

　谷中の「かかわり」論は、精神障害者もPSWも地域で生きていくことが難しいなかで、「ともに生きる」ことを通して生まれた、支えあう「かかわり」であった。一人の人生に寄り添い続ける谷中の「かかわり」論は、PSWにかかわり続ける覚悟を求め、後に続くJHC板橋、十勝、浦河べてるの家などの実践の礎となった。

第3節　「かかわり」の現在

1. 日本精神保健福祉士協会における「かかわり」の位置づけ

　このように「かかわり」は、柏木、谷中を中心に議論が続けられた。2000年代

に入ると、協会の刊行物でも「かかわり」という用語が頻繁に使用されるようになった。以下、協会における「かかわり」の位置づけについて確認していく。

1)「かかわり」という用語の浸透

　1999（平成11）年に国家資格化に伴い、協会誌のタイトルが『精神医学ソーシャル・ワーク』から『精神保健福祉』に変更された。それに併せて、柏木が担当する「かかわり」の振り返りを中核に据えた「誌上スーパービジョン」の連載が始まった。

　2002（平成14）年には、「痴呆性疾患[13]を有する高齢者の処遇についての研究委員会」により、『PSWのかかわり実践集』という報告書が出され、「かかわり」をPSW実践の中心であると指摘した。さらに「生活のしづらさを抱えている障害者がPSWとのかかわりを通して、ニーズを充足していく過程にいかに本人が参加し、自ら決定できるかというかかわりの質が重要であり、そこにPSWの実践感覚が問われるのである。私たちPSWは今一度原点に立ち戻り、痴呆性疾患を有する高齢者とのかかわりにおいても生活モデルに基づいた実践を目指すべきであろう」（日本精神保健福祉士協会企画部痴呆性疾患を有する高齢者の処遇についての研究委員会2002: 24）と強調した。

　2003（平成15）年の教育研究部研修委員会では、研修における主要なテーマの一つとして「PSWとしてのかかわりの視点」を挙げ、「病状への関心よりも、かけがえのない存在としての個人の人生の支援に焦点化すること」「人間として普通に生きることがさまざまな場面で妨げられている人びとのつらさを受けとめ、その人が望む方向で環境条件を整えていく過程を共に歩むこと」を示した（松永2003: 110）。

　2004（平成16）年に採択された「社団法人日本精神保健福祉士協会倫理綱領」では、倫理基準のクライエントに対する責務の一つとして「クライエントへの関わり」という項目が立てられ、「精神保健福祉士は、クライエントをかけがえのない一人の人として尊重し、専門的援助関係を結び、クライエントと

13　「痴呆」という呼称が侮蔑的な表現であり、病気を正確に表していない部分もあるとして、2004（平成16）年に行政用語が、2005（平成17）年に関連する法律で用いられている用語が「認知症」に改められた。本書では、引用文献では、当時の呼称を用い、それ以外では「認知症」を使用した。

ともに問題の解決を図る」と規定された。

　2007（平成19）年に生涯研修制度検討委員会が出した『社団法人日本精神保健福祉士協会構成員ハンドブック』（以下、ハンドブック）では、「精神保健福祉士の視点」として「クライエントとのかかわりを通して広がる視点」が掲げられた（図2.1）。「精神保健福祉士は、クライエントと同じ目線に立ちながら、クライエントの周りに広がる資源や地域を見据えていく視点が必要」と明示した。また、「時系列を加味したPSWの視点」として「PSWは各クライエントとのかかわりの中から、今後必要とされる社会資源やサービスを考え、地域社会の将来像に反映させていく視点をもつ必要があります」と述べ（図2.2）、今日のコミュニティ・ソーシャルワークにつながる視点を示した（日本精神保健福祉士協会企画部生涯研修制度検討委員会2007: 34-5）。「かかわりを通して広がる視点」は、やどかりの里や十勝の活動から導き出されたものと言える。

　2008（平成20）年度より始まった生涯研修制度で使用する『生涯研修制度共通テキスト』（以下、共通テキスト）では、精神保健福祉士の存在価値を最も

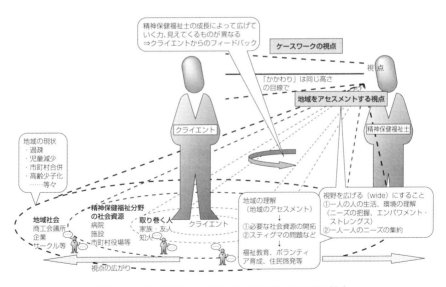

図2.1　クライエントとのかかわりを通して広がる視点

出典：日本精神保健福祉士協会（2024）『公益社団法人日本精神保健福祉士協会構成員ハンドブック（第11版）』日本精神保健福祉士協会

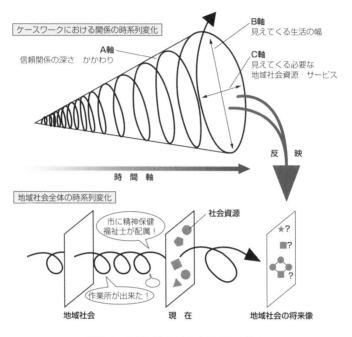

図2.2　時系列を加味したPSWの視点

出典：日本精神保健福祉士協会（2024）

表しているものとして「精神障害者の真意をくみ取るかかわり」が掲げられた。「かかわり」の質を高めるために、価値を備えた上で、技術と知識を磨く必要があると指摘した（日本精神保健福祉士協会2008: 14）。また、そのテキストのなかには、「精神保健福祉士の『かかわり論』」という項目があり、精神保健福祉士の道具の一つが「かかわり論」であり、「精神保健福祉士は、精神疾患と障害を併せもち、生活しづらい面を有する人々がどのように暮らしたいかを、相手の立場に立って理解し、その実現に向けて共に歩むプロセスを共有する」（日本精神保健福祉士協会2008: 22）と規定した。そして、「かかわり」を実践するための態度として、「精神保健福祉士が精神障害者と向き合い、共にいること、そして、進みたい方向を一緒に探したり考えたりすること、さらに、望む暮らしの実現に向けて、共に歩むことが求められる」と指摘した（日本精神保健福祉士協会2008: 22）。

第2章　精神医学ソーシャルワークにおける「かかわり」への着目

2016（平成28）年に改訂された共通テキスト（第2版）でも、第1版に続き「精神保健福祉士の価値」として「かかわり」を掲げている。「かかわり」を目の前にいるクライエントと「共に在ること」「共に探すこと」「共に歩むこと」と示した。生涯研修制度を通して「専門性に基づくかかわりとは」（基幹研修Ⅰ）、「かかわりを豊かにしていくために」（基幹研修Ⅱ）、「立場性を越えたかかわりを広げていくために」（基幹研修Ⅲ）というように「かかわり」に関する項目を取り入れた（日本精神保健福祉士協会2016）。

2010（平成22）年に協会の総会で採択された『精神保健福祉業務指針及び業務分類（第1版）』では、精神保健福祉士の視点としてハンドブックで示された「クライエントとのかかわりを通して広がる視点」や「時系列を加味したPSWの視点」が図入りで紹介された（日本精神保健福祉士協会2010: 11-2）。

また、今後の課題として「精神保健福祉士は、クライエントとのかかわりのなかで互いの存在を確認し、その力動性をとらえながら支援を展開していく専門職でもある。しかしながら、『業務』を抽出し、羅列していくと、そこにクライエントの存在が見えにくく、またその関係性や力動性の中で展開をしていく専門性をあらわすことが困難であった」（日本精神保健福祉士協会2010: 70）と振り返り、業務のなかで「かかわり」がみえにくくなる危険性を指摘していた。

2012（平成24）年に精神保健医療福祉委員会が出した『平成23年度 精神保健医療福祉委員会 事例集』のサブタイトルは「なかなか、退院したいという想い（本音）を聴けなかったが、かかわりによって聴くことができ退院できた事例」であり、長期入院者が、PSWとの「かかわり」のなかで少しずつ本音を語り始める事例が報告されていた（日本精神保健福祉士協会精神保健福祉部精神保健医療福祉委員会2012）。

2）「かかわり」が軽視される時代へ

2016（平成28）年になると、1999（平成11）年から協会誌に連載されていた「誌上スーパービジョン」が終了し、構成員が「かかわり」を振り返る機会が失われた。

2014（平成26）年に改訂された『精神保健福祉士業務指針及び業務分類　第2版』では、精神保健福祉士の分業化が進み、精神保健福祉士が時間をかけて

利用者にかかわれない状況が生じている。そのため、「実際にかかわる時間は限られていても、思い描き、言うなれば、いかに俯瞰的な『かかわり』を原点においた業務を展開できるのか——この点は、まさに精神保健福祉士の新たな課題といえるだろう」（日本精神保健福祉士協会 2014: 13）と指摘した。この記述は、2020（令和2）年に改訂された第3版にも引き継がれている（日本精神保健福祉士協会 2020）。

　この「その場面を超えて利用者の生活の連続性を思い描き」というPSWの姿勢は、Y問題を経てPSWが確認したクライエントとの「ここで、今」の「かかわり」を否定する可能性が高い。「思い描く」のはPSWであり、あくまでもPSWの主観に基づいて思い描いているに過ぎない。PSWが俯瞰的な「かかわり」なるものに留まれば（クライエント本人に自分の思い描いた中身を伝えて確認することをしなければ）、本人不在のままに援助を行ったY問題を繰り返す可能性がある。

　また、PSWは、Y問題を通してクライエントを取り囲む状況を変えていく視点を獲得した。それにもかかわらず、かかわることができない状況を変えようとせず、精神障害者を抑圧する社会に合わせる表現は、「人と状況の全体性」の視点を大切にしてきた精神医学ソーシャルワークとはかけ離れた考えであった。また、第2版では、「クライエントとのかかわりを通して広がる視点」の記載はあったものの、第1版のように図入りで説明はされなかった（日本精神保健福祉士協会編 2014; 2020）。

　協会が示す「かかわり」は、必ずしも関係を示すものではなく、幅の広い概念として提示している。近年の日本精神保健福祉士学会学術集会（日本精神保健福祉士協会全国大会と同時開催）においても、「かかわり」という用語を用いた発表はみられるが、その多くが援助業務全般を指しており、関係論としての「かかわり」論に関する発表は極めて少ない。

　柏木や谷中は「かかわり」論を、関係論として捉えていたが、その二人も「かかわり」という用語に幅をもたせて使用してきたこともあり、現場の精神保健福祉士たちは、多様な意味で「かかわり」を使用している。「かかわり」という用語は、PSWの実践を日常的に表す言葉として頻繁に使われ、かつ重要視されているにもかかわらず、これほど解釈の幅の広い言葉も見あたらない

（高木2013: 40）という指摘もあるように、十分な整理が行われないままに使われ続けてきた。

　国家資格化以降、精神保健福祉士の業務は多様化するとともに、法や診療報酬に規定されたことで、業務に縛られることが多くなっている。その縛られている業務を「かかわり」と捉える協会員が増えれば、「かかわり」自体が矮小化される恐れがある。そうした状況になれば、柏木や谷中が積み上げてきた「かかわり」論は、理念としても実践理論としても形骸化してしまうことが予測される。柏木は、この状況を、以下のように危惧していた。

　　割り当てられた仕事、あるいは役割をこなすことで自分はソーシャルワーカーとしてやっていると思っている。それがクライエントにとってどういうことなのかということが反省されないまま、「ああ、これが私の仕事なんだ」と思って何ら違和感を覚えない。（柏木昭・大野・柏木一2014: 162）

　　入院だけが業務指針にあって、「これこれこういうときには入院」というような要旨の流れになっているから、「入院させればそれで一件落着、あぁよかったよかった。私はPSWだ」と言って喜んでいてはいけないんです。そこでは、"本人不在の処遇という非常に大きな過ちを犯している"わけです。（柏木2023: 25–6）

　この危惧は、滝山病院事件において現実のものとなりつつある。この事件を告発した相原弁護士は、滝山病院入院患者の意向調査を行った東京精神保健福祉士協会役員の「退院を希望しない方もいて、普通の状況だと思った」という発言に、「劣悪な病院の状況が報道されている中、初対面の人に1人15から20分程度の調査を1度したきりであとは虐待の記録など残しているはずもない"天ぷら"（捏造）だらけの滝山病院の記録を斜め読みして、そのようなことを言い始める姿に暗澹たる思いを抱えています」（相原2023: 44）と語った。この指摘通りだとすれば、時と場を共有することなく、退院する気がないとわかった気になるPSWの姿勢に「かかわり」の欠如が垣間見える。

2. 精神保健福祉領域における「かかわり」に関する先行研究の動向

1) 坪上宏の「かかわりの三つの性質」

　坪上は、「かかわり」と「援助関係」を同義と考えており、自らの「援助関係の3性質」を「かかわりの三つの性質」と言い換えて説明している（坪上1988: 193–5）。坪上は、ゲシュタルト（人間の環境世界の知覚方法）という考え方を用いて「かかわりの性質」を、「一方的関係（援助者の判断によって一方的に働きかける関係）」「相互的関係（援助者と被援助者が共通の関心事について折り合いを求める関係）」「循環的関係（被援助者の関心・都合を通して、援助者の関心・都合を見直す関係）」の3種類に分類し、数の上では少ないものの「循環的関係」が被援助者の回復に最も確実な支えと成りうる関係であると指摘した（坪上1998）。坪上の援助関係論は「援助関係を中心に、その参加者それぞれに起こる変化も含め、総合的ダイナミズムを捉えた理論」（大谷2012: 99）であり、谷中の「かかわり」論にも影響を与えており、支えあい、ぶつかりあいながら変化していく「かかわり」の一端を説明する理論であった。

　また坪上は、PSWの「相手の生活のしづらさをわかっていこう、わかちもっていこうという姿勢」が「かかわり」になって表れる（坪上1988: 192）。PSWは、教科書で学ぶ「関係」からはみ出す部分を切り捨ててはいけない（坪上1998: 184）、専門的な技術が求められない「雑用」にこそ精神障害者の人たちが必要としている本当に大事なことがあると指摘した（坪上1998: 98）。

2) ソーシャルワーク関係に関する実証的研究

　2000年代に入ると、わずかではあるが、ソーシャルワーク関係に関する実証的研究が行われている。代表的な大谷の量的調査では、「関係性」概念として「パートナーシップ」と「職業的援助関係」の2因子が抽出され、PSWはこの2つの関係を第3因子である「柔軟性」により使い分けていることが示された（大谷2010: 37–8）。

　「パートナーシップ」は、精神障害者を援助のための重要なパートナーと見なす概念（藤井2004: 171）であり、彼らと協力して目的達成を目指す関係（稲沢2017: 87）であるため、何らかの課題がなくなった後も継続される「かかわり」と同一のものではないが、「パートナーシップ」因子のなかに「かかわり」

の要素が示されていると考える。

　横山の質的研究では、援助者は、利用者の担っている問題や課題を代わりに担うことができないという自らの限界を知り、人として共感をもつようになる。そして、利用者とプロセスをともに歩み、彼らから教えてもらう経験など役割を超えた人としての出会いのなかで安心感や一体感を意識するようになると指摘した（横山2006; 2008）。

　高木は、「かかわり」の構成要素として「Involvement（関与的立場）」「Commitment（積極的関与）」「Engagement（相互自律的関与）」の3つの様態があると述べた。Involvementでは、相談をもちかける主体であるクライエントと「関与的立場」であるPSWという関係である。そのPSWが「相談を持ちかけられた主体」に変化することで積極的に関与するようになり、Commitmentへと移行する。そして、自律した主体と主体が相互に影響しあい、認めあうEngagementへと変化する。しかし、この関係は、新たな解決すべき事柄が見つかれば、他の様態に戻ることが開かれていると指摘した（高木2013: 43）。

　精神保健福祉分野のソーシャルワーク研究において「かかわり」という概念に着目している者は少なく、実証的な研究は既述のように極めて少ない。「かかわり」を次世代に継承していくためには、実践から積み上げられてきた「かかわり」論を、実証的に明らかにしていくことが必要と考える。

3) 先行研究の整理──「かかわり」におけるPSWの姿勢や態度

　ここまでみてきたように「かかわり」は、PSWに広く浸透している用語ではあるものの、人により使い方が異なる多様で、多層で、多義的な概念である。しかし、「かかわり」においてPSWに求められる姿勢や態度には共通する部分がある。以下、これまで重視されてきた「かかわり」におけるPSWの姿勢や態度について示す。

① わかりたい

　人は、他者を理解し尽くすことはできず、本人にしかわからない何かが必ず残る（稲沢2017: 74–80）。援助者には、「よくわからない」感覚が大切である。尾崎は、援助者にその感覚がなければ、ⅰ わからない問題に了解不能の烙印を

押す、ⅱ言葉の裏にある気持への理解を妨げる、ⅲ「わかられたくない」「わかりっこない」と思っているクライエントの感情を観ることができないという事態に陥ると指摘した（尾崎1994: 87–8）。

　クライエントの生きる世界を知っているのは、彼らだけである。援助者がどんなに共感しても、彼らのことを理解し尽くすことはできない（稲沢2017: 77–8）。援助者は、「クライエントの生きる世界」について無知であるがゆえに、「『好奇心』に導かれ、『もっと深く知りたい』と思い、『教えてもらう』という姿勢になる」（野口2002: 97）。援助者は、クライエントのことを「わかっていこう、わかちもっていこうという姿勢」（坪上1988: 192）として「無知の姿勢」（Anderson & Goolishian＝2014: 48）を示す。援助者は、何らかの理論を用いて、彼らの物語を解釈してわかった気になるのではなく、無知の姿勢をとり、彼らの主観的な物語の独自性を尊重する（稲沢2019b: 56–7）。また、わからないときや引っかかりを感じたときには、援助者は、主治医や看護師、家族などから情報を得て理解した気になるのではなく、クライエントに直接訊く必要がある。

　　　面接の中で適当な機会をつくって、質問するのも悪くない。（窪田2013: 109）

　　　わからなかったら真っ先にクライエントに聞くということです。その人が何を欲しているのか、どう生きたいのか、それを大事にして独自の生活を送ろうとするクライエントの気持ちに目を向けることが大事なんだと分かってきました。（柏木2010: 36）

　このように援助者のクライエントのことを「知りたい」「教えて欲しい」という姿勢が、彼らとの間に「かかわり」を生み出すことになる。

② 他者であること（臨在の証人／共感する他者）
　援助者がどんなにクライエントの話を傾聴して、彼らの気持ちに共感したとしても、クライエントにとり、援助者が「他者」でなくなることはない。早川

は「臨在の証人」、窪田は「共感する他者」という概念を用いて以下のように説明した。

早川は、援助者がどんなにクライエントに共感したとしても、彼らと同じように幻聴や妄想などを経験することはできない。しかも、幻聴や妄想などは、彼らが実際に経験しているため、援助者はそれを否定することもできない。援助者にできることは、彼らのかたわらにいて、彼らが経験している（臨在している）ことの証人になることであると説明した（早川・谷中1984: 154–5）。援助者が「臨在の証人」になるためには、彼らと時と場を共有して、そのかたわらに居続けることが必要である。

一方、窪田は、援助者には、他者の苦しみを、共感をもって受け止めることのできる力が求められる。しかし、援助者がクライエントと同じように苦しむだけでは、援助を行うことはできない。援助者は、共感をもって受け止めることができる力を有しながらも、彼らとは異なる考え方や感じ方をもつ他者であるがゆえに、援助を必要とする人に何らかの援助を提供することができると説明した（窪田2013: 73）。

もし、援助者がクライエントと一蓮托生と言えるような関係性になれば、援助者はクライエントに感情的な巻き込まれや呑み込まれを感じ、自分が保てない恐れと不安を感じ、援助者としての役割を果たせなくなる（尾崎1994: 44）。援助者は、他者であるがゆえにクライエントに教えてもらいながら、彼らとともに目標に向かって協働できるようになる。

③ 相互主体的関係

援助場面において、クライエントは、援助者と経験をともにするなかで、援助を受ける客体ではなく、自分の生き方を選択する生活の主体になる。そして、クライエントは、主体として、客体である援助者に働きかけるようになり、援助者は主体として、それを受け止める（柏木2010: 104–5）。両者は、ときに主体と主体としてぶつかりあう（谷中1993b: 120）。

このように援助場面では、お互いが主体である。両者は対話を通して「共に考え合う」（竹端2018: 211）。そしてお互いに主体として、客体である相手を受け止めようとするが、受け止めあえたり、受け止められなかったりもする。

83

柏木は、こうした主体的・自律的自己をもつ者同士による相互主体的な関係を「かかわり」と呼んでいた（柏木2010: 104–5）。

④ 対等な関係

　「ソーシャルワーカーとクライエントは対等であって、われわれは彼を自分の支配下に置こうなどと考えもしないからである。対等性はソーシャルワークの基本的な理念であり、技術面での原則の一つである」（柏木2010: 100–1）とされている。

　しかし、何らかの困難な状況におかれているクライエントと、そうした状況を改善しようとしている援助者の立場を、対称的に入れ替えることはできない。両者の立場性は非対称的である（稲沢2002: 162）。この非対称性から目を背けたままに理念的にワーカー・クライエント関係の対等性を強調することは、援助者の錯覚に過ぎない（柏木1975: 6–7）。特に家族などとの関係性が乏しい人は、関係に基づく援助を受けることができないため、長期入院などの理不尽な状況であっても一方的な援助を受け入れざるを得ないことがある。PSWは、両者の関係性が非対称的であることを、常に意識しておく必要がある。

⑤ 自己開示

　クライエントは、自らを透明化させるために最大限の努力を払うこと（援助者から情報を聞き取られること）が義務づけられており、逆に援助者は自分について開示する義務は負っていない（稲沢2017: 79）。

　しかし、クライエントも、援助者の自己開示を通して援助者の姿勢や技量などを知り、相談するに値する信頼できる人物であるのか判断しなければ、安心して援助を受けることができない。そのため、援助者は、自分自身の考えや気持ちを素直に相手に伝える姿勢が求められる（柏木2010: 94）。PSWには、「さりげなく自然に、ありのままに、構えたり隠したりしないで自分をさらけだし、開きなおりを互いに見せながら、一緒にいきていこうとする」（藤井1988: 80）姿勢が必要である。

第2章　精神医学ソーシャルワークにおける「かかわり」への着目

⑥ 時をともにする（時熟／カイロス）

　クライエントとの「かかわり」には、時間がかかる（柏木2010: 54）。ソーシャルワーカーは、十分な時間をかけてクライエントとかかわり、「かかわり」が熟す「時熟」のタイミングを待つことが必要である（柏木1997: 10）。

　この「時熟」とは、元々ハイデカーが用いた言葉であった。村上陽一郎は、胎児が約40週母親の胎内にいる時間は、胎児にとっても、母親になる人にとっても、周囲の家族にとっても、断じて、飛び越えてはならない時間であり、この時が満ちることを「時熟」と説明した（村上1986: 125–6）。柏木は、ソーシャルワークにおいても、効率ではなく、「時熟」を念頭にクライエントと向きあう必要があると指摘した（柏木2010: 83）。

　加えて柏木は、「時」には、数字で示すことができる時間である「クロノス」と、主観的な時間である「カイロス」がある（柏木2023: 37）。「カイロス」は数字で示されるものではないので、捉えにくい。ソーシャルワーカーが、法律や診療報酬などに規定された利用期限である「クロノス」に追われ、クライエントに選択を迫るようなことをしてしまえば、クライエントの自己決定は制限されることになる。ソーシャルワーカーが、「カイロス」を感じ取り、「時熟」を待つことができれば、クライエントは自分の機が熟したタイミングで自己決定を行うことができると説明した（柏木・大野・相川2023: 37）。

⑦ 場をともにする

　「トポス」とは、「場所」という意味から派生したもので、多様な意味を有している。中村は、「トポス」を、ⅰ存在根拠としての場所、ⅱ身体的なものとしての場所、ⅲ象徴的なものとしての場所、ⅳある主張についての表現の仕方や論じ方の蓄積を含むところとしての場所（言語的トポス）の4種類に分類した（河合・中村1984: 207）。

　柏木は、この概念をソーシャルワークに導入し、物理的な場ではなく、人が帰属感や誇りをもてる場を「トポス」と捉えた。そして、地域には、人が生き、集まる場である「トポス」が必要である。ソーシャルワーカーは、病院などの所属機関の外に出て、地域に「トポス」を創り、そこを拠点にして、クライエントや支援関係者だけでなく、地域住民とも交わり、誰もが暮らしやすい

コミュニティを創造すべきと唱えた（柏木 2010: 87-9）。

　わが国の先駆的な地域実践には、「トポス」が創られてきた。やどかりの里は、退院者の「住まい」から始まり、いつでも「相談できる場所」に変わり、自分たちの「拠り所」になり、さらに自分たちの活動の場である「いこいの家」へと変化していった（谷中 1988: 15-42）。他にも JHC 板橋の H は House の頭文字であり、誰もが地域の一員として相互に交流する「地域の拠点」であった（寺谷 2008: 102）。浦河べてるの家は、PSW と退院者の住まいと回復者のたまり場として活動が始まった（向谷地 1996: 10）。このように PSW には、クライエントとともに生きられる「場」を、彼らとともに創ることが求められている。

⑧ 経験をともにする

　PSW は、クライエントと時や場を共有し、経験もともにすることで、対等な関係を築こうとしてきた（柏木・越智 1977: 10）。楽しいことも辛いこともともに経験し、お互いのことを知ることにより、両者の信頼関係は深まり、「支えたり、支えられたりといった関係性」（谷中 1993b: 236）へと変化していく。特に危ない橋を先に渡る経験は両者の関係性を深め、「関係こそ命」（谷中 1996: 61）と表現されるほど生活に不可欠なものになる。こうした関係性の変化は、仲間と一緒に行うのであれば、何とかやれる。新しいことに挑戦してみようという気持ちをクライエントにもたらすこともある（谷中 1987: 84）。

　さらに、「経験をともにする」ことは、PSW とクライエントが、自分たちを取り囲む問題に対して、ともに立ち向かうことでもある。やどかりの里では、クライエントと PSW が、運営費を捻出するための廃品回収、親睦デイや諸行事などの活動をともに行うことを通して、ともに生き方を模索していた（藤井 1988: 76）。ともに人生の困難に立ち向かうなかで、援助者も自らの人生に立ち向かっていることをクライエントに伝えられるようになると、両者の共感の質は高まっていく（尾崎 2002: 148）。このように PSW とクライエントは、時や場や経験をともにすることを通して「かかわり」を築いてきた。両者が、時や場や経験をともにすることについては、次章以降に検討する。

⑨ すべての感覚を用いる

　柏木は、援助者がクライエントを理解するために「知・情・意すべての局面の感覚を動員」すること、そのために十分な時間をかけることが必要であると指摘した（柏木2002: 38）。

　こうした五感の統合としての感覚を「共通感覚」と言う（河合・中村1984: 132）。「共通感覚」は、感覚のすべての領野を統一的に捉える根源的な感覚能力（中村2000: 8）であり、援助者は、援助場面において、この「共通感覚」を働かせて直観的に判断し動くことがある。例えば、夏の暑い日、嫌な胸騒ぎがしてクライエント宅を訪問したPSWは「騒いだ部分があってですね。出てこない人じゃないんだけど。どうもいそうだけど反応がないって言って。天窓が開いてたんで。覗き込んだら、結局そこで、熱中症で意識をなくしていたんですね」（國重2015: 38）と語っていた。

　援助者は、様々な感覚が一つのまとまりをもったものとして捉えられるようになるときに出会うことがある。こうしたときは、クライエントとの時や場をともにしてきた「かかわり」があって訪れるものである。

⑩ 逃げない者

　援助関係は、援助という目的があるときに、援助する者とされる者の間で成り立つ非対称的な関係である。そのため、援助者が援助したくてもできない「援助の限界点」では、援助関係は成立せず、援助できない援助者は、その場から逃げることが許される。

　しかし、そうした場面において、逃げることのできる援助者が「逃げない」ことを、自らの意思で選び取ることにより、クライエントと「無力さ」を共有するようになる。この無力さを共有する関係では、「人は人のかたわらにいて、あるいは、かたわらにいるだけだからこそ、人を支えることができることもある」（稲沢2002: 194）という関係が残る。

第4節　実践理論としての「かかわり」の必要性と研究課題

　協会は、Y問題を通して、診断主義による「ワーカー・クライエント関係」

のあり方を問い直し、PSWの「かかわり論」を発展させていった。柏木は、Y問題の反省から「対等な関係」を、谷中は、やどかりの里の実践からぶつかり、支えあいながら「ともに生きる関係」を希求した。

　柏木の「かかわり」論は、Y問題の反省やデイケア実践に基づくものであり、クライエントと「ともに経験すること」を強調した。しかし、援助場面における関係であるため、「援助する者－される者の関係」から脱することは難しく、対等性を追い求める段階から先へは進みにくい。それゆえ、柏木の「かかわり」は「ワーカー・クライエント関係」と明確に分けることが難しいという特徴がある。しかし、専門的・職業的関係に留まるがゆえに、傾斜のある力関係から逃れがたい病院PSWにも理念としては受入れやすく、精神保健福祉士の専門性を再構築する際の理念的支柱となり得ると考えられる。

　一方、谷中の「かかわり」論は、精神障害者と「ともに生きること」を選び取ったがゆえに、傾斜のある力関係を超えて、より対等な関係を築くことはできた。しかし、その関係は、生活をともにした谷中たちだからできた特別な関係性と捉えられた。また、その関係は生活場面で展開されるため、援助者は「援助する者－される者の関係」と「人と人としての関係」を状況に応じて使い分けていた。加えて、その関係は、長期にわたってつながり続けるものであった。そのため、生活をともにできない者、特に当時多数派であった病院PSWにとっては、実践から紡ぎ出された理論にもかかわらず理想像に過ぎず、結果的に自分にはできない特別な関係と捉えられたと考える。

　結果的に、どちらの「かかわり」論も多くのPSWにとっては、理念や理想像に留まっている。加えて、業務指針の俯瞰的な「かかわり」という表現にみられるようにPSWの「かかわり」に対する関心は低下しており、「かかわり」の欠如が業務をこなすだけの精神保健福祉士を増やしかねない状況にある。

　「かかわり」を継承していくためには、「かかわり」論を理念や理想像に留めず、実証的研究の結果に基づいた実践理論として、現場に提示していくことが重要である。

第3章

長期入院精神障害者の退院支援における
相談支援事業所PSWの「かかわり」のプロセス

相談支援事業所に勤務するPSWに対する質的調査から

第1節　研究目的および方法

1．研究目的

　本章では、長期入院者の退院支援（地域移行支援）を担う相談支援事業所PSWと長期入院者との「かかわり」のプロセスについて、長期入院者の退院支援において先進的な実績を有する十勝でのインタビュー調査を通して明らかにすることを目的とする。

2．調査協力者

1）調査地域の特性について

　調査フィールドとして選定した十勝では、全国で精神病床が増加していた1970年代半ばから、PSWを中心に長期入院を強いられた人の人生を取り戻す「生活支援」に取り組み、法制度や公的援助のないなか、彼らの思いを実現するために資源を一つずつ開拓してきた。廃業した宿泊施設をPSWの知り合いが経営する企業に購入してもらい、その建物にグループホームを開設したり、食事つきの下宿というインフォーマル資源を活用したりすることで、300人分以上の住居資源を開発した。その結果、十勝では、病院が社会的入院患者の住

まいとしての精神病床を維持する必要性が低下した。

　このように十勝のPSWは、「資源がない」と嘆くのではなく、眼前の長期入院者との「かかわり」を通して、彼らに必要な資源を発見・開拓し、彼らの思いを中心に据えたネットワークを築いてきた。こうした活動の結果、この圏域では、国公立に加え、民間病院においても精神病床が減り続け、50年間で630床以上の病床削減に成功し、病院に依存しない地域ケアシステムを作り上げてきている。

2) 調査協力者について

　本調査では、十勝の相談支援事業所において長期入院者の退院支援に携わった経験があるPSW7名を対象に半構造化インタビューを実施した。7名全員が精神保健福祉士取得者であった。年齢は平均39.4歳、経験年数は平均15.1年、性別は女性4名、男性3名であった（表3.1）。なお、本調査における「退院支援」とは、「地域移行支援」が個別給付化される以前の退院支援事例も含めている。そのため、「地域移行支援」で支援をしている事例についても、「退院支援」と表記する。

3. 実施方法

　既述のように2015年2月〜2017年9月にインタビュー調査を実施した。1回のインタビュー時間の平均は、約59分、インタビューガイドを作成して半

表3.1　調査協力者の一覧

ID	年齢	性別	経験年数	インタビュー回数
A	30代	女性	9年	2回
B	30代	女性	9年	2回
C	30代	女性	10年	1回
D	30代	女性	14年	2回
E	30代	男性	14年	2回
F	40代	男性	20年	1回
G	50代	男性	30年	3回

構造化面接を行った。質問項目は、「地域移行支援を使って退院し、かつ『かかわり』を築くことができたクライエントを思い浮かべて、その方への『かかわり』の契機から終結（もしくは現在）までのプロセスをお話しください」などの3項目であった。インタビュー内容は、調査協力者の許可を得てICレコーダーに録音し、逐語録を作成した。インタビューデータは、修正版グラウンデッド・セオリー・アプローチ（以下、M-GTA）を用いて分析した。

4. 分析方法

　本調査では、実践知を再編成するのに有効なM-GTAを採用した。本調査は、相談支援事業所に勤務するPSWの視点から、退院支援における長期入院者との「かかわり」のプロセスを明らかにすることを目的とした。PSWとクライエントとの「かかわり」は、お互いが相手を通して自分の見方を見直していく「循環的関係」（坪上1988: 194）という社会的相互作用（人間と人間が直接やりとりすること）を有しており、「らせん的な循環」（坪上1988: 194）というプロセス的性格を備えている。

　M-GTAは、研究対象がヒューマンサービス領域であり、社会的相互作用をもち、プロセス的性格を備えている研究に適しており（木下2003: 89–90）、本調査の分析に有効であると考えた。また、この調査は、結果が退院支援の現場において応用されることを目的の一つとしており、結果を実践で活用する役割（応用者）が研究法の構造に内在しているM-GTAが分析方法として適していると考えた。

　M-GTAでは、分析テーマと分析焦点者という2つの分析上の視点に照らして分析を進める。

　まず分析焦点者とは、研究上の対象として設定される人間のことで、調査協力者を指す。M-GTAでは、データを解釈するとき、「その人間からみれば、あるいは、その人間にとっては、それはどういう意味になるのか」という観点から考えるため、分析を行う上で分析焦点者の設定は重要な意味合いをもつ。また、分析焦点者を設定することにより、読者や応用者が、研究結果を自分に引き寄せて理解しやすいという利点もある。本調査では、分析焦点者を「十勝において長期入院精神障害者の退院支援を担う相談支援事業所で勤務する

PSW」と設定した。

　次に分析テーマとは、研究テーマをデータに即して分析していけるように絞り込んだものである。研究テーマとの関係では、一つの研究テーマに複数の分析テーマがありうるという関係になる。この調査では、「十勝の長期入院精神障害者の退院支援における相談支援事業所PSWの『かかわり』のプロセス」を分析テーマとして設定した。

　この2つの分析上の視点に照らして、データの関連箇所に着目し、分析ワークシート（表3.2）を用いて最初の概念を生成した。M-GTAでは、まず一人分のデータ全体にざっと目を通す。その上で、分析テーマに照らしてディテールが豊富で多様な具体例がありそうな一人分のデータから、以下の手順で分析を始める。

① 分析テーマと分析焦点者に照らして、データの関連箇所に着目し、それを一つの具体例（ヴァリエーション）とし、かつ、他の類似具体例をも説明できると考えられる、説明概念を生成する。

② 概念をつくる際に、分析ワークシートを作成し、概念名、定義、最初の具体例などを記入する。

③ データ分析を進める中で、新たに概念を生成し、分析ワークシートは個々の概念ごとに作成する。

④ 同時並行で、他の具体例をデータから探し、ワークシートのヴァリエーション欄に追加記入していく。具体例が豊富にでてこなければ、その概念は有効でないと判断する。

⑤ 生成した概念の完成度は類似例の確認だけでなく、対極例についての比較の観点からデータをみていくことにより、解釈が恣意的に偏る危険を防ぐ。その結果をワークシートの理論的メモ欄に記入していく。

⑥ 次に、生成した概念と他の概念との関係を個々の概念ごとに検討し、関係図にしていく。

⑦ 複数の概念の関係からなるカテゴリーを生成し、カテゴリー相互の関係から分析結果をまとめ、その概要を簡潔に文章化し（ストーリーライン）、さらに結果図を作成する。　　　　　　（木下2003: 158–172; 233–8）

第3章　長期入院精神障害者の退院支援における相談支援事業所PSWの「かかわり」のプロセス

表3.2　分析ワークシートの例示

概念名	一緒に外出する
定義	PSWが長期入院者と外出し、買い物をしたり、食事をしたりするなかで、楽しいときを過ごし、その気持ちを共有すること
ヴァリエーション	• 30年入院してたので、回転寿司を知らなかったんですよね。回転寿司っていうものが世のなかにあるらしいってことを、テレビで見て知っていて。行ってみたいって話になって。とりあえず、回転寿司行きますかっていうので、月1回回転寿司に行くのが、2年ぐらい。2年ぐらいずーっと回転寿司行ってるようなかかわりをしていた方がいて、退院したのが去年なんですよね。A1
理論的メモ	• （対極例）一緒に見学とかは行くけど，ご飯食べに行くとかそういうのはしなかったですね。B1 • 退院意欲のある人とない人では，最初の導入が異なるのではないか？

　本調査で最初に着目したのは、調査協力者Aの「食べ物好きなんですねみたいな話から、入院してたらお寿司とか食べられないんだよねって話があって。30年入院してたので、回転寿司を知らなかったんですよね。回転寿司っていうものが世のなかにあるらしいってことを、テレビで見て知っていて。行ってみたいって話になって。とりあえず、<u>回転寿司行きますかっていうので、月1回回転寿司に行くのが、2年ぐらい。2年ぐらいずーっと回転寿司行ってるようなかかわりをしていた方がいて、退院したのが去年なんですよね</u>」という発言であった。

　上記の発言のうち、著者は下線部の発言に着目した。PSWが一見専門的にみえない回転寿司に行くという行為を、2年間行い続けたことにより、長期入院者との間に信頼関係が構築され、退院という結果に至ることができた。この箇所にPSWの「かかわり」の一端がみえたように思えた。

　この点に着目し、他のデータにも類似例がみられるかを確認していった。その結果、「ラーメンを月2回食べに行ってたんですよね」「一緒にとりあえず服買いに行こうかとか、バスに乗ってみようかとか」などの類似例がみられた。

　これらの例には、長期入院者と一緒に外出することを通して、彼らと信頼関係を構築しようとするPSWの意図がみられた。データのなかで、一定の類似例が確認できたので、【長期入院者と外出し、買い物をしたり、食事をしたりするなかで、楽しいときを過ごし、その気持ちを共有すること】と定義し、概念名を"一緒に外出する"とした。

また類似例の比較と並行して、対極例のチェックも行い、「ずーっと病状が悪かったので、病院の外に出るってほとんどない方だったんですよね」「一緒に見学とかは行くけど、ご飯食べに行くとかそういうのはしなかったですね」などのデータにみられることを確認した。

　概念の定義に照らして、類似例と対極例の確認を繰り返しながら、概念の精緻化を行った。その後、生成した概念と他の概念との関係を検討し、複数の概念の関係からなるカテゴリーを生成し、カテゴリー相互の関係から分析結果をまとめ、その概要を簡潔に文章化し、結果図を作成した。

　なお、調査結果の信頼性確保のため、調査協力者によるメンバーチェックとともに調査協力者ではない臨床現場及び教育機関で40年以上の経験を有するPSWにコメントをもらい、その上で、所属していた大学院において、分析結果や考察も含めた指導を受けた。

5. 倫理的配慮

　調査実施にあたり、調査協力者に対してインタビューに関する説明書と同意書を提示した上で説明を行い、「話したくないことは話す必要はないこと」「いつでもインタビューを中止することができること」を前提条件として書面にて調査協力への同意を得た。収集したデータおよび分析結果には細心の注意を払い、個人情報が特定されないよう匿名化を徹底した。なお、本研究は東洋大学大学院福祉社会デザイン研究科研究等倫理委員会（H28-14S）の承認を得て実施した。

第2節　結果と考察

　M-GTAでは、データとの確認を継続的に行いながら解釈を確定していくというプロセスとして分析が進行していく。そのため、分析に考察の要素が自動的に含まれるので、結果と考察を分けて記述しようとすると内容に重複が生じる（木下2003: 238–9）。以上の理由から、本章では、結果と考察を一体化して論ずる。

　分析の結果、3つのカテゴリー、7つのサブカテゴリー、28の概念を生成し

第3章　長期入院精神障害者の退院支援における相談支援事業所PSWの「かかわり」のプロセス

表3.3　概念表

カテゴリー	サブカテゴリー	概念名
		退院意欲の確認
		不安を受け止める
お互いを知るための「つきあい」	ごく普通のつきあいを通して信用してもらう	雑談する
		外出する
		自分（PSW）の素を見せる
		自分(PSW)を知ってもらう
	ストレングスに目が向く	退院への原動力を探る
		パワーを実感する
		人柄のよさを知る
		退院に関する希望を聴く
		本人を支える人的資源に気づく
	不安に寄り添う	生活のしづらさを知る
		支援関係者との情報共有
パートナーとして認めあう関係	具体的な退院支援	住まい探しの手伝い
		地域生活への準備の手伝い
	共に悩む	退院に向けた悩みに寄り添う
		本音を伝える
		一緒に考える
	覚悟を伝える	腹をくくる
		退院を諦めない
		つながり続けると伝える
	支援を続ける	様子を見に行く
		見守る
		直接支援を行う
		サービス調整する
つながり続ける「かかわり」		大丈夫という信頼感
		つながり続ける
		つながっている感覚

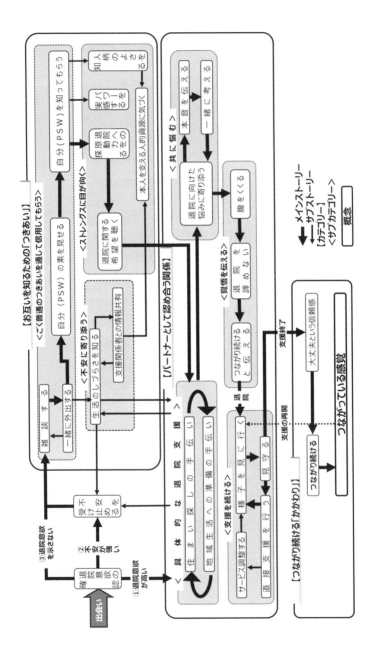

図3.1 長期入院精神障害者の退院支援における相談支援事業所PSWの「かかわり」のプロセス

た（表3.3）。分析の結果は、ストーリーラインと結果図（図3.1）を用いて説明する。以下、分析結果を【カテゴリー】〈サブカテゴリー〉〔概念〕『概念の定義』「データ」を用いて説明する。

1. ストーリーライン

　相談支援事業所のPSWは、病院からの依頼で長期入院者と出会い、彼らの〔退院意欲の確認〕を行う。退院意欲がある場合は、彼らの希望に沿って〈具体的な退院支援〉から始める。退院意欲はあるものの地域生活などへの不安が強い場合は、〔不安を受け止める〕ことから始める。退院意欲を示さない場合は、一緒に雑談や外出をする〈ごく普通のつきあいを通して信用してもらう〉。そして、彼らの〔退院への原動力を探る〕ことなどを通して、彼らの〈ストレングスに目が向く〉ようになる。このように【お互いを知るための「つきあい」】（以下、【つきあい】）を大切にして〈具体的な退院支援〉の段階に進んでいく。

　退院が具体的になると彼らから退院に向けた悩みが吐露され、〈共に悩む〉ようになる。様々な困難も生じるが、PSWが退院後もつながり続ける〈覚悟を伝える〉ことにより、不安を抱える彼らに対して退院への後押しをする。退院後もPSWは、彼らが望んだ生活ができるように〈支援を続ける〉。このプロセスをともにすることを通して、両者は【パートナーとして認めあう関係】（以下、【パートナーシップ】）になる。

　そしてPSWは、契約が終了したとしても、彼らにかかわった者として、何らかの形で〔つながり続ける〕。徐々に会う頻度は下がるものの、彼らと〔つながっている感覚〕をもち、彼らと【つながり続ける「かかわり」】（以下、【つながり】）を大切にしていく。

2. 概念の説明

　本調査で明らかにした3つのカテゴリー、7つのサブカテゴリーと28の概念との関係を結果図（図3.1）により確認する。併せてローデータを用いて28の概念についても説明する。なおローデータには、発信者番号をつけており、アルファベットが調査協力者ID、数字がインタビュー回数を示している。

1)【お互いを知るための「つきあい」】（第1段階）

　病院スタッフからの依頼で病院に出向いたPSWは、長期入院者本人（以下、本人）に会い、直接〔退院意欲の確認〕を行っていた。PSWの「かかわり」の第1段階は、本人たちの退院意欲に合わせて大きく3つのパターンに分かれて始まる。

　第1の退院意欲が高い場合は、病院スタッフが、長期入院者に対して何らかの不安や心配を有しているため、本人の意思に反して退院に至っていないと考えられた。PSWは、病院スタッフの不安を受け止めて、時にブレーキを踏みつつも、本人の希望やペースを尊重しながら〈具体的な退院支援〉を進めていた。早めにグループホームでの試験外泊などを行い、彼らにも〔生活のしづらさ〕を実感してもらい、その課題について病院スタッフやピアサポーターなどの〔支援関係者と情報共有〕し、〈具体的な退院支援〉に活かしていた。

　第2のパターンは、退院意欲はあるものの、本人の地域生活への不安が強い場合である。この人たちへの退院支援では、PSWは〔不安を受け止める〕ことから始めていた。すぐに〈具体的な退院支援〉を始めて、彼らの退院への不安を煽るようなことはしない。彼らと〔雑談する〕〔一緒に外出する〕など時と場と経験をともにするなかで、PSWが自己開示し、〈ごく普通のつきあいを通して信用してもらう〉ことから始めていた。

　第3のパターンは、本人が退院意欲を示さない場合である。この人たちは、入院治療が必要でないにもかかわらず、退院に至らない社会的入院の中核をなす人たちである。2012（平成24）年の地域移行支援の個別給付化以降は、本人からのサービス利用申請が必要となり、本人が退院意欲を示さない場合はサービス利用につながらなくなった。しかし、個別給付化以前の「精神障害者地域移行・地域定着支援事業」では、本人が退院を希望していなくても病院スタッフからの依頼で、退院意欲の喚起も含めて支援を開始できた。その時代の退院支援では、本人から「俺が退院したいときに退院させてくれなかったのに、何で病院側のタイミングで退院させられるのだ」（A1）という重い言葉を投げつけられたPSWもいた。このような退院意欲を示さない人の場合、退院という共通の関心事（目標）に向けた「援助する者－される者」の関係性は成り立たない。PSWは「退院支援」という自らの都合（業務）を一旦横におく。そし

て、相手にPSWがどのようにみえているのか考え、彼らと〔雑談する〕ことから始めていた。雑談のなかで彼らから食事や買い物の希望が出れば、〔一緒に外出する〕ようにしていた。PSWは、こうした一緒に行うことを中心としたつきあいのなかで、本気で楽しみ、少し意図的に〔自分の素を見せる〕ことで〔自分を知ってもらう〕ようにしていた。

　長期入院者のいる病棟は、長期入院者にとっては生活の場であるが、病院スタッフにとっては職場である。そこで病院スタッフが彼らに見せる姿は「治療者」「援助者」「支援者」「専門職」「労働者」としての姿であり、「人」としての姿を見せること（病院スタッフが入院患者に対して自己開示すること）は少ない。

　外部から来たPSWは、ともに過ごすときを本気で楽しみつつも、「援助者」を信じきれない彼らの視点に立ち、少し意図的に「人」としての側面を見せていた。この援助にみえない【つきあい】を通して、彼らは、PSWの「人」としての一面に触れ、PSWを「人」として信用するようになっていた。

　PSWが、〈ごく普通のつきあいを通して信用してもらう〉ようになると、彼らから本音がこぼれ始めた。PSWは、この【つきあい】を通して、彼らの〔人柄のよさを知る〕ようになっていた。加えて、人柄のよさを媒介にしてつながった〔本人を支える人的資源に気づく〕ようにもなっていた。PSWは、紆余曲折の人生経験を通して身につけた人への気遣いや我慢強さなどの本人の〔パワーを実感する〕とともに「家族の近くに行きたい」(A1)、「学校に行きたい」(F) などの〔退院への原動力を探る〕ようにしていた。PSWがその原動力に触れると、彼らも心の奥に押し込めていた退院への思いを表明するようになっていた。その思いを確認したPSWは、彼らに住まいの条件など〔退院に関する希望を聴く〕ようにしていた。希望などの〈ストレングスに目が向く〉ようになったPSWは、退院に向けて〈具体的な支援〉を始めていた。その際、PSWは、彼らの〈不安に寄り添う〉ものの、生活のしづらさに焦点化せず、【つきあい】を大切にしながら〈具体的な退院支援〉を進めていた。

　このように退院支援の第1段階では、PSWは〈ごく普通のつきあいを通して信用してもらう〉ことで、彼らから知ることを許され、お互いを知るために【つきあい】を続けていた。その関係では、PSWの「人」としての面が前景に

出て「援助者」としての面は後方に下がるため、両者の関係性は「人と人」として関係性が強調されていた。

① 退院意欲の確認

　病院からの依頼で、地域移行支援を始めた相談支援事業所のPSWは、まずは病院を訪問し、『長期入院者に退院への意欲を確認すること』から始めていた。

　長期入院者の多くは、退院意欲が低下しているのではなく、病院職員との乏しい関係性のなかで退院への思いを表明できないのである。そのため、長期入院者が見せる退院意欲は、個人差が大きく、かつ聴き手（相手）により変化する。

　　すごく退院意欲もあって。なぜこの……あ、23年ぐらいだったと思います。この23年はどうしてって。（D1）

　　俺は退院したいときに退院させてくれなかったのに、何で病院側のタイミングで退院させられるんだ。（A1）

　　どうかな、うーん、わからないなって、どうかなって、よくわからないなってずっと言ってますね。（E1）

　このように20年以上入院しているにもかかわらず、退院意欲を示す人もいれば、退院に否定的な人もいた。また、自分の気持ちがわからないと言う人もいた。PSWは、〔退院意欲の確認〕を通して、本人たちの退院への複雑な思いを受け止めていた。

　そして、「退院を急かせに来てる人じゃないんだよっていうのは。退院を応援したいだけ」（A1）と伝え、本人の意向やペースを尊重していた。退院意欲が強い人の場合、その思いに沿う形でグループホームへの試験外泊など〈具体的な退院支援〉から始めていた。退院意欲を示さなかったり、拒否したりする場合、PSWは、地域移行支援という自らの業務を一旦横において、彼らと〔雑

談する〕ことから始めていた。退院への不安が強い場合には、すぐに〈具体的な退院支援〉から入らずに、彼らの〔不安を受け止める〕ことに注力していた。

② 不安を受け止める

　長期入院者の多くは、長期入院している間に、家族や友人との関係性が弱くなり、関係に基づく援助を受けることができない状況に陥っていた。地域生活に対する漠然とした不安や心配を抱え、次のようにどのように生きていけばいいのか戸惑う人もいた。

　　「家族のもとには帰れない」ってのは言ったんですけど、どうしたらいいかっていうような感じになり……。（D1）

　一方で、以下の発言にみられるように、病院職員から退院を勧められた段階で、退院せざるを得ないと覚悟する人もいた。

　　病院にはずっといれないんだなってのはわかってるらしいんですよ。だから出なくちゃいけないっていうのはわかってはいるんですよ。（F）

　退院せざるを得ないと頭では理解していても、頼れる人のいない地域でどのように暮らしていけばいいか不安になってしまう人も少なくない。そのため、「（当時の総理大臣が）また俺を殺しに来るとか」（F）というように妄想などの精神症状で不安や心配を表す人もいた。望んでいない入院であっても、長年その場所で暮らし続け、それなりに安定していると、「やっぱり退院が不安だと思う。そういうふうに聞こえてきちゃってそれがほんとだと思い込んでるから」（F）というように大きな心理的抵抗を示すこともあった。PSWは、退院に向けた具体的な援助をするのではなく、こうした『長期入院者の退院に向けた漠然とした不安、戸惑いなどを受け止める』ことを大切にしていた。

　　不安だと思います。感覚としたら、いきなり海外で住むみたいな感覚か

なぁって私は思ってて。(A1)

　　たまに（病院に）帰りたくなるのって当たり前じゃないかなと思うので、
　　会いに行ってもいいし、そこにたまに休みに行ってもいいんじゃないって
　　話はしてますね。(A1)

　このようにPSWは、彼らの不安な気持ちを想像したり、対処方法を提案し
たりして彼らの〔不安を受け止める〕ことに努めていた。

③ 雑談する
　PSWは、退院への不安が強い人や退院意欲を示さない人に対して、地域移
行支援という自らの都合（業務）を一旦横におき、『彼らとの雑談を通して、
その何気ない会話のなかから彼らの気持ちを察すること』を意識していた。あ
るPSWは、次のように一緒に雑談するなかで、人生を教えてもらったり、退
院に向けたきっかけをつかんだりしていた。

　　ほんとに世間話をしに、2週に1回くらいのペースで行っていて。そした
　　ら、本人結構お話してくれて、なんか好きなものとか、結構食べ物が好き
　　で。お菓子工場とか、とりあえず勤めていたところが食べ物関係だったん
　　ですよね。(A1)

　　面接だけじゃない道中のなかで、ちょっと話してはくれるんですよね。僕
　　あれが好きですとか。歩きながら、実はその方歌が好きなんですけど、そ
　　の歌の誰々知ってますとか言われると、そこから突破口になったり。(D1)

　病院では、専門職と患者の間に「援助する者−される者」という傾斜のある
力関係が存在する。そうした傾斜のある力関係のなかでは、援助される側であ
る患者が、援助する側である専門職に対してポロっと本音をこぼす機会は少な
い。
　外部から来たPSWは「楽しい話をしたときのほうがやっぱり人間って何か

素が出る」（A2）と考え、意図的に彼らと〔雑談する〕ようにしていた。雑談を大事にするPSWは、その意義を次のように語った。

> 結構雑談って一番大事だなと思ってて、そういう何かこっちから質問形式で聞いたりとかすることよりかは、そういう雑談とか一緒に散歩とかしたりとかするなかで、知る知識のほうが自分にとっては大事だなと思っているので、あんまり雑談をなくさないようにしようかなとは。「最近雑誌買ってないの」とか「ちょっと服の傾向変わったんじゃない」とか、そういう話とかもしたら、例えば「お金最近節約しようと思ってるから、雑誌買わないようにしてるんだ」とか、そうしたら彼女がその節約をしようとしてるんだなってことがわかったりとか、するのでそういうちょっとしたことで、知りたいなと思います。（A2）

このように〔雑談する〕ことは、PSWが自分の都合を横におき、一人の「人」としてかかわる意思を長期入院者に伝える行為であるとともに、相手の生活や思いを深く知る方法として機能していた。

④ 一緒に外出する

PSWは、〔雑談する〕なかで、彼らから希望が出れば〔一緒に外出する〕ようにしていた。退院を拒否する人の退院支援を始めたPSWは、業務としての地域移行支援を一旦横におき、〈具体的な退院支援〉をすることなく、次のように彼と一緒に回転寿司に行き、本人との時間を楽しんでいた。

> 30年入院していたので、回転寿司を知らなかったのですよね。回転寿司っていうものが世のなかにあるらしいってことを、テレビで見て知っていて。行ってみたいって話になって。とりあえず、回転寿司行きますかっていうので、月1回回転寿司に行くのが2年ぐらい。2年ぐらい、ずーっと回転寿司行ってるようなかかわりをしていた。（A1）

十勝のPSWは、「行ってみたい」（A1）という本人の希望にあわせて、スーパー、コンビニ、神社、焼き肉屋、ラーメン屋、回転寿司、衣料品店、家電量販店、カラオケ、お祭り、映画などに一緒に出かけていた。PSWは、行く場所を決めるという小さな自己決定を通して、本人の自己決定する力が育つように援助していた。また、PSWたちは、『長期入院者と買い物や食事をすることを通して、時間とともに楽しい気持ちも共有する』ように意識していた。

　　お互い競争しながら食べてて。私は別に競争意識なかったんですけど、私のほうが枚数が多くなると許せないらしくて。すごい1枚1枚ね、私もそうなってくると競争意識が出てきて、こっちもなんか多くなってきて、帰りのバスのなか、本当に吐くんじゃないかと思うぐらい。（A1）

　このようにPSWと長期入院者は、ともにその時や場や経験を楽しんでいた。加えて、「たまに買い物に行ったらおいしいものも食べれるし、なんでしょう、いろんな方とも普通に会話があったりとか、病院にいるよりも、なんか楽しそうだなっていう思いを、多分思い出してきたのかなって」（E1）というように、PSWは、彼らが自分で選択し、決定することの心地よさを取り戻せるように援助していた。

⑤　自分（PSW）の素を見せる
　PSWは、長期入院者と外出などを一緒に行う【つきあい】のなかで、本気で楽しみつつも、『少し意図的に自分の素の姿を長期入院者に見せる』ようにしていた。先述の回転寿司の方を担当したPSWは、自分の興奮している様子を、「それはちょっと意識的ですね」（A1）と、次のように相手に見せていた。

　　勝負して、私1回勝ったんですよね。そのこと、すっごい今でも興奮。何かすごい悔しがってて、俺あのときすごい体調悪かったんだって。腹の調子が悪くてとか。言い訳はみたいな感じだったんですけど。それぐらいから、この人回転寿司だけですけど、ガチできてるだなぁみたいな、負けてくれないんだなぁみたいな、もあったのかなぁと思いますね。（A1）

PSWが素の姿を見せたことにより、相手も「俺あのときすごい体調悪かったんだって。腹の調子が悪くて」（A1）というようにお互いに素を見せあえる関係性に変化した。

病院スタッフが、院内において、彼らに見せるのは、「専門職」や「労働者」としての姿である。長期入院者も、院内では、「患者」以外の姿を見せる必要もなければ、見せる環境もない。そのため、長期入院者もスタッフも、数十年にわたり、同じ空間にいるにもかかわらず、相手の一面しか知らない。

外部から来たPSWは、長期入院者に対して、少し意図的に〔自分の素を見せる〕ことで、自分が病院のなかにいる信用できない「専門職」とは違う存在であることを伝え、彼らに「人」としてかかわる意思を示していた。

⑥ 自分（PSW）を知ってもらう

「私は相手のことだけガンガン生育歴から聞いといて、自分のことは教えられませんっていうのは違うかなっていう感覚があって」（B1）というように一方的に情報収集することに対して違和感を覚えたPSWは、『相手のことを一方的に知るのではなく、相手に自分のことを知ってもらう』ことを意識していた。

院内において患者は、専門職や治療者から一方的に情報を聴取され、診断・評価の対象にされ、自分の意向を確認されることなく、治療や援助を提供されることが多い。患者側に拒否権はなく、拒否した場合には、行動制限などを受ける可能性すらある。こうした傾斜のある力関係では、援助される者である入院者が、援助する者の生活や考え方を知る機会は少ない。

外部から来たPSWは、「やっぱり向こうもこちらがどういう人なのかっていうのを見てる」（D1）ということを意識し、次のように〔自分を知ってもらう〕ようにしていた。

　　こっちのことも知ってもらわないと、きっといけないかなと思うので、知らない人に何か自分のこと喋りたくないからこっちもある程度、自己開示する。（A2）

さらにPSWは、お互いを知るための時間も大切にしていた。

　知らない人にはあまり自分のこと喋らないっていうのは誰もみんなそうなので、知ってもらう時間を大事に。(A2)

　援助者の自己開示は、お互いを知るために必要な技術である。しかし、援助者からの一方的な自己開示は、院内における一方的な治療や援助と同様に、相手の都合を無視した押しつけになる。こうした自己開示は、相手に対して自己開示することを強要する。そのため、PSWは、長期入院者にさりげなく〔自分（PSW）を知ってもらう〕ことができるように一緒に雑談したり外出したりすることにじっくり時間をかけていた。

　自己開示により長期入院者の思いを知ることができたPSWは、「退院への原動力」「本人のパワー」「人柄」という3つのストレングスに目が向くようになる。

⑦ 退院への原動力を探る

　PSWは、本人と時や場や経験をともにするなかで、『長期入院者の関心のあることについて聴き、彼らの退院への原動力を探る』ように努めていた。この退院への原動力は、ストレングスモデルにおける「関心と熱望」とほぼ一致していた。

　退院に向けた原動力は、人により異なっていた。「結婚して子どもが欲しい」(D1)、「（同じ病院に入院中の）彼女が彼を飛び越えて退院をすることになってしまって。本人焦って、こりゃ大変だと」(A1) というように恋愛や結婚願望の人もいれば、「家族を看取りたいからとか、近くにいないと家族看取れないから家族の近くに行きたい」(D1) と家族への思いが原動力の人もいた。「中卒なんですよね。だから学校行きたいって言って」(F) というように学歴への思いが原動力の人、体験宿泊したグループホームの朝食で出されたサンドイッチ、スープ、サラダのセットを気に入って、そこに「退院したい」というように食が原動力になる人、「退院したらテレビを買って、野球をしっかり最後まで見たいんだ」(D1) というように自由な生活が原動力となる人もいた。

第3章　長期入院精神障害者の退院支援における相談支援事業所PSWの「かかわり」のプロセス

その人の原動力になるものが何なのかっていうのは、常に探すようにしていますね。何でもいいんですね。本人なりなので。（D1）

その気持ちとか原動力を基準にして、そのために今こうしようかとか、こうしていきましょうかっていう手立てを考えていくっていうのがあるので。そうですね、そこはとても大事かなと思ってますね。（D1）

　上記のようにPSWは、彼らとともに過ごすなかで、彼らの〔退院への原動力を探る〕ようにしていた。そして、その原動力を中心に据えて援助を展開していた。

⑧ パワーを実感する
　PSWは、長期入院者とともに過ごすなかで、『長期入院者の能力や経験値に気づく』ようになり、彼らがもつ〔パワーを実感する〕ようになっていた。ここでいうパワーは、ストレングスモデルにおける「才能・技能」に近いものである。
　PSWは、本人との会話などから彼らの歩んできた人生を知り、その人生をイメージしていた。それにより、経験するなかで培われた彼らの力を感じていた。彼らは、精神障害を抱えながら働いたり、子育てをしたり、病院やグループホームなどで周囲に気を配りながら生活したりしてきた。こうした人生経験を通して身につけた彼らの気遣いや我慢強さなどを知ることで、PSWは「自分には知らない人生経験もしていて、そういう部分もやっぱり尊敬しなきゃいけない」（A2）と思うようになっていた。彼らに対する信頼感を高めたPSWは、「そこはみんな彼の力は疑うってことはあんまりなかったですね。できない前提ではあんまりスタートしてなかったと思います」（C）というように、彼らの経験や能力を信じた上でかかわるようになっていた。
　また長期入院者のなかには、生活上の課題をもつ人もいたが、PSWは、すぐに助け船を出すのではなく、彼らが自力で乗り越えるように、かたわらにいて見守っていた。

すごーく人との関係に疲れるっていうことが起こったときに、最初の頃は
そういうこともわかんなくて距離感もすごく近かったんですよね。で、そ
れが結局自分を疲れさせるっていうことがあったんだけれども、うまく
対処ができないっていうことがあって、それがやっぱりこう自分でも痛い
思いをしながら、辛い思いをしながら、周りの人にそういうときは、もう
ちょっと距離をとってもいいんだよとか、いろんなことはっきりやだって
言っていいんだよっていうことも、言われ続けて、それを自分でも実践し
ていくなかで、今は相談しなくても、ある程度自分で、距離はとれるよう
にはなってきてるっていうのはあると思います。(C)

⑨ 人柄のよさを知る
　PSWは、長期入院者と時と場と経験をともにするなかで、彼らの〔人柄の
よさを知る〕ようになる。人柄は、ストレングスモデルにおける「性質・性
格」に該当する。
　「かかわり」では、交互作用が生じる。PSWが、彼らに対して良い印象をも
てば、PSWの自己開示する部分が大きくなり、彼らも素を見せるPSWを信頼
して自己開示するようになると推察される。そのため、PSWが、彼らに対し
て良い印象をもつことが、交互作用を促進していく上で重要になる。

多分人として素直なんだろうなと思うんですけど。最初に会ったときか
ら、そうですね、凄い素直なタイプだと思いますね。(C)

すごい丁寧で真面目でしっかりした人なんです。(D2)

言い方は悪いですけど可愛がられている人。私たちも何ていうか可愛いと
いうか、気になる人。(B2)

　このようにPSWは、彼らとの【つきあい】を通して彼らの『人柄のよさに
気づくようになる』。この気づきが生じると、PSWは、彼らの人柄のよさを介
してつながった応援団（彼の退院に協力したいと思っている人）とつながるよう

第3章　長期入院精神障害者の退院支援における相談支援事業所PSWの「かかわり」のプロセス

になる。

⑩　本人を支える人的資源に気づく

　長期入院者のなかには、入院中に親が亡くなった、きょうだいも高齢化した
などの理由により実家に戻れなくなった人が多い。こうした状況をみた病院の
専門職のなかには、支えてくれる家族がおらず、退院先もないので、「彼らの
退院は難しい」と思い込む人がいる。

　しかし、十勝のPSWたちは、インフォーマルな資源に目を向けることによ
り、彼らのために動いてくれる人たちと出会っていた。人柄がいい人の周りに
は、「応援したい」と思う人たちが自然と集まる。家族を頼ることができなく
ても、下宿の管理人のようなインフォーマルな支援者や同じ障害を抱える仲間
たちに支えてもらい、彼らは地域生活を送っていた。

　　　例えば下宿の管理人さんとか。そういう人たちが、まあ本当に親代わりみ
　　　たいな感じで厳しいこととかも伝えてくれるんです。(C)

　　　あとは入居者で、たまたま同じ患者さんが多かったんですよ、同じ病院
　　　の。だから一緒に行ったりとかして、自然に解決した。(F)

　また、彼らの人柄の良さに惹かれた専門職たちも、自分の業務範囲を超え
て、彼らとかかわり、彼らの地域生活を支えていた。

　　　多分○○さん（利用者）だからみんながまたやるよって言うと集まったり、
　　　結構そこまでやってくれるんだってみんなちょっとずつ業務以上のこと
　　　を、かかわってくれてそれが良かったんだと思うんですよね。それがもう
　　　業務でここまでしかできませんを、みんな貫いたら多分穴になってできな
　　　いんですけど。(B2)

　このようにPSWが『長期入院者の有するフォーマル・インフォーマルな人
的資源に気づけるようになる』と彼らを支える人的資源の選択肢は拡がり、退

109

院が難しいと思われた人たちの退院も可能になる。PSWには、自らの視野を拡げて、〔本人を支える人的資源に気づく〕力が求められる。

⑪ 退院に関する希望を聴く

　長期入院者の退院への原動力に気づいたPSWは『長期入院者との会話を通して退院先の希望や退院後に送りたい生活などを知る』ようにしていた。

　彼らの退院に向けた希望のなかには、「和式トイレのところしか嫌」（A1）というような比較的実現しやすい希望だけではない。「実家に帰りたい」（D2）という実現が難しいものもある。

　　　なかなか自分では、本人迷ってすぐ決められずにいた方でした。何回かっていうか、本人に病院に会いに行って。最終的には、実家に帰る（と決断した）。（G1）

　　　ご本人が一貫してご希望されてのが、持ち家ですね、ご本人、実はずっとあって、今でもあるんですけれども、そこに帰りたいっていうのがずっと。（E1）

　　　退院するんであれば、実家に帰れるもんだと思ってたので、実家に帰れないんだったら退院したくない。（A2）

「実家に帰りたい」という思いをもつ人は多いが、実際には、親は亡くなってきょうだい家族が住んでいたり、きょうだいも住んでおらず空き家になっていたり、家族はいても関係性が悪かったりなどの理由から思い通りにならない人が多かった。しかし、そうした状況にあっても、PSWは、彼らの思いを尊重しようとしていた。あるPSWは、家族との関係が悪い人と話しあいを重ねながら、最終的には、「実家に帰りたい」という本人の自己決定を尊重した。

　　　何回か僕も会いに行って、本人は、1回は家に帰りたいっていうことで、帰ることにして、退院の準備も、一緒に実家に行ったりとか、実家のお姉

110

さんとも調整したりとかっていうこともして、1回帰ったんですね。（G1）

　PSWは、彼らの〔退院に関する希望を聴く〕なかで、彼らの思いを知る。その思いを知ったPSWは、〔一緒に外出する〕ことなどを通して培った彼らの自己決定する力を信じ、彼らが自分で考え選択したことを尊重する。そして、援助者として、自分がすべきことを考え、それに向けた心づもりをするようにしていた。

⑫　生活のしづらさを知る
　PSWは、長期入院者と〔一緒に外出する〕ことなどを通して、彼らの『生活上の困難などについて知り、彼らの思いに対する理解を深める』ようにしていた。
　退院意欲が高い人の支援では、本人の希望に沿って、早い段階からグループホームでの試験外泊やアパート探しなどの具体的な援助を行っていた。PSWは、彼らの希望や選択を尊重し、その思いに沿って動く。そのなかで、本人自身に生活のしづらさを実感してもらい、退院に向けてやることを検討するための下地づくりをしていた。

　　一緒に外出することによって結構アセスメントできるんですよね。ただやっぱり長期なので、バスに乗れないとか当たり前だし、ご飯の食べ方とかも病院のなかで食べてれば多少他の人と違ってもしょうがないし。（A1）

　　1万円札が切り替わった時期だったんでしょうかね、ホログラムっていうんですか、あれが本人ご存じなくて、偽札だって本人が言い出したりとか、それで、コンビニで買い物ができない。（E1）

　退院に向けた具体的な準備を進めることにより、本人自身が生活のしづらさを実感するようになっていた。PSWも、彼らの〔生活のしづらさを知る〕ことを通して、彼らと具体的に対応策を検討するようになっていた。このプロセスを経て、PSWは、彼らの退院に向けた〈不安に寄り添う〉ようになっていた。

⑬ 支援関係者との情報共有

　PSWは、退院に向けた具体的な準備を進めるなかで、『病院スタッフやピア
スタッフ、家族等の支援関係者と情報を共有することにより、長期入院者をよ
り深く知るようになる』のであった。

　PSWは、〔雑談する〕ことや〔一緒に外出する〕ことを通して、長期入院者
に対する理解を深めていくが、そのときに知ることができるのは、彼らの一面
に過ぎない。そもそも人には、他者のことをわかりきることできないという
限界がある。そのため、本人の了解を得た上で、〔他の支援関係者と情報共有〕
することにより、相手のことをより深くわかるようになっていた。

　　　銀行のATMでお金を下ろした経験がないとか、多分そういうようなこと
　　　をピアスタッフの方と経験しながら、多少やっぱりほんとに自信を取り戻
　　　すってほんとにリカバリーって言葉なんだろうなって思うんです。(E1)

　　　入院中の担当看護師さんとちょっとお話して、どのぐらい、こんな感じで
　　　いいですかねとか、いや、もうちょっと進んでいいよとかっていうこと
　　　で。こっちきつく言いますからあとフォローよろしくとか、そんな感じは
　　　してましたね。(F)

　一緒に外出したピアスタッフからの情報により本人が自信を取り戻してい
く様子を知ったり、専門職との情報共有したりしながら、チームとして退院
に向けた援助を展開していた。こうした〔支援関係者との情報共有〕により、
PSWは〔本人を支える人的資源に気づく〕ようになった。PSWと本人は、こ
うした人的資源を上手に活用して〈具体的な退院支援〉へ歩みを進めていた。

2)【パートナーとして認めあう関係】(第2段階)

　本人にとり、長期入院からの退院は、入院により失った自分らしい生活を取
り戻すことであるとともに、再発などのリスクを背負いながら生きていくこと
でもある。PSWは、リスクを背負いながら退院を目指す彼らの〔住まい探し
の手伝い〕や家財の購入などの〔地域生活への準備の手伝い〕を行い、〈具体

的な退院支援〉を展開していた。退院が近づくにつれ、彼らから悩みが語られたり外出の拒否という形で不安が表現されたりした。PSWは、こうした〔退院に向けた悩みに寄り添う〕とともに、専門職としての視点から彼らに〔本音を伝える〕ようにしていた。PSWは、本音を伝えた上で〔一緒に考える〕ことを大切にしていた。退院後に起こりうる事態に対して、無報酬であったり負担が大きかったりしてもかかわり続ける覚悟をしていた。このように〔腹をくくる〕ようになったPSWは、「退院することがあったら奇跡だな」（A1）と思っていても、〔退院を諦めない〕で援助を続けていた。

　〔退院を諦めない〕ようになったPSWは、本人たちの自己決定を支援するというミッションを自覚し、彼らとかかわり続ける覚悟を決めていた。彼らの多くは、退院を待ちわびていたにもかかわらず、援助をしてもらえなかった経験を積み重ねていた。そのため、援助してもらえないことへの不安を口にしていた。PSWは、退院後も〔つながり続けると伝える〕ことで、彼らの不安を受け止めていた。つながり続ける〈覚悟を伝える〉ことで、不安や悩みを抱えながら退院を目指す彼らの背中を押していた。

　退院直後は、久々の地域生活で困ったり悩んだりすることも多い。そうしたときに〈支援を続ける〉と約束したPSWは、彼らの〔様子を見に行く〕ようにしていた。本人の力を信じて〔見守る〕こともあるし、必要に応じて〔直接支援を行う〕こともあった。本人の希望があれば、通所施設やホームヘルプサービスなどの〔サービス調整する〕こともあった。臨機応変に使えるものは使い、不要なものは取り除きながら、彼らが望む生活の実現に向けて〈支援を続ける〉ようにしていた。

　このように第2段階では、「退院」という共通の関心事（目標）に向けて、援助する者であるPSWと援助される者である長期入院者が、お互いに【パートナーとして認めあう関係】を築いていた。この関係では、「援助する者－される者」としての関係性が強調されるが、その背後には、【つきあい】があり、その【つきあい】によって築かれた信頼関係が課題を乗り越える際の下支えとなっていた。また、PSWが【つながり】続ける覚悟を本人たちに伝えたことで、本人たちも退院への覚悟を決め、覚悟を決めた者同士としての関係性を形成していた。

① 住まい探しの手伝い

　長期入院者の退院する気持ちが固まると、退院に向けた〈具体的な退院支援〉として〔住まい探しの手伝い〕や〔地域生活への準備の手伝い〕を始めていた。

　〔住まい探しの手伝い〕では、「どんなところに住もうかということとかを確認しながらですね」（A1）、「どういう条件だったらいいですかみたいな」（D1）というように本人に住まいの希望を確認していた。本人の希望に合わせて、アパートの内見やグループホームの見学などを一緒に行っていた。

　　結局どういうところ住みたいってご本人が言うので、3か所ぐらい見に行ったんです。（B1）

　　じゃあ家を何か所か見ていきましょうかみたいな。（E2）

　内見や見学などを通して「和式トイレじゃないと嫌だって言った人もいるし。目の前に大きい道路があるから嫌だとか。本人なりの多分基準があるので。でも気に入る基準も結構別々で、何か壁が白いから明るいからいいっていう人もいるし。なので見てみないとわからないかなっていうことがすごいいっぱいあるなと思う」（A2）というように、本人たちは、地域生活を具体的にイメージし、住まいの条件を挙げるようになっていった。

　見学後には、地域生活を想定して試験外泊を行うことも多かった。「グループホームを見て決めてお試しをして、何回かお泊りしてすぐ退院っていう方でした」（B1）というようにグループホーム入居を前提に試験外泊をした人、「ただやっぱり家に帰ったときに、最近具体的には洗濯してないなとか、食事どうしようかなとかっていうことも、（中略）そういう発想になりづらかったのが、いろいろ経験していくなかで、よくよく考えてみたら家で一人暮らしするときもいろんなこと困りそうだよね」（E1）と自宅へ外泊し、その結果グループホームを目指す人もいた。「本人は、1回は家に帰りたいっていうことで、帰ることにして、退院の準備も、いっしょに実家に行ったりとか、実家のお姉さんとも調整したりとかっていうこともして、1回帰ったんですね」（G1）とい

うように自宅に外泊してから退院する人もいた。このようにPSWは、彼らが内見や試験外泊などを通して悩み、考え、決めたことを尊重していた。

　　家を決める大事なところだと思うので、信頼というか、この人に話したら、話せると思った人じゃないと話さない思うんですよね。多分、それがわからないままに本人の家を決めてしまって、かかわりなく、どこ行くか決めてしまったら、本人もそれを言える人だったらいいんですけど、言えない人だったら、ちょっと、もやもやを抱えたまま退院するのってすごい不幸じゃないかなって思うので、その辺が誰か言える人がいればいいんじゃないかなとは思います。(A1)

　十勝のPSWは、居住資源の情報を提供するだけではなく、彼らと信頼関係を深めながら『長期入院者と一緒に退院後の住まい探しを行う』ことを大切にし、最終的には、彼らの自己決定を尊重していた。

② 地域生活への準備の手伝い
　PSWは「お薬カレンダーでちゃんと自分で管理するとか、金銭管理少しやってみるとか、単独で外出するとかっていったようなことを相談しながら、進めていったように思います」(G2)、「バスも何とか覚えてもらいたくて、だんだん後ろを歩くようにしてバス停覚えましたかってやったりもしたんですけど」(B2) というように住まい探しと並行して『長期入院者と一緒に退院後の地域生活に向けた具体的な準備を行う』ようにしていた。

　　一緒に家具とかも選びに行ったりとかしたんでね。じゃあこれは、カーテンはどうしようとかね。そういう将来に向けたワクワク感みたいな、楽しみみたいなのを、きっともてたのかなっていうふうな感じはするんですよ。(G1)

　　手続きに一緒に行ったりとかはしてましたね。この人手続きが、とても不安が強い人でしたね。書類が来たんだけどとか。(B1)

このようにPSWは、住まいが決まると、トレーニング的な援助だけでなく、一緒にワクワクしながら地域生活に必要なものを買いに行ったり、障害福祉サービスの利用申請などを行ったりしながら地域生活に向けて具体的な準備を進めていた。

　PSWは〔地域生活の準備の手伝い〕をしながら、時や場や経験をともにするとともに、彼らが小さな自己決定（家具やカーテンを選ぶ）を積み重ねて、自分で考え選ぶことの心地よさを実感できるように援助していた。

③ 退院に向けた悩みに寄り添う

　住まい探しなど〈具体的な退院支援〉が進んでいくと、『退院が具体的になることによって生じた長期入院者の悩みや揺れに寄り添う』ことが必要になってくる。

　彼らのなかには、院内ではできることが、地域ではできなくなる人がいる。環境変化の影響を受けやすい人もおり、望んでいない長期入院でも、「いざ出るとなると、しばらくはその人にとっての家というかが病院だったんですね」（D1）というように不安を示すこともあった。

　　大体3回ぐらい確かキャンセルがあったと思いますね。「やっぱり今日ちょっと乗らないからやめるわ」とか「ちょっと曇りだからやめるわ」とか。やっぱりやめようかなって、退院自体やめようかなとかってやっぱり気持ちがすごい揺れ動いたんだと思うんですよね。結構、具体的な話になってくればくるほど不安がすごいあって。（E1）

　このように退院に不安を示す人も多い。「当時を振り返って、退院した後に聞いたことあるんですけど、そのときは、なんかそろそろかなと思ってちょっとドキドキして調子崩したんだっていうことは言ってましたね」（E1）と語った人もいた。こうした漠然とした不安に加え、地域生活への具体的な心配に対しても耳を傾ける必要がある。

　　あとやっぱり不安なのは病院までの通い（距離）がやっぱりすごく遠い

んですよね、ご自宅があるところが。そこは多分本人のなかで具体的に
ちょっと遠いなみたいな話も確かしてた記憶もあります。(E2)

やっぱりグループホームに、どんな人がいるかっていうとこは凄く気にし
てたように思いますね。(G3)

　こうした不安や心配を感じ取ったPSWは、その思いに共感するとともに、
彼らのかたわらにいて〔退院に向けた悩みに寄り添う〕ことを大切にしていた。

そこに自分の人生があって、周りに人がいてっていうふうになるまでには
やっぱり相当時間がかかるんだなっていうことを感じましたね。(D1)

やっぱり普通に考えてみたら40年同じところにいていきなり外に出ろっ
て言われても無理だなっていうのとか、30年同じところに、例えばここ
に住んでていきなりハワイ行きなさいって言われても、えーって思うのは
当たり前だよなって。でも、それぐらいの感覚なんじゃないかなと思っ
て。(A2)

　しかし、こうした共感はPSWが感じ取ったものに過ぎない。彼らが本当に
そのように思ったり感じたりしているのか、本人に直接確認をとる必要があ
る。そこでPSWは、彼らに自分の〔本音を伝える〕ことで、思いのすりあわ
せを行っていた。

④ 本音を伝える
　PSWは、長期入院者の悩みや揺れに寄り添うとともに、【つきあい】を通し
て築いた信頼関係を基盤に、専門職の視点から〔本音を伝える〕ようにしてい
た。
　PSWは、「『私は、こう思うよ』って言うのはありますね」(D1)、「僕は、こ
う思うけど、どうだいっていうことは必ず本人にも確認します」(E1) という
ように素直に自分の考えを伝えていた。

時に本人の思いと相容れないこともある。例えば、G氏は、本人の希望に沿う形で実家に退院したものの、家族との関係がうまくいかず再入院した人に対して、「実家は厳しいかもねっていう話は何回かしたような、じゃあこれからどうするっていうお話をした」（G1）というように自らの考えを本人に伝えていた。他のPSWも、本人に本音を伝えた上で、ともに考える姿勢を示していた。

　　　退院大丈夫できるからねって。でもそのためには、そうだ一回話したのは、そのためには、まずはちゃんと生活、下宿戻っても生活ができるようにならなきゃダメだっていう話をしていて、お薬を自分でちゃんと飲めることだとか、ご飯をきちんと食べれることだとか、夜しっかり寝れることだとか。そういうのがないと、帰ってきてもまた入院でしんどくなるよっていう話をしたことはあるかなと思う。（C）

　PSWは、退院に向けた歩みのなかで、彼らを信頼して「（本音を）伝えられるようには多分なってるんだろうな」（E2）と思うようになり、その結果、『自分の思いや考えを素直に長期入院者に伝える』ようになっていた。

⑤　一緒に考える
　PSWは、長期入院者の悩みや揺れに寄り添い、彼らを信頼し、自らの本音を伝え、『退院に向けてやるべきことを長期入院者とともに検討する』ようになっていた。
　退院に向けて、PSWがすべてお膳立てをすることはしない。十勝のPSWは、時間や手間がかかっても、「そのために今こうしようかとか、こうしていきましょうかっていう手立てを考えていく」（D1）、「じゃあこれからどうするっていうお話をしたと思います」（G1）というように、彼らと〔一緒に考える〕ことを大切にしていた。

　　　退院のその前には会議開いて、支援体制の確認というか、みんなこういう感じで退院の後を応援するよっていうことを本人にも伝えて、退院ってい

う形になりました。（A2）

　PSWは、本人抜きで関係者会議を開いて方針を決めるようなことはせず、本人が入ったケア会議で、本人とともに退院後の支援体制を確認していた。PSWは、彼らの自己決定する力を信じているがゆえに、一方的に援助の枠組みを決めるのではなく、本人とともに住まいや援助のあり方を決めていた。

⑥ 腹をくくる
　長期入院者と〈共に悩む〉PSWは、一緒に悩み考えるなかで明らかになった『長期入院者の思いを受け止め、退院後もつながり続けることを決心する』ようになった。
　退院後は、楽しく希望に満ち溢れた生活だけが待っている訳ではない。退院前から再入院のリスクが想定されることもあった。G氏は、家族関係に問題があるにもかかわらず実家への退院を希望する人の退院支援において、「本人の希望、願いを叶えたいっていう思い」（G1）で、病院から90km離れた実家に片道2時間以上かけて訪問し続ける覚悟を決めていた。このPSWに限らず、十勝のPSWたちは、退院後に起こりうる事態に対して、報酬が発生しなかったり負担が大きかったりしてもつながり続けると〔腹をくくる〕ようになっていた。

　　本人の安心にもつながるかなぁと思うので、つながるようにはしてます。（A1）

　　見捨てはしないです。見捨てはしない。（C）

　こうしたPSWの覚悟が、不安を抱えつつ退院へと向かう彼らを、何らかの形で支えることになる。

⑦ 退院を諦めない
　退院後もつながり続けると〔腹をくくる〕ようになったPSWは、『長期入院

者の思いを大切にして、たとえ困難があっても退院を絶対に諦めない』と思う
ようになっていた。

　A氏は、「退院することがあったら奇跡だな」（A1）と思っていた長期入院者
が退院した経験を通して、〔退院を諦めない〕で、退院支援し続けることの意
味を実感していた。他のPSWも、退院が難しいと思った方が退院したことを
契機に、長期入院者の退院を諦めないと決心するようになっていた。

　　　この方たちを死亡退院させないためには、やっぱりそこ（退院を諦めない
　　　こと）が一番重要かなと思う。（A1）

　こうした決意をしたPSWは、「1回ダメだった（再入院した）としても諦め
ない」（B1）ようになり、再入院しても、また退院すればいいと考えるように
なった。こうしたPSWの捉え方は、「同じ高齢者下宿がたまたま空いていて、
そこの方たちもその方だったらまた一緒にやりたいって言っていただけて」
（B1）、「病院からは、よくなると先生も『もう1回やったらいい』っていうチャ
レンジ精神じゃないですけど」（B1）と考える他の援助者との交互作用により、
さらに強化されていく。

　捉え方が変化したPSWは、資源不足や本人の生活能力などを理由にして退
院を諦めることはしない。「（退院できない人は）いないんじゃないですかね」
（A1）と考えるようになり、「少しでも1パーセント、2パーセント可能性ある
退院、そこは何とかそこから突破口は何かきっかけを開いて、退院できる人は
退院して欲しいなというとこはある」（G2）というように、退院の可能性を探
るようになっていた。

⑧ つながり続けると伝える

　退院後も【つながり】続けると腹をくくり、退院を諦めなくなったPSWは、
『退院に不安を抱える長期入院者に、退院支援後もつながり続けると伝える』
ようにしていた。

　長期入院者の多くは、退院を待ちわびていたにもかかわらず、専門職から退
院支援をしてもらえず、病棟に放置され続けた経験を積み重ねていた。長い人

120

では、数十年にわたって専門職から見捨てられ続けられたため、「退院を意識するようになってから、たいていみんな聞いてくるんですよね。退院後にどうせ一人なんでしょとか」（A1）と不安を口にした者もいた。こうした彼らの専門職に対する不信と地域生活への不安に対して、十勝のPSWは、以下のように伝えて、その不安を解消するように努めていた。

　　退院した後もこういうことしようねとか。これはやってこうねとか。（A1）

　　私多分いるから大丈夫だよみたいな。（A1）

　このようにPSWは、退院後に一緒に行うことやかたわらに居続けることを伝え、つながり続ける覚悟を彼らに示していた。なかには、「昔は、保証人いなくて、部屋借りられないんだって言う人の保証人もやったことありますし、もちろん自宅の電話番号も教えたこともありますし、教えてる方もいますし」（G1）と、個人的にも〔つながり続けると伝える〕ことで、彼らの退院への不安を受け止めていた。

　退院後の生活に不安を感じる長期入院者が退院を決意するためには、退院後に起こりうる自分の手に余る事態に対して、PSWに援助を託すことができると信じられることが必要である。そのため、PSWは退院後もつながり続ける〈覚悟を伝える〉ことで、不安を抱える彼らが、最後の一歩踏み出せるように後押ししていた。

⑨ 様子を見に行く

　長期入院から退院した直後は、久しぶりの地域生活で困ったり悩んだり戸惑ったりすることが少なくない。そうしたときに〈支援を続ける〉と約束したPSWは、『退院後に自宅を訪問して本人の様子を知る』ように努めていた。

　　退院してすぐは、結構緊急対応が多かったりするんですよね。なんかよくわかんないけど歩けなくなった、薬を飲みすぎただのっていうときに行くようにしていて。（A1）

やっぱり自宅に訪問すると、お姉さんとの関係悪いんです。(G1)

　本人の〔様子を見に行く〕と、服薬や人間関係などの問題が生じていたこともあった。PSWは、不安や心配などに耳を傾ける一方で、彼らが地域生活に馴染みつつあることを実感し、病院では見ることができなかった彼らの一面に触れていた。

病室ではない、本人なりの色が出ているお家に行くと、そういう物を置いてあるんだとか。(D1)

ほんとにお墓参りとか、新しいそういう、本来だったらやりたかったであろうそういう日常が味わえてるので、すごい喜んでたりとか。(B2)

　退院直後は、頻回に訪問するが、本人の希望や様子に合わせて、徐々に訪問頻度は低くなっていく。「2週に1回になって、他の仕事もあったりとかで月1になるって言って、本人はそれをすごい何かすごい最初は『えー』みたいな感じで言うんですけど、でも逆に何か、したらしたでうまくそれで馴染んでるというか」(A1)というように徐々に訪問間隔を長くしていた。しかし、全く訪問しなくなることはなく、「こっちもだから適当に顔覗いて、最近遅いねとか来なかったねとか言われたこともあるけど」(F)という感じでつながり続けていた。

⑩　見守る
　退院後も訪問を続けるPSWは、長期入院者の力を信じ、すぐに介入をするのではなく、『本人の選択をかたわらにいて見守る』ようにしていた。彼らにとって地域生活とは、入院中に経験できなかった様々な出来事に直面することでもあった。

本人は、今はもう働きたいっていうことで、頑張ってるんですね。だけども、時々ふらふらとやっぱり働くのは無理だとかねっていうことで、僕は

第3章　長期入院精神障害者の退院支援における相談支援事業所PSWの「かかわり」のプロセス

否定も肯定もしない。(G1)

　PSWは、彼らの思いに耳を傾け、彼らが自己決定できるように〔見守る〕ことを大切にしていた。もし「失敗して、みんな（他の支援者）に（きつく）言われたとしても、見捨てはしないです」(C) と、彼らのかたわらにいて〔見守る〕ようにしていた。本人の様子を見て、介入したいときもある。しかし、「例えば入院のタイミングをこっちが決めるとか、これできないから、このサービスを入れるとか、その辺のところが、こっちが決めることじゃなくて彼女が決めることをサポートするっていうのは忘れないようにしないと」(A2)と考え、かたわらで〔見守る〕ことに徹していた。

⑪ 直接支援を行う
　PSWは、彼らの生き方を〔見守る〕だけでなく、必要に応じて『本人の相談に乗ったり地域生活の手伝いをしたりする』こともあった。相談内容は、お金のやりくり、恋愛問題、人間関係などと幅広いものであった。これらの相談は、地域で生活したからこそ経験できる苦労でもあった。

　　その日常的なお金のやりくりのところですね、仕分けの部分は一番最初こちらのほうで、あの、ご本人と家賃がいくらで、その他にどれにいくらという最低限かかる生活費の振り分けを一緒に計算したり。(C)

　　どうも旦那さんがいるんだか彼氏がいるんだかで、ダメじゃんそんなのとかって。やっぱダメだよねって。(C)

　　（母親の）主治医の先生から電話が来ちゃって、非常にパニックになって困った彼は、電話してきてくれたんですよね。で、どうしようどうしようって言うから、今行くからちょっと待ってなって言って、まあ行って。彼と一緒に、その病院に行って、もうお母さん亡くなっていて。(C)

　長期入院者のなかには、入院していた間に、家族や友人との関係が乏しくな

り、近しい関係にある人からの援助を受けられなくなった人も多い。そのような状況にいる彼らにとり、つながり続けると伝えてくれたPSWの存在は大きい。PSWは、家族や友人が行う援助の替わりや補完として彼らのかたわらに居続ける。そして、彼らから自分ではできないことを頼まれれば、〔直接支援を行う〕ようにしていた。

⑫ サービス調整する

　PSWは、本人の希望があれば、『本人と相談して必要なサービスの調整を行う』ようにしていた。十勝の援助者たちは、デイケアや訪問看護、グループホームなどのフォーマルサービスの利用を、退院の条件にはしなかった。退院前に、本人が望む必要最低限のフォーマルサービスだけ調整しておき、地域生活を送るなかで、本人から相談があった段階で、改めて〔サービス調整する〕ようにしていた。

　　そこはちゃんとかかわりをもちながら、援護寮も落ち着いたら、日中活動
　　どうしたんだったかな、デイケア使ったんだったかな。とりあえず住むと
　　ころは、じゃあ、そこ終わった後は、援護寮の後どうするっていうことも
　　相談しながらやっていって。(G1)

　　やっぱり下宿のなか、退屈だし、おしゃべりする人もいないしみたいなこ
　　とで。じゃあ生活介護も1日増やせるかどうか聞いてみるかいっていうこ
　　とで。(G3)

　長期入院者の退院支援では、援助者の不安から本人の生活をフォーマルサービスで雁字搦めにしてしまうことがある。こうした傾向をもつ援助者は、長期入院者とのつきあいが不十分で、彼らの欠陥にしか目が向かない。そのため、その課題への対応としてフォーマルサービスが必要という考えに行きつく。その結果、グループホームなどの受け皿が乏しいから退院支援ができないという諦めの心境に至る。「受け皿条件が整わない」というフレーズは、援助者が退院支援をしないことの免罪符として機能してきた。

第3章　長期入院精神障害者の退院支援における相談支援事業所PSWの「かかわり」のプロセス

　一方、十勝のPSWは、【つきあい】を通して彼らの力を信用しているとともに、退院後もつながり続けると覚悟していたため、本人が困ったら介入すればいいと考えていた。そのため予期不安に煽られ、余計なフォーマルサービスを導入することもなかった。十勝のPSWは、資源がないと嘆くのではなく、目の前にいる本人たちの思いを実現するために、臨機応変に使えるものは活用して、不要なものは取り除きながら〈支援を続ける〉ようにしていた。

3）【つながり続ける「かかわり」】（第3段階）

　地域生活に慣れた彼らに対し、PSWが〔大丈夫という信頼感〕を抱くようになると、業務としての退院支援は終了する。下宿やアパートに退院し、障害福祉サービスを利用しない場合は、計画相談支援の必要もなく、この時点で「援助する者－される者」としての関係性は成立しなくなる。しかし、十勝のPSWは、契約終了とともに関係を切るようなことはしない。「僕はやっぱり一度出会った方、関係性というか、支援をされた方については、じゃあこれで終わりねっていう明確なことはあんまり言わない」（G1）というように彼らの人生にかかわった者として、彼らと〔つながり続ける〕ようにしていた。

　業務ではないため、会う頻度は少なくなるが、時々お互いに顔を見せたり見せられたり、あるいは電話をしたりして〔つながり続ける〕ようになっていた。両者は、お互いの存在を気にかけながら生活し、「ほんと最近は年に何回かなんで、ああしばらくみたいな感じなんでしょうけど、多分忘れられてはいないんだろうなと思ってます」（E1）という〔つながっている感覚〕をもち、【つながり】を保ち続けていた。

　この「援助する者－される者」ではない関係性では、再び「人」としてのPSWが前景に表れてくる。しかし、彼らに生活上の困難や病状の悪化などの危機が訪れれば、PSWは〔つながっている感覚〕をつたい、再び援助を始めていた。彼らが再入院すれば、「変な話そんなに密で会わなくても、なんかわかる」（B1）という関係性を基盤に、再び退院に向けて協働するようになっていた。この協働のプロセスを繰り返すなかで、両者の関係性は、より深く濃くお互いを支える力へ深化していった。

125

① 大丈夫という信頼感

　地域定着支援には、1年という利用期限がある。必要に応じて延長することは可能であるが、援助の必要性がなくなれば、地域定着支援を使っての援助はできなくなる。また、計画相談支援が必要だとしても、地域移行支援の担当者が継続するとは限らない。本人たちが地域生活に慣れ、PSWも彼らに対して〔大丈夫という信頼感〕をもつようになると業務としての援助は終了していた。

　　　SOS出すときはちゃんと電話来るし。もし本人SOS出せなかったら下宿の方から多分電話来るしっていうので……。（A2）

　　　自分の部屋なので、このクッション買ってみたとか、服薬カレンダーも入れること自体が面倒くさいからもう入れないとか、それでも自分でちゃんと飲めてたりとか。（A2）

　本人たちができないことについては相談し、できることは自分で対処するようになると、PSWは『長期入院経験者を信頼して支援がなくても大丈夫と思うようになる』。ここで契約に基づく援助は終結になる。この終結は、PSWが一方的に決めるのではなく、「ちょっと提案してみたら彼女のほうはそこまで大丈夫そうだなと思ったので、引いてみてっていう形ですね」（A2）というように、本人とのやりとりのなかで決めていた。そして、契約終了後は、両者は、「人と人」のようにみえる関係性で【つながり】続けていた。

② つながり続ける

　下宿やアパートなどに退院し、障害福祉サービスを利用しない場合は、計画相談支援の必要がなく、この時点で「援助する者−される者」という関係性は成り立たなくなる。しかし、PSWは、契約終了とともに関係を切るようなことはしなかった。契約に基づく援助ではないので、頻繁に会う訳ではないが、彼らと〔つながり続ける〕ようにしていた。

　　　今でも年に何回かは季節の変わり目ごとにお訪ねするっていうような関係

は今でも続いています。(E1)

> あんまりしょっちゅう行っても、そんなに状況変わんないし。時々、ほんとに2か月とか3か月にいっぺん顔を見に行ってみたり。そこでの本人との話で、じゃあ来月来るわとか、まあじゃあまたしばらくしたら来るわとか。そんな緩い感じで。(C)

　また、「あそこのグループホームに彼以外に何人か担当してる人がいるんで、行ったときにはちょっとこう顔を出したりとかっていうことはしています」(G2)というように、近くに行ったときに顔を見に行っていた。また、スーパーマーケットなどで市民同士として顔を合わせることもあった。

　既に援助契約は終結しているため、両者の関係性は「援助する者－される者」ではない。PSWは、「たまにそういうくだらない話ができる相手って大事じゃないかなと思います」(A1)というように「援助者」ではなく、「人」として彼らと【つながり】続けていた。そして、「僕はやっぱり一度出会った方、関係性というか、支援をした方については、じゃあこれで終わりねっていう明確なことはあんまり言わない」(G1)、「終了は終了であるのかもわかんないですけども、そこはあんまり仮というか、気にしないというか」(G1)というように、彼らの人生にかかわった者として、『援助契約が終結した後もつながり続ける』ことを大切にしていた。

③ つながっている感覚

　PSWは、「かかわり」のプロセスをともにするなかで、長期入院経験者と『援助契約の終結後も精神的なつながりを感じ続けるようになる』。退院支援をしていたときと比べると、彼らと直接会う機会は少なくなり、日々の生活のなかで彼らを思い出すことも少なくなっていた。しかし、PSWは、密に会わなくなくても彼らと〔つながっている感覚〕をもち続けていた。

> ほんと最近は年に何回かなんで、ああしばらくみたいな感じなんでしょうけど、多分忘れられてはいないんだろうなと思ってます。(E1)

時々電話かかってきて、また出ると、ああ、あの人はあのときのあの人ね みたいなことで、また思い出すことっていうのはあるんで。このサービス 終わったから、じゃあ終了ねみたいなこと、流れ作業的なものではないと いうことだと思いますね。関係性というのはきっと細くても、きっとつな がってんじゃないかなっていうふうな思いはきっとありますね。(G1)

　久々に会ったとき、「行ったら『来たの』ってなるんで。『来たよ』ってなり ますね」(E1)、「ああ来たのっていう感じで、入れてはくれるんで。来なくて いいよとは言われたことはないです」(E2) と彼らもPSWのことを迎え入れて いた。そして、「いや昔こうでしたよねとか。音楽でいうとこれ好きだったよ ねとか」(B1) というように昔話に花を咲かすこともあった。

　両者の間には、「何か本人とワーカーが何か一緒にこう乗り越えて、連帯感 じゃないけども、じゃあまたここから頑張っていこうね、みたいなところっ ていう気持ちはきっとね、芽生えるんだろうと思います」(G2) という関係性 があり、それは「多分何年途切れてもそこの信頼関係って揺るがないかなと思 う」(A1) ものであった。PSWは「きっと全くもって無関係な感じではない」 (A2) というように、彼らと〔つながっている感覚〕をもち続け、その【つな がり】を保ち続けていた。

　この関係では、再びPSWの「人」としての面が前景に出てくる。しかし、 長期入院経験者に生活上の困難や病状の悪化などの危機が訪れれば、PSWは、 その〔つながっている感覚〕をつたい、再び援助者としての面を前面に出し、 援助を再開していた。彼らが再入院して退院支援が始まると、PSWは、しば らく会っていなくても、「変な話そんなに密で会わなくても、なんかわかる」 (B1) という関係性を基盤に、再び退院に向けて協働するようになっていた。 この協働のプロセスを繰り返すなかで、両者の関係性は、より深く濃くお互い を支える力へ深化していった。

第3節　まとめ

1．本調査のオリジナリティ

　本調査で明らかにした長期入院者の退院支援におけるPSWの「かかわり」のプロセスは、PSWが退院支援という自分の都合（業務）を横におき、〔一緒に外出する〕など「ごく普通のつきあい」（谷中・早川1983; 谷中1995）から始める。こうした【つきあい】を通して「人」として信用してもらえるようになると、退院という共通の関心事（目標）に向けて協働するようになる。退院という目標が達成され、共通の関心事がなくなり、「援助する者－される者」の関係性がなくなった後も「人と人」として【つながり】続けるという流れであった。

　この結果は、これまで実践知として語られることが多かったPSWの「かかわり」のプロセスを実証的に示したと考える。以下、その意義について述べる。

　第一に、「かかわり」は、常に同じ関係性が継続されている訳ではないことを示すことができた。第1段階では、長期入院者は、援助者を信じきれない状態にある。この状況でPSWは「退院」という共通の関心事に基づいた援助関係を築けないため、自分の言動が相手のゲシュタルトにどう位置づけられているかを知ること（坪上1998: 283）が必要である。そのため、PSWは、退院支援という自らの都合を横におき、〔一緒に外出する〕などのごく普通のつきあいから始め、「人」としての面を開示して「人」として信用してもらい、彼らの本音を聴かせてもらっていた。第2段階に入ると、「退院」が共通の関心事となるため、「援助者」であるPSWは、その課題解決に向けたパートナーとして彼らと協働していた。この関係性を形成するためには、PSWが彼らに対してつながり続ける〈覚悟を伝える〉ことが重要であった。それにより本人たちも覚悟を決め、退院への最後の一歩を踏み出していた。第3段階では、「退院」という課題がなくなるため「援助する者－される者」の関係性は成立しない。そのためPSWは、「援助者」としての面を後ろに下げ、彼らと「人と人」として〔つながり続ける〕ようにしていた。しかし、彼らに危機が訪れれば、両者

は再び「援助する者－される者」の関係性に戻っていた。このようにPSWは、場面ごとに自らの「人」としての面と「援助者」として面を入れ替えながら関係を積み重ねていくことを「かかわり」と捉えていると考えられた。この結果は、「かかわり」は、「同じ一人のクライエントでも、援助の時期によって適切な関わり方は変化することが多い」（尾崎1997: 48）という尾崎の指摘を実証的に示したと考える。

　第二に、「かかわり」における【つきあい】とは、PSWが、専門職主導の支援を手放すことを相手に示す行為であると考えた。PSWは、長期入院者のゲシュタルトに位置づけられている援助者としての側面を一旦横におく。そして、〔一緒に外出する〕などの【つきあい】のなかで、自己開示を行い、彼らから知ることを許され、退院への原動力や退院への希望といった「相手の生活にとって不可欠必須なものを感得する」（坪上1988: 191–2）ようになっていた。経験などをともにする【つきあい】が、本人の意向やペースを尊重した退院支援を可能にしていた。PSWがクライエントを変えるのではなく、PSWが先に変わることにより、クライエントも変わり、両者の関係性が変化していく（坪上1998: 152–4）という坪上の援助関係論の一部を、このプロセスにより表現できたと考える。

　第三に、【つながり】の実践上の意味を示すことができたと考える。稲沢は、援助関係が成立しない援助の限界点において逃げ出せる者である援助者が逃げ出さずにクライエントと無力さを共有することの意味を「人は人のかたわらにいて、あるいは、かたわらにいるだけだからこそ、人を支えることができることもある」（稲沢2002: 194）と述べた。長期入院者は、国策のミスや民間病院の経営という他者の都合により、大切な人との関係や時間、経験するはずであった機会などを奪い取られてきた。この不幸な現実は、退院したとしても変えることはできない。この不条理な現実におかれた彼らを前にして、PSWが逃げ出さず、ともにその現実に向きあうことで、彼らを支えていたと考える。「ある程度年齢重ねてきて、また出会うことって時々あるんですよ。だからそういう意味で、僕はやっぱりその関係性は大事にしたいと思ってて。今も、忘れた頃に電話かかってくる方がいるとか、それはきっとあると思うんでね。終了は終了であるのかもわかんないですけども、そこはあんまり仮というか、気

にしないというか」(G1) というPSWの語りからも、細いかもしれないが、濃く強い【つながり】が、何らかの形で彼らを支えていたことが示唆された。

　第四に長期入院者の退院支援における「かかわり」とは、選択する機会を奪われ続けた彼らに小さな自己決定を積み重ねる機会を保障するプロセスであると考えた。まずPSWは〔退院意欲の確認〕を行う段階で、援助者の都合を横におき、本人の意向に沿って援助を始めていた。〔一緒に外出する〕際には、彼ら自身に外出先を決めてもらうとともに、そこでの楽しい時間を共有することで、自分の生活を自分でコントロールする心地よさを感じてもらえるようにしていた。〈具体的な退院支援〉の場面でも、自分で住まいや家具などを探して選ぶという小さな自己決定を積み重ねていた。退院後の支援体制についても、本人を入れたケア会議のなかで、本人に選択してもらうことを意識していた。そして、その選択により何か起きたとしても「見捨てはしない」(C) という〈覚悟を伝える〉ことで、彼らが不安を抱えながらも退院への一歩を踏み出せるように後押ししていた。退院後に生活上の困難が生じた際にも、すぐに介入してサービスを導入するのではなく、本人が声を上げるまで、かたわらで〔見守る〕。本人が自分で考え、選択してから〔サービスを調整する〕ようにしていた。このようにPSWは、本人が小さな自己決定を積み重ねていくことを見守りながら「かかわり」続けていた。この結果は「かかわりのなかで相互に成長しながら自己決定というものを育てていく」(柏木2010: 56) という柏木の「かかわり」論の一部を実証的に示すことができたと考える。

　十勝のPSWたちは、全国的に稀有な実績を有しているが、特別な援助スキルを習得している訳ではない。「援助者」であり「人」であるPSWが、所属機関の理解の下、自由裁量のなかで時間をやりくりしながら、同じ「人」である彼らと業務の枠を超えて【つながり】続けたのである。そして、この【つながり】が、PSWに「少しでも1％、2％でも可能性ある退院を、そこは何とか、そこから突破口は何か、きっかけを開いて、退院できる人は退院して欲しいな」(G2) という想いを抱かせ、次の退院支援へと向かわせる。お互いに【つながり】続けることにより、十勝の実践は日々前に進んでいると考えられる。

2．本調査の限界と課題

　本調査は、長期入院者の退院支援における相談支援事業所PSWの「かかわり」のプロセスについて継続的比較分析を行い、小さな理論的飽和化を行ったものであり、一定の収束感を得ている。

　十勝の実践は、世界心理社会的リハビリテーション学会から世界のベストプラクティスの一つに選ばれ評価されている。一方で、門屋や小栗など優れたリーダーがいるから、あるいは国公立病院が多いからなどの理由を挙げ、自分たちが、退院支援しないことへの免罪符にされることがある。しかし、本調査で明らかにした十勝の相談支援事業所に勤務するPSWの「かかわり」は、地域移行支援を担う相談支援専門員に広く適用される可能性のある理論であった。その可能性を示すためには、応用者である地域移行支援を担う相談支援専門員による結果の検証が必要である。第4章では、その可能性を量的調査を用いて検証する。

　また、この調査結果は、援助者である相談支援専門員からみた「かかわり」のプロセスであった。「かかわり」は、相互主体的な関係であり、もう一方の主体である長期入院者の視点からプロセスを検証することが必要であり、その点については、第5章において検討を行う。

| 第 4 章 |

長期入院精神障害者の地域移行支援における
相談支援専門員の「かかわり」

相談支援専門員に対する量的調査から

第1節　研究方法

1．研究目的

　第1章で述べたように地域移行支援のガイドブックでは、長期入院者の希望を引き出す「かかわり」として援助者が一緒に外食や外出をすることが挙げられていた（岩上・全国地域で暮らそうネットワーク2018; 金城2013）。また、相談支援専門員が買い物や昼食への同行、雑談などを通して長期入院者と信頼関係を構築したという実践報告もみられた（藤澤2014; 金川2014）。第3章のインタビュー調査では、〔一緒に外出する〕などの【つきあい】や〔つながり続ける〕という「人」としての「かかわり」が地域移行支援において必要不可欠な構成要素であることを示した。このように地域移行支援では、援助者が長期入院者と外出や外食、雑談などを一緒に行うことが一般的に大事とされてきた。しかし、地域移行支援における相談支援専門員と長期入院者の「かかわり」の重要性について指摘した数量的な研究はない。

　そこで本調査では、統計的方法を用いて、長期入院者の地域移行支援における相談支援専門員の「かかわり」の構造と、「かかわり」を構成する要素間の関係性を明らかにするとともに、その構成要素が退院というアウトカムに及ぼ

す影響の検証を目的とした。

2. 調査方法

1) 調査票の作成

　地域移行支援における相談支援専門員の「かかわり」に関する質問紙調査を実施するために、以下の手順で尺度を作成した。

　本調査では、第3章の結果を踏まえ調査票を作成した。基本属性では、性別、年齢、保有している国家資格、対人援助職としての経験年数、地域移行支援の経験年数などの項目を尋ねた。長期入院者の地域移行支援における相談支援専門員の「かかわり」に関する項目では、M-GTAによる分析結果に基づいて「一緒に賃貸物件の内見に行く」「福祉サービスの利用に関する相談を受ける」「契約終了後も相談にのる」などの68項目からなる主たる尺度を作成した。68項目は、個別事例に限定せずに地域移行支援を行うなかでの頻度を「1＝行わない」から「5＝とてもよく行う」の5件法で回答を求めた。

2) 調査協力者について

　本調査は、2019年2～5月に行った。序章で示したように、相談支援事業者のうち、2016（平成28）年度に地域移行支援を算定している事業者はわずか8.3％であった（厚生労働省2018）。そのため、厚労省の資料を基に算定事業者数が多いA地域（4都道府県）を調査地域として選定した。A地域に所在する253か所の一般相談支援事業者に勤務する相談支援専門員のうち、地域移行支援を担当した経験を有する者を対象に郵送法による質問紙調査を実施した。1事業者に3枚、合計759枚の調査票を送付した。事業者により相談支援専門員の配置数などが異なるため，事業者ごとの回数数は異なる。調査票送付後，すべての事業者に電話を入れ，アンケート調査への回答を依頼した。

3. 回収数

　アンケートを配付した253事業者の33％にあたる84事業者の163名から回答があり，回収率は22％，有効回答数は152名であった。

4. 回答者の属性

　対象者の性別は、女性54.60％、男性45.40％となっていた。平均年齢は42.64歳、年齢範囲は26～66歳で、40代が最も多かった。取得している国家資格は、「精神保健福祉士」73.50％、「社会福祉士」37.10％となっており、ソーシャルワークを基盤としている相談支援専門員が多かった。一方、「国家資格なし」の相談支援専門員は9.3％であった。対人援助職としての経験年数の平均値は15.37年、中央値が10.00年であり、10年以上の経験を有する者が80％を超え、対人援助の経験が長い相談支援専門員が事業担当者となる傾向がみられた。なお、地域移行支援の経験年数の平均値は5.38年であるが、中央値は4.0年で、半数以上が5年未満の経験であった。また、担当した長期入院者が退院に至った経験については、「退院に至った経験があり」と回答した者が75.9％であった（表4.1）。

5. 倫理的配慮

　調査協力者には、書面で研究趣旨、協力は任意であること、結果は統計的に処理し、個人情報が特定されないこと、調査結果を公表することを明示し、回答者が本調査に対して同意する場合のみ、調査票を返送する方法をとった。本調査は、東洋大学大学院福祉社会デザイン研究科研究等倫理委員会の承認（H30-0008S）を得て実施した。

第2節　結　果

1. 地域移行支援における「かかわり」の構成要素の抽出

1）因子の抽出

　まず、回答結果の記述統計量（表4.2）を確認し、天井効果（平均値に標準偏差を加えて5を超えるもの／薄いグレー部分）がみられた9項目、フロア効果（平均値から標準偏差を引いて1を下回るもの／濃いグレー部分）がみられた13項目を除外した。

表4.1　調査協力者の属性

項　目	カテゴリー	n*	有効%
性別	女性	83	54.6
	男性	69	45.4
年齢	20代	8	5.3
	30代	47	31.3
	40代	65	43.3
	50代	24	16.0
	60代以上	6	4.0
保有資格	精神保健福祉士	111	73.5
	社会福祉士	56	37.1
	介護福祉士	14	9.3
	公認心理師	3	2.0
	保育士	3	2.0
	看護師	2	1.3
	作業療法士	2	1.3
	資格なし	14	9.3
対人援助職としての経験年数	5年未満	1	0.7
	5年以上10年未満	23	15.4
	10年以上15年未満	45	30.2
	15年以上20年未満	38	25.5
	20年以上	42	28.2
地域移行支援の経験年数	5年未満	79	54.1
	5年以上10年未満	39	26.7
	10年以上15年未満	18	12.3
	15年以上20年未満	8	5.5
	20年以上	2	1.4
担当した長期入院者が退院に至った経験	経験あり	101	75.9
	経験なし	32	24.1

＊欠損値を除いて分析を行ったため、各項目における合計人数が異なる場合がある。

第4章　長期入院精神障害者の地域移行支援における相談支援専門員の「かかわり」

表4.2　記述統計量

	度 数	最小値	最大値	平均値	標準偏差
やりたいことについて聴く	151	1	5	4.43	0.688
好きなことについて聴く	151	1	5	4.35	0.750
福祉サービスの利用に関する希望を聴く	150	1	5	4.19	0.775
外泊の希望を聴く	148	1	5	4.09	1.133
退院後の住まいに関する希望を聴く	150	1	5	4.05	1.208
話を切らずに聴く	150	1	5	3.99	0.773
一緒にケアプランを作成する	149	1	5	3.99	1.127
ひっかかりを感じたことを訊ねる	151	1	5	3.97	0.909
福祉サービスの利用に関する支援を行う	151	1	5	3.96	1.119
福祉サービスの利用に関する相談を受ける	150	1	5	3.93	0.946
ネガティブな感情を受けとめる	151	1	5	3.93	0.857
いつまでに退院したいか聴く	151	1	5	3.89	0.967
入院になった経緯を聴く	150	1	5	3.89	1.072
一緒にグループホームなどの入所施設の見学に行く	149	1	5	3.86	1.191
思いを語るまで待つ	151	1	5	3.83	0.898
本人の思いに合わせてケアプランを修正する	150	1	5	3.83	1.126
一緒に日中活動の場所に見学に行く	150	1	5	3.80	1.159
会いに来てもいいか確認する	146	1	5	3.78	1.235
外泊先（体験宿泊先等）を訪問する	150	1	5	3.77	1.292
入院生活の不満や不自由さについて聴く	151	1	5	3.70	1.033
支援者の気持ちを素直に伝える	150	1	5	3.67	0.917
好きなこと（趣味など）について聴く	150	1	5	3.61	1.009
生活上の困りごとに関する相談を受ける	149	1	5	3.61	1.064
役所に同行して必要な申請手続きなどの支援を行う	151	1	5	3.58	1.251
寂しさに関する相談を受ける	150	1	5	3.53	1.162
体調不良（精神症状以外）に関する相談を受ける	151	1	5	3.52	1.032
精神症状に関する相談を受ける	151	1	5	3.52	1.012
お金に関する相談を受ける	150	1	5	3.51	1.028
家族との関係に関する相談を受ける	151	1	5	3.50	1.019
退院したかった時の気持ちを聴く	146	1	5	3.47	1.233

表4.2 記述統計量（続き）

	度 数	最小値	最大値	平均値	標準偏差
医療サービスに関する相談を受ける	151	1	5	3.23	1.036
将来（就職や進学など）に関する相談を受ける	148	1	5	3.23	1.063
一緒に買い物に行く	151	1	5	3.19	1.197
他の支援者との人間関係に関する相談を受ける	150	1	5	3.17	1.054
家族以外の人間関係（友人など）に関する相談を受ける	151	1	5	3.15	1.054
薬（副作用など）に関する相談を受ける	150	1	5	3.13	1.076
一緒に利用者の住まい（持ち家や実家など）に行く	149	1	5	3.11	1.439
一緒に電車やバスなどの乗り方の練習をする	147	1	5	3.10	1.279
一緒に賃貸物件の内見に行く	150	1	5	3.00	1.470
（一度退院した後に再入院した場合）入院先を訪ねる	144	1	5	2.94	1.310
住居の賃貸契約に同席する	150	1	5	2.94	1.498
引っ越しの手伝いをする	149	1	5	2.87	1.369
携帯電話（事業用）の番号を伝えている	150	1	5	2.81	1.604
訪問時に出されたお茶やコーヒーなどをいただく	149	1	5	2.79	1.170
地域のインフォーマルな資源を優先的に使う	148	1	5	2.78	0.910
一緒に銀行や郵便局に行く	151	1	5	2.77	1.234
一緒に外食に行く	151	1	5	2.77	1.224
一緒に散歩に行く	150	1	5	2.69	1.316
一緒に携帯電話の契約に行く	149	1	5	2.43	1.264
日中以外の時間帯でも相談を受ける	151	1	5	2.40	1.297
恋愛・結婚に関する相談を受ける	151	1	5	2.40	0.960
契約終了後も相談にのる	147	1	5	2.30	1.082
日中以外の時間帯でも必要に応じて訪問する	151	1	5	2.28	1.197
支援者自身のプライベートに関する話をする	149	1	5	2.25	1.019
担当を外れた後も相談にのる	147	1	5	2.18	1.012
契約前に一緒に外食や外出をする	149	1	5	2.02	1.244
一緒に退院のお祝いをする	148	1	5	1.98	1.097
（外泊時に）一緒に家事の練習をする	148	1	5	1.97	1.006
メールアドレスを伝えている	151	1	5	1.89	1.369
利用者さんからお土産や自宅で作った野菜などをもらう	149	1	5	1.76	0.963

第4章　長期入院精神障害者の地域移行支援における相談支援専門員の「かかわり」

表4.2　記述統計量（続き）

	度数	最小値	最大値	平均値	標準偏差
契約終了後も支援者から連絡する	147	1	5	1.56	0.861
（支援者が利用者さんを信用して）頼みごとをする	148	1	5	1.49	0.760
一緒に遊びに行く	150	1	4	1.45	0.728
契約終了後も一緒に外食や外出をする	147	1	4	1.30	0.635
利用者さんにお土産などをあげる	149	1	5	1.26	0.641
SNSで連絡がとれるようにしている	151	1	5	1.15	0.574
携帯電話（プライベート用）の番号を伝えている	151	1	3	1.05	0.278
一緒にお酒を飲む	150	1	3	1.05	0.268
有効なケースの数（リストごと）	123				

　次に天井効果およびフロア効果がみられなかった46項目に対して、因子分析を実施した。因子分析とは、複数の観測されたデータの背後に存在する潜在的な変数（因子）、なかでも共通する因子を探る分析方法である。今回は、最尤法によるPromax回転を用いて因子分析を行い、固有値の変化を確認した。固有値は15.95、3.65、2.78、2.23、1.82、1.50と続いていた。累積寄与率50％を基準に検討したところ、4因子構造が妥当であると考えられた。そこで4因子と仮定して、再度、最尤法によるPromax回転を用いて因子分析を行った。その結果、十分な因子負荷量を示さなかった0.35未満の5項目（「（一度退院した後に再入院した場合）入院先を訪ねる」「携帯電話（事業用）の番号を伝えている」「訪問時に出されたお茶やコーヒーなどをいただく」「地域のインフォーマルな資源を優先的に使う」「支援者自身のプライベートに関する話をする」）を分析から除外し、同様の方法で因子分析を行った。調査結果の解析には、IBM SPSS Statistics 25を使用した。Promax回転後の最終パターンを表4.3に示す。

　第一因子は、17項目で構成され、質問23「薬（副作用など）に関する相談を受ける」や質問25「医療サービスに関する相談を受ける」などの健康に関する相談、質問29「家族以外の人間関係（友人など）に関する相談を受ける」や質問27「家族との関係に関する相談を受ける」などの人間関係に関する相談

表4.3　長期入院者の地域移行支援における相談支援専門員の「かかわり」の構成要因

	因子1	因子2	因子3	因子4
第一因子「相談を受ける」				
23. 薬（副作用など）に関する相談を受ける	0.94	−0.04	−0.13	−0.09
25. 医療サービスに関する相談を受ける	0.86	−0.13	0.04	−0.06
24. 体調不良（精神症状以外）に関する相談を受ける	0.85	0.06	−0.07	−0.15
22. 精神症状に関する相談を受ける	0.83	0.05	−0.07	−0.08
29. 家族以外の人間関係（友人など）に関する相談を受ける	0.69	−0.02	−0.01	0.05
27. 家族との関係に関する相談を受ける	0.69	0.01	0.04	−0.03
41. 好きなこと（趣味など）について聴く	0.68	0.06	0.11	−0.01
31. お金に関する相談を受ける	0.66	0.17	0.01	−0.12
34. 福祉サービスの利用に関する相談を受ける	0.64	0.11	−0.01	0.01
30. 他の支援者との人間関係に関する相談を受ける	0.62	−0.13	0.07	0.17
21. 寂しさに関する相談を受ける	0.59	0.19	−0.09	0.10
32. 生活上の困りごとに関する相談を受ける	0.52	0.23	0.04	0.06
37. ネガティブな感情を受け止める	0.50	−0.16	0.36	0.07
33. 将来（就職や進学など）に関する相談を受ける	0.47	0.14	−0.05	0.10
38. 話を切らずに聴く	0.46	−0.24	0.29	0.16
28. 恋愛・結婚に関する相談を受ける	0.40	0.14	−0.19	0.38
39. 思いを語るまで待つ	0.37	−0.23	0.35	0.14
第二因子「一緒に行う」				
10. 一緒に携帯電話の契約に行く	−0.10	0.88	−0.08	−0.01
14. 一緒に賃貸物件の内見に行く	−0.05	0.84	0.02	−0.06
11. 役所に同行して必要な申請手続きなどの支援を行う	0.08	0.77	−0.02	−0.04
20. 住居の賃貸契約に同席する	0.05	0.76	0.02	0.01
6. 一緒に銀行や郵便局に行く	0.08	0.73	−0.03	0.02
13. 引っ越しの手伝いをする	−0.02	0.71	0.14	0.00
15. 一緒に利用者の住まい（持ち家や実家など）に行く	0.02	0.69	−0.01	0.05
2. 一緒に買い物に行く	−0.01	0.56	0.10	0.09
1. 一緒に外食に行く	−0.05	0.55	0.02	0.12
7. 一緒に電車やバスなどの乗り方の練習をする	−0.01	0.53	0.01	0.05
9. 一緒に日中活動の場所に見学に行く	0.21	0.50	0.10	−0.04

第4章　長期入院精神障害者の地域移行支援における相談支援専門員の「かかわり」

表4.3　長期入院者の地域移行支援における相談支援専門員の「かかわり」の構成要因
（続き）

	因子1	因子2	因子3	因子4
3.　一緒に散歩に行く	0.11	0.40	0.03	0.04
第三因子「本音を聴く」				
47.　入院になった経緯を聴く	−0.05	0.14	0.85	−0.09
40.　ひっかかりを感じたことを訊ねる	0.05	−0.08	0.82	−0.04
46.　入院生活の不満や不自由さについて聴く	−0.07	0.03	0.77	0.02
43.　いつまでに退院したいか聴く	−0.10	0.12	0.77	−0.07
45.　支援者の気持ちを素直に伝える	0.06	−0.10	0.72	−0.03
44.　福祉サービスの利用に関する希望を聴く	0.13	0.09	0.56	−0.06
49.　退院したかった時の気持ちを聴く	−0.17	0.23	0.55	0.16
36.　本人の思いに合わせてケアプランを修正する	0.15	0.21	0.41	−0.09
第四因子「つながり続ける」				
66.　契約終了後も相談にのる	−0.07	−0.01	−0.02	0.90
65.　担当を外れた後も相談にのる	−0.03	0.03	0.04	0.87
55.　日中以外の時間帯でも相談を受ける	0.05	0.11	−0.15	0.41
56.　日中以外の時間帯でも必要に応じて訪問する	−0.04	0.25	0.04	0.36

因子抽出法：最尤法
回転法：Kaiser の正規化を伴うプロマックス法
N=152

というように相談に関する内容の項目が高い負荷量を示していた。そこで「相談を受ける」因子と命名した。

　第二因子は、12項目で構成され、質問10「一緒に携帯電話の契約に行く」や質問14「一緒に賃貸物件の内見に行く」などの長期入院者と何かを一緒にすることに関する内容の項目が高い負荷量を示していた。そこで「一緒に行う」因子と命名した。

　第三因子は、8項目で構成され、質問47「入院になった経緯を聴く」や質問40「ひっかかりを感じたことを訊ねる」などの相談支援専門員が長期入院者の思いを「聴く」ことに関する項目が高い負荷量を示していた、そこで「本音を聴く」因子と命名した。

　第四因子は、4項目で構成され、質問66「契約終了後も相談にのる」や質問

141

65「担当を外れた後も相談にのる」など、契約の範疇を超えてつながる関係に関する内容の項目が高い負荷量を示していた。そこで「つながり続ける」因子と命名した。

　以上の結果から地域移行支援における相談支援専門員の「かかわり」は、①「相談を受ける」、②「一緒に行う」、③「本音を聴く」、④「つながり続ける」という4因子から構成されることが明らかとなった。

2）下位尺度間の関連

　4つの下位尺度の内的整合性を検討するため、クロンバックのα係数の算出を行った。第一因子で$\alpha = .94$、第二因子で$\alpha = .92$、第三因子で$\alpha = .88$、第四因子で$\alpha = .78$の値が得られ、高い内的一貫性が示された。4つの下位尺度は互いに有意な正の相関を示した。

2. 「かかわり」の構成要素間ならびにアウトカムへの影響

　探索的因子分析で抽出された4因子（「相談を受ける」「一緒に行う」「本音を聴く」「つながり続ける」）を潜在変数として変数間の影響をみるとともに、4つの潜在変数と観測変数である「担当した長期入院者が退院に至った経験の有無」（以下、「退院あり」）への影響を考察し、地域移行支援における相談支援専門員と長期入院者との「かかわり」モデルを検討した。この調査では、「かかわり」の構成要素間の影響や退院というアウトカムに影響を与える構成要素を明らかにすることが目的のため、双方向の因果関係を仮定することができる共分散構造分析を分析方法として採用した。

　第3章では、「かかわり」の構成要素として【つきあい】【パートナーシップ】【つながり】の3要素が抽出された。また、本調査の第三因子である「本音を聴く」に相当する概念は、「つきあい」と「パートナーシップ」にまたがり抽出されていた。この結果を参考に、長期入院者との「一緒に行う（「つきあい」に相当）」が「相談を受ける（パートナーシップに相当）」に影響を与え、「相談を受ける」が「つながり続ける（「つながり」に相当）」ことに影響を与えるという仮説モデルを作成し、そのモデルにあてはめ、共分散構造分析を用いて解析した。しかし、このモデルでは、適合度が低かったため、先行研究および因

第4章　長期入院精神障害者の地域移行支援における相談支援専門員の「かかわり」

子間相関から「かかわり」の中核的概念であると考えられた「一緒に行う」を中心にモデリングを繰り返した。最も適合度の高かったモデルを以下に示す（図4.1）。なお、各因子の下位尺度項目数は4〜17と差異がみられ、モデルが複雑化することを避けるために、各因子の因子負荷量が0.8以上の項目を観測変数として使用した。解析には、IBM SPSS AMOS 25を使用した。

「一緒に行う」から「本音を聴く」「一緒に行う」から「つながり続ける」「本音を聴く」から「相談を受ける」「一緒に行う」から「退院あり」は0.1％水準で、「相談を受ける」から「本音を聴く」は0.5％水準で有意であった。

適合度指数は、$\chi^2 = 45.022$、自由度40、有意確率 = .270となっている。GFI = .941、AGFI = .903は、ともに.90以上あり、RMSEA = .031は.05を下回っているため、信頼性のある適合的なモデルと判断できる。潜在変数間、および潜在変数から「退院あり」への影響について、以下に示す。

第一に「一緒に行う」から「本音を聴く」は0.80という高い係数であり、「一緒に行う」が「本音を聴く」に強い影響を与えていた。

第二に「本音を聴く」から「相談を受ける」への係数も0.81という高い係数を示しており、「本音を聴く」が「相談を受ける」に強い影響を与えていた。

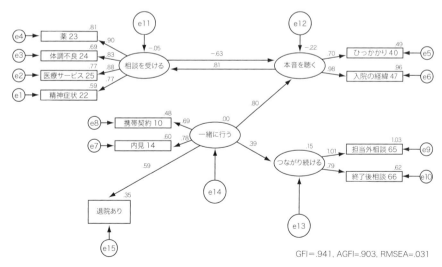

図4.1　地域移行支援における相談支援専門員の「かかわり」モデル

また、「相談を受ける」から「本音を聴く」への係数も−0.63であり、有意な
影響を与えていた。「相談を受ける」ことから始める相談支援専門員は、長期
入院者から「本音を聴く」ことができていないという結果になった。

　第三に「一緒に行う」から「つながり続ける」への係数は、0.39であり、
弱い影響があった。「相談を受ける」や「本音を聴く」が「つながり続ける」
に影響を与えなかったことと比較すると、「一緒に行う」は「つながり続ける」
ことに影響を与えていた。

　最後に「退院あり」に影響を与えた潜在変数は「一緒に行う」であり、「一
緒に行う」から「退院あり」へ係数は、0.59であった。「本音を聴く」や「相
談を受ける」が「退院あり」に影響を与えておらず、「一緒に行う」だけが長
期入院者の退院に影響を与えていた。

　上記の結果から「一緒に行う」ことを大切にする相談支援専門員は、長期入
院者の「本音を聴く」ことができ、「本音を聴く」ことで「相談を受ける」よ
うになる。さらに「一緒に行う」ことを大切にする相談支援専門員は、契約終
了後も彼らと「つながり続ける」。一方で、「相談を受ける」ことから始める相
談支援専門員は、長期入院者の「本音を聴く」ことが難しいというプロセスと
因果関係が示唆された。また、「一緒に行う」という構成要素のみが「退院あ
り」というアウトカムへ影響を与えていた。

3.　業務の枠を超えた活動を行う相談支援専門員の傾向

　探索的因子分析において、フロア効果（ごく一部の相談支援専門員しか行って
いない項目）を示したために除外した13項目（表4.4）について分析を行った。
この13項目は、「一緒に遊びに行く」「携帯電話（プライベート用）の番号を伝
えている」「一緒にお酒を飲む」など旧来の生活支援のなかで、PSWが担って
きた「業務の枠を超えた活動」であった。また、これらの13項目は、因子分
析で抽出した「一緒に行う」や「つながり続ける」因子と連続性のある行為で
もあった。

　そこで本調査では、「業務の枠を超えた活動（フロア効果13項目）」を行う相
談支援専門員の特徴を知ることを目的に、この13項目の得点を合計し、得点
の中央値1.38を基準に、1.38以下の低群と1.39以上の高群の2グループに分

第4章　長期入院精神障害者の地域移行支援における相談支援専門員の「かかわり」

表4.4　フロア効果13項目

1	契約前に一緒に外食や外出をする
2	一緒に退院のお祝いをする
3	（外泊時に）一緒に家事の練習をする
4	メールアドレスを伝えている
5	利用者さんからお土産や自宅で作った野菜などをもらう
6	契約終了後も支援者から連絡する
7	（支援者が利用者さんを信用して）頼みごとをする
8	一緒に遊びに行く
9	契約終了後も一緒に外食や外出をする
10	利用者さんにお土産などをあげる
11	SNSで連絡が取れるようにしている
12	携帯電話（プライベート用）の番号を伝えている
13	一緒にお酒を飲む

け、ノンパラメトリック検定（Mann-WhitneyのU検定）を行い、2グループの群間差を調べた。解析には、IBM SPSS Statistics 25を使用した。

　ノンパラメトリック検定とは、母集団に正規分布などの仮定を厳密におかずに検定を行う分析方法である。今回用いたMann-WhitneyのU検定は、対応のない2グループの差を検定するための手法であるため、本調査において採用した。Mann-WhitneyのU検定では、データの実際の値ではなく、ランク（順位）を用いて有意確率（p値）の計算を行う（新谷2016: 74）。

　2群間の差を調べた項目は、「対人援助職としての経験年数」「地域移行支援の経験年数」「これまで担当した地域移行支援の利用者数」「これまで担当した地域移行支援の退院者数」「勤務している相談支援事業所のスタッフ数」「相談支援専門員の年齢」の6項目であった。

　分析の結果、①「地域移行支援の経験年数」、②「これまで担当した地域移行支援の利用者数」、③「これまで担当した地域移行支援の退院者数」の3項目については、いずれも高群の平均ランクが高かった。各々の有意確率（p値）は、0.006、0.000、0.000であり、いずれも有意水準の0.05を下回り、2グループ間に有意差がみられた（表4.5）。

145

表4.5　業務の枠を超えた活動の高群と低群に差がみられた3項目

	地域移行支援の経験年数		地域移行支援の総利用者数		退院者数	
	高群	低群	高群	低群	高群	低群
N（総ケース数）	72	57	69	57	69	54
平均ランク	73.06	54.82	77.01	47.15	73.65	47.11
p値（両側検定）	0.006		0.000		0.000	

　以上の結果から、長期入院者の退院支援において、① 地域移行支援を担当した経験が長く、② 担当する地域移行支援の利用者数が多く、③ 退院した利用者が多い相談支援専門員は、地域移行支援・地域定着支援という制度（相談支援専門員としての業務）の枠を超えた実践を行っている可能性が示唆された。

第3節　考　察

1.「一緒に行う」ことを中心に展開される「かかわり」

　本調査において特記すべきことは、長期入院者の地域移行支援における相談支援専門員の役割として最も重要なことが「一緒に行う」ことであることを、量的データから検証した点にある。

　相談支援専門員は、長期入院者の思いや希望に応じて携帯電話の契約や賃貸住宅の内見などに同行し、彼らと時を共有していた。「一緒に行う」から「本音を聴く」へのパス係数が0.80という強い影響を示したように、相談支援専門員は、彼らのやりたいことや退院に向けた準備を「一緒に行う」ことを通して、彼らの「本音を聴く」ことができた。

　また、「本音を聴く」から「相談を受ける」への係数が、0.81という高い数値を示したことからも、相談支援専門員は、長期入院者から本音を教えてもらい、その思いに応えるために、彼らと退院に向けた相談を行えるようになるというプロセスが示唆された。

　一方で「相談を受ける」から「本音を聴く」への係数が−0.63であることは、長期入院者から「相談を受ける」ことから始める相談支援専門員は、長期入院者の「本音を聴く」ことができないことを示していた。この結果から相談

第4章　長期入院精神障害者の地域移行支援における相談支援専門員の「かかわり」

支援専門員が「一緒に行う」ことに時間をかけず、支援者側の都合で、退院に向けた服薬や障害福祉サービス利用に関する相談などから地域移行支援を始めた場合、彼らの本音（退院したかったときの気持ちや入院生活への不満など）を聴くことが難しいと推測した。

　谷中も、自らの退院支援事例を基に、援助場面では、面接業務では片づかない障害物があり、それを一緒に乗り越える共同作業を通して、クライエントから信頼され、関係が結ばれていくと指摘した（谷中1993b）。柏木も「かかわり」を築く際に、経験をともにすることが重要であると繰り返し唱えていた（柏木1977b; 1982; 1997; 2007）。本調査で示した「一緒に行う」ことを中心に「かかわり」が展開されるという結果は、谷中や柏木の実践知の一部を、実証的に明らかにしたと考える。

　また、第3章で示した「かかわり」のプロセスにおいても、「雑談する」や「一緒に外出する」が起点となって「かかわり」が始まり、「人」として信用されて協働する関係性に変化し、「つながり続ける」に至るという流れとも概ね一致した。

　以上のことからも、長期入院者の退院を促進するためには、面接を中心とした相談援助から始めるのではなく、援助者が、自らの都合（役割）を一旦横におき、「一緒に行う」ことを通して「人と人」としての信頼関係を形成することが必要であると考えられた。

　また、「つながり続ける」に影響を与えた変数も「一緒に行う」のみであった。この結果は、退院して地域住民となった長期入院経験者がつながり続ける相手は、相談を受けるだけの「専門職」ではなく、何かを一緒に行った「人」であると考えられる。

　このように、相談支援専門員は、長期入院者と「一緒に行う」ことを通して信頼関係を醸成し、彼らから「本音を聴く」ことにより、退院に向けた「相談を受ける」という「かかわり」形成のプロセスが示唆された。

2．退院に影響を与える要因としての「一緒に行う」

　本調査では、これまで多様な意味で語られてきた「かかわり」の構成要素を「相談を受ける」「一緒に行う」「本音を聴く」「つながり続ける」の4つに実証

147

的に分類した。そして、「一緒に行う」という要素が、担当した利用者が退院に至るという結果に影響を与えることを実証的に示すことができたと考える。

　本調査の結果では、観測変数である「退院あり」に影響を与えた潜在変数は「一緒に行う」のみであり、地域移行支援の中核を成すと思われる「相談を受ける」から「退院あり」への影響はみられなかった。この結果から、長期入院者の退院を促進する上では、相談支援専門員が長期入院者と時をともに過ごし、ともに活動する「かかわり」を形成することが重要であると考えられる。

　これまでも地域精神保健福祉活動では、精神障害者との関係づくりのために一緒に行うことの重要性が指摘されてきた。ACTでは、利用者との関係づくりにおいて、お茶を飲んだり、おしゃべりしたりするような一般的な会話やレジャー活動に一緒に参加することが行われている（Killaspy, Johnson, Pierce et al. 2009: 536）。ストレングスモデルでも、関係づくりにおいて、お互いをよく知るために、ともに余暇を過ごすこと、共通の興味や経験を探求することが推奨されている（Rapp & Goscha＝2014: 116）。また、わが国においても、第2章で確認したように、時や場や経験をともにすることが重要視されてきた。先駆的な実践においても、創設当時のやどかりの里におけるスタッフと利用者の共同生活（谷中1988: 61-6; 荒田1988: 67-74）や浦河べてるの家における「公私一体」（向谷地2009a: 224-5）や「ご近所づきあい」（向谷地2009a: 204）など、「一緒に行う」ことが重視されてきた。

　これまでも地域移行支援においては、既述のように長期入院者の希望を引き出す方法として外出支援などの必要性は指摘されていた（岩上・全国地域で暮らそうネットワーク2018; 金城2013）。しかし、地域移行支援のガイドブックでは、関係機関との連携や地域移行支援計画の作成などと比べると、外出支援などの関係づくりに割かれている頁数は極めて少ない。相談支援専門員たちが、「一緒に行う」ことの意義を十分に意識できていない可能性が示唆される。

　長期入院者の地域移行支援において「一緒に行う」ことが、退院に対して良い影響を与えることを実証的に示した数量的研究は見あたらない。本調査の結果は、地域精神保健福祉活動の実践知の一部と、相談支援専門員が意識化できてない「一緒に行う」ことによる効果の一端を、経験則という水準を超えて実証的に示すことができたと考える。

第4章　長期入院精神障害者の地域移行支援における相談支援専門員の「かかわり」

本調査では、これまで多様な意味で語られてきた「かかわり」の構成要素を「相談を受ける」「一緒に行う」「本音を聴く」「つながり続ける」の4つに分類した。さらに観測変数である「退院あり」に影響を与えた潜在変数は「一緒に行う」のみであり、地域移行支援の中核を成すと思われる「相談を受ける」から「退院あり」への影響はみられなかった。この結果から、長期入院者の退院を促進する上では、相談支援専門員が長期入院者と一緒に時を過ごし、ともに活動する「かかわり」が重要であると考えられた。

3.　生活場面をともにする「かかわり」を行う援助者の特徴

ノンパラメトリック検定の結果から、① 地域移行支援の経験が長く、② これまで担当した利用者数も多く、③ 退院に至った利用者も多い相談支援専門員は、地域移行支援において、長期入院者と生活場面をともにする「かかわり」を行う人が多い傾向が示された。

既述のように長期入院者は、本来援助をしてくれるはずの治療者や援助者から、適切な援助を受けられなかったゆえに、入院が長期化したと考えられる。そのため、長期入院者に対する援助では、過去の治療者と同じ専門的な相談援助をしていては、彼らに信頼してもらえない。地域移行支援の経験が豊富な相談支援専門員は、意図的に生活場面をともにして、彼らの信頼を得るための「かかわり」を形成していたと推測される。

精神障害者に対する公的な障害福祉サービスが乏しかった時代の退院支援では、PSWと退院者が、同じ建物で寝食をともにするような実践が行われていた。やどかりの里の創設時のスタッフである荒田稔は、日中は工場の職員として精神障害者とともに働き、夜はやどかりの里のスタッフとして、工場の2階にある住まいで、彼らと一緒に食事をしたり話をしたりして過ごす日々を送っていた（荒田1988; 荒田2020）。向谷地は、日中は病院に勤務していたが、帰宅後は同じ建物のなかで精神障害者とともに生活し（向谷地1996）、彼らとの「ご近所づきあい」（向谷地2009a: 204）を大切にしていた。一緒にお酒を飲むこと（助川2002: 76; 國重2015: 35）や勤務時間外のバレーボールやダンスパーティー（山田2000: 46）も行われていた。また、PSWがプライベート用の携帯電話番号や自宅住所を教えることもあった（向谷地2009b: 163–4）。PSWの仕事とは、

149

人の生活にかかわることであり、その生活が継続している以上、「ここまで」と明確にラインは引けない（名城2007: 102–3）。

しかし、精神保健福祉士の国家資格化以降は、制度や施策に資格が位置づけられた結果、法律や制度に規定された業務に縛られる傾向が強く、援助者自身の生活の一部を開示するような実践から距離をとる精神保健福祉士が多い（向谷地2009b: 163–4）。そのため、PSWは、業務ではなく、実践することを志向すべきとの批判もある（井上2019）。

今回の調査結果において、生活場面をともにする実践を行う相談支援専門員の特徴として地域移行支援の経験年数の長さがみられた。こうした相談支援専門員は、精神保健福祉士の配置が診療報酬に位置づけられていない時代の病院PSWの経験や個別給付以前の退院促進事業など包括払いの退院支援を経験しており、個別支援に時間をかけることの意味を体感してきた世代であることが推察された。

フロア効果の13項目は、相談支援専門員の生活場面をともにする実践である。本調査では、生活場面をともにする実践を行う相談支援専門員の退院者数が有意に多いという結果が示された。このことから長期入院者の地域移行支援における「かかわり」では、相談支援専門員が長期入院者と生活場面をともにすることの必要性が示唆された。

4．本調査の限界

本調査の限界として、以下の4点について言及する。

第一に、本調査の回収率は22％、調査票を配付した事業者の33％から回答があったに過ぎない。アンケート調査の回収率として高いとは言えないが、既述のように地域移行支援の算定事業者はわずか8.3％であり、この利用実績と考えると、一定の回収率が得られたと考える。また本調査は、地域移行支援の算定事業者が多い地域で実施したため、比較的地域移行支援に熱心な調査協力者に偏っている可能性があり、外的妥当性には限界がある。分析結果を一般化するためには、調査対象を拡げることが必要である。

第二に、現状では、算定事業者が多い地域においても、退院実績（退院者数）が積み上がっていない事業者がほとんどであるため、退院実績（退院者数）を

観測変数として因果関係を示すことができなかった。真の因果関係を示すためには、調査対象を拡げるとともに縦断的調査を行うことが必要である。

　第三に、「一緒に行う」ことが「退院あり」に影響を与えることを示すことはできたが、良い影響を与える理由については、共分散構造分析の結果だけでは十分に明らかにすることができなかった。

　第四に、「退院あり」というアウトカムが地域移行支援の質の高さを示してはいない。そのため、本調査だけでは、地域移行支援の質について十分に明らかにすることはできなかった。

　「一緒に行う」ことを中心とした「かかわり」を実践の場で活用できるモデルにするためには、長期入院者本人に対する調査を行い、良い影響を与える理由についても明らかにしていく必要がある。

第4節　結　論

　本調査では、相談支援専門員の長期入院者との「かかわり」が「相談を受ける」「一緒に行う」「本音を聴く」「つながり続ける」の4要素から構成されること、「かかわり」は「一緒に行う」ことが中心になって展開される（「相談を受ける」ことから始めると「かかわり」は形成されない）ことを明らかにした。

　また、退院支援のなかで、これまで一般的に重要とされてきたと考えられる「相談を受けること」や「本音を聴くこと」といった面談的な援助より、一見専門的にはみえない外出や外食などを「一緒に行う」という行動レベルの援助が、長期入院者の退院というアウトカムにおいて重要であることを実証的データによって明らかにし、地域移行支援の方向性についてより明確な示唆を与えている点が、本研究の新規性であると考える。

　相談支援専門員たちが「一緒に行う」ことを当然のこととして捉え、長期入院者の地域移行支援における重要な要素と認識していないことは、相談支援専門員向けのガイドブックの記載量の乏しさからも推察される。「一緒に行う」ことが退院に与える影響を量的データで示したことにより、相談支援専門員にとって当たり前すぎて目が向かなかった「一緒に行う」意義を確認することができたと考える。また、この結果は、地域移行支援の報酬のあり方やガイド

ブックの記載方法を検討するための材料を提供したと思われる。

　他方で、地域移行支援における「かかわり」では、相談支援専門員と長期入院者が「一緒に行う」ための十分な時間が必要である。しかし、障害者総合支援法では、地域移行支援の利用期間は原則6か月と規定されている。6か月を超えた場合、地域生活への移行が具体的に見込まれる人に限り、6か月以内での更新が認められている。それ以降も市町村の個別審査により更新も可能となっているが、退院が具体的に見込まれない場合については更新することが難しい。このように現行の制度では、数十年入院し退院までに時間がかかる人であっても、相談支援専門員が継続的にかかわることが保障されていない。

　また、契約期間しか報酬が発生しないため、長期入院者が退院したいと表明しない限り、制度を利用して「一緒に行う」ことはできない。つまり、相談支援専門員が長期入院者の退院意欲を喚起するために契約前に外出や外食へ同行しても報酬は発生しない。地域定着支援の終了後にアフターフォローのために訪問しても報酬は発生しない。現状では、事業者が人件費をもち出して外出同行などを行う、各自治体の判断で意欲喚起の事業を行うなど事業者や自治体ごとの判断に任せた制度設計となっている。こうした使いにくい制度のあり方が地域移行支援の算定事業者数の少なさに影響を与えていると考える。

　本調査の結果は、退院に向けた意欲喚起やアフターフォローのための訪問などを可能にするアウトリーチ支援を報酬に位置づけ、地域移行支援の利用促進を図るための検討材料を提供できたと考える。

　今後、地域移行支援における相談支援専門員の「かかわり」を、より有効な実践モデルとして構築し、長期入院者の退院を促進するためには、「一緒に行う」ことを可能にする制度のあり方や、「一緒に行う」ことを許容する職場環境のあり方などについても併せて検討していくことが求められる。

第5章

一緒に行うことを通して退院に至る
相談支援専門員との「かかわり」

長期入院経験者へのインタビュー調査から

第1節　研究目的

　第3章では、十勝の相談援助事業所PSWを対象にインタビュー調査を実施した。その結果、PSWは、「一緒に外出する」などの【つきあい】を通して「人」として信頼され、彼らとの協働が可能になり、契約終了後も「人」として【つながり】続けるに至るという「かかわり」のプロセスが示唆された。

　第4章では、相談支援専門員に対してアンケート調査を実施し、「相談を受ける」「一緒に行う」「本音を聴く」「つながり続ける」の4因子を抽出した。加えて、その4因子を潜在変数として共分散構造分析を行い、「一緒に行う」ことを中心に「かかわり」が展開されること、「一緒に行う」ことが長期入院者の退院に良い影響を与えることを示した。

　「かかわり」は「相互主体的な関係」（柏木2002: 38）である。しかし、筆者が行った2つの調査は、援助者側である相談支援専門員やPSWの視点から「かかわり」を明らかにしたものである。

　そこで本章では、もう一方の主体である長期入院者[14]に対してインタビュー

14　インタビュー時点では、既に退院しているため「長期入院経験者」であるが、「長期入院経験者」と「長期入院者」が混在すると読みにくくなるため、本章では、「長期入院者」という表記で統一する。

調査を実施し、量的調査において、長期入院者の退院に影響力が認められた相談支援専門員と長期入院者が「一緒に行う」ことの意味について、長期入院者本人の言葉から明らかにすることを目的とする。

第2節　研究方法

1. 調査協力者

　第3章の調査協力者（相談支援専門員）による地域移行支援を利用して退院した長期入院者5名を対象に半構造化インタビューを実施した。調査協力者は男性4名、女性1名、年齢は20～60代、入院期間は1～16年で、いずれの人も複数回の入院経験をもっていた（表5.1）。

2. 実施方法

　インタビュー調査は、2016年9月から2020年3月にかけて3回に分けて実施した。インタビュー時間は、1人につき22～124分であった。事前にインタビューガイドを作成し、それに基づき半構造化インタビューを実施した。インタビューは、調査協力者の自宅で、調査協力者の地域移行支援を担当した相談支援専門員も同席の下で行い、調査協力者の許可を得て、ICレコーダーに録音した。

表5.1　調査協力者一覧

ID	年齢	性別	最も長かった入院期間	入院回数	備考
A	60代	女性	約7年	8回	記録で確認できる入院が8回、本人は10回以上と語っていた。
B	60代	男性	約10年	5回	
C	20代	男性	約1年	3回	
D	60代	男性	約8年	22回	
E	50代	男性	約16年	4回	4回以外に、現在もECT治療のための定期的な短期入院を繰り返している。

3. 分析方法

本調査では、第3章、第4章で示した相談支援専門員の「かかわり」に関する仮説と理論を、もう一方の当事者である長期入院者の視点から確認する。一緒に行うことを中心に展開される「かかわり」が長期入院者に与えた影響を具体的に示すため、本調査では、事例研究法を用いることとした。

Stakeは、事例研究法を以下の3類型に整理している。第一の「個性的探索的な事例研究」は、終始一貫してある特殊な事例をより深く理解したいと思い着手した場合の研究法である。第二の「手段的な事例研究」は、主としてある問題に関する洞察を示すために、あるいは一般化を導くために、特殊な事例が研究されるものである。第三の「集合的な事例研究」では、現象や母集団や一般的状況を研究するために多くの事例を研究する研究法であり、拡大された手段的研究である（Stake＝2006: 103–5）。本調査は、退院場面における長期入院者と相談支援専門員の「かかわり」を明らかにすることを目的として複数事例を分析するため、「集合的な事例研究」に該当する。

事例研究法では、定型化されたデータ分析方法は提示されておらず、他の質的研究法による分析方法が提示されている（Stake＝2006: 113; Flick＝2011: 164）。本調査では、木下の事例研究（木下2009）を参考に分析を実施した。

木下は、修正版グラウンデッド・セオリー・アプローチ（以下、M-GTA）での分析を事例研究として記述する方法を示している。この方法は、M-GTAでまとめた結果を事例として取り上げることが研究目的に照らして効果的である場合（併用型）と、M-GTAでまとめようとしたが、データの確認が不十分な場合などに用いられる。本研究では、5事例のインタビューデータを分析するため、後者に該当する（木下2009: 36）。

分析方法はM-GTAと同様である。分析テーマと分析焦点者という2つの分析上の視点に照らして分析を進める。分析焦点者は「長期入院精神障害者」、分析テーマは「長期入院精神障害者が相談支援専門員と一緒に行うことを通して退院に向かうプロセス」とした。その後、分析上の視点に照らして、データの関連箇所に着目し、分析ワークシートを用いて、最初の概念を生成した。その概念の定義に照らして、類似例と対極例の確認を繰り返しながら、概念の精緻化を行った。その後、生成した概念と他の概念との関係を検討し、複数の概

念の関係からなるカテゴリーを生成し、カテゴリー相互の関係から分析結果をまとめた。分析の結果、16の概念、1つのサブカテゴリー、4つのカテゴリーを生成した（図5.1）。

　M-GTAを用いた事例研究では、分析結果を緩やかな骨組みとして位置づける。16の概念、1つのサブカテゴリー、4つのカテゴリーを骨組みとしつつ、5事例のうちの典型例を1つ挙げ、その事例について分析ワークシートの具体例（ローデータ）を中心に挙げながら、その説明に概念や定義を記述した。

　加えて、M-GTAでは取り扱わない、調査協力者に特有の重要な部分も補充して記述した（木下2009: 35–6）。以下、分析結果は、【カテゴリー】〈サブカテゴリー〉〔概念〕「データ」を用いて説明する。

4.　倫理的配慮

　インタビュー実施前に、調査協力者に対してインタビューに関する説明書と同意書を提示した上で説明を行い、書面にて調査協力への了解を得た。収集したデータおよび分析結果には細心の注意を払い、個人情報が特定されないよう匿名化を徹底した。なお、本研究は、所属していた東洋大学大学院福祉社会デザイン研究科研究等倫理委員会による承認（承認番号H28-14S）を受け、実施した。

第3節　結　果

1.　退院に向けて【一緒に行う】

　Aさん（60代、女性）は、これまで圏域内の3か所の病院で、10回程度の入退院を繰り返しているが、その度に地域に戻って生活している。病院に対しては、「（病状が悪くなったら）他にどこがあるの。そんな酷くなったら」というように、病気が悪くなったら行くところと捉えていた。直近の入院期間は1年以上で、入院により住まいを失った。

　本当は〔入院生活が嫌〕で「うん。（入院は）全然したくないです」と思っていた。「お金ね、本当に1か月1週間にね、1000円なんです、電話かけたり飲み物飲んだり1000円なんです、それその代が。それで過ごしているんです。

第5章 一緒に行うことを通して退院に至る相談支援専門員との「かかわり」

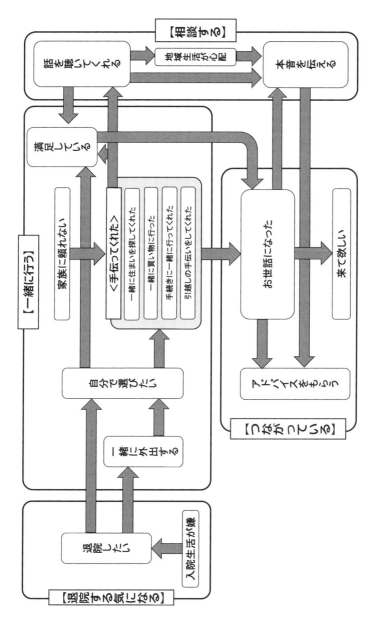

図5.1 一緒に行うことを通して退院に至る相談支援専門員との「かかわり」

そしてね、それ我慢して」というように、お金を自由に使えない入院生活に不満もあった。

　しかし、主治医から退院許可が出るまでは「具合が悪いからね」と思い、退院したい気持ちを抑えていた。しかし、主治医から退院の話があると、「退院したいけど」というように、〔退院したい〕という思いが強くなり、病院PSWから紹介された地域移行支援を利用して病院から【退院する気になった】。

　Ａさんは、〔自分で選びたい〕という気持ちが強い。「退院したいけど、居場所がなく困りました」というように一番の困りごとは住まいであった。その問題解決に向けて「どこにしようかなと一緒に歩きました。ここにしようかどこにしようかなと思い、部屋探し3つ歩きました」というように、相談支援専門員が〔一緒に住まいを探してくれた〕ことに感謝しつつも、家探しの主体として「自分」を位置づけていた。退院についても、「みんなで相談して退院しました」と語っており、Ａさんが主体であったことを表している。

　Ａさんは、もともと退院意欲が高かったため、退院に向けた動機づけとしての外出支援を行う必要はなく、退院支援の早い時期から退院に向けた具体的な準備を行っていた。Ａさんが入居した下宿（個室があり、食事は提供されるが、障害者総合支援法や介護保険法に基づく公的な福祉サービスではない）には、居室にテレビやエアコンが備え付きであり、洗濯機は共用のものがあるため、新たに家電を購入する必要はなかった。そのため、カーテンや懐中電灯（大きな地震の後に退院した）を購入するために、相談支援専門員と〔一緒に買い物に行った〕。

　Ａさんにとり、退院に向けて大変なことの一つが「引越し」の準備（退院に向けた荷造り）であった。退院のための荷造りや荷物運びは、手間も時間もかかり、体力も使うため、高齢になればなるほど、一人で行うには負担の多い作業である。退院準備は、家族が手伝ってくれることも多いが、家族がいなかったり、疎遠だったりして〔家族に頼れない〕人もいる。Ａさんも、離れて暮らす家族に手伝ってもらえず、相談支援専門員と病院PSWが手伝ってくれた。

　また、入院が長くなれば、荷物も多くなる。Ａさんの場合、入院時に家を引き払っていたこともあり、服など荷物も多くて「大変だった」と語っていた。大変なＡさんのために、相談支援専門員が時間を割き、一緒に荷造りをした

ことにより、「きちきちしてくれました。○○さん（相談支援専門員）。お世話になりました」「かなり時間かかりました。お世話になりました」と、〔引越しの手伝いをしてくれた〕相談支援専門員に対して、Aさんは、とても感謝していた。

退院後、Aさんは、下宿に住み、計画相談、生活介護、訪問介護、訪問看護などを利用しながら単身生活を送っている。今の住まいについては、「いいところに、来てよかったと思います。ここがいいところ。この場所が。壁も張り替えして。最初見たときはここが茶色いような汚い壁だったんです。それをはがして張り替えたの。見た。覚えてるもん。張り替えて入りました」と言い、自分で選んだ住まいについて〔満足している〕と語っていた。

2. 相談支援専門員に【相談する】

〔自分で選びたい〕という思いの強いAさんは、相談支援専門員と時間をかけて数か所の物件を見学したことにより、気に入った一軒を見つけることができた。そして、退院向けた準備を、相談支援専門員と【一緒に行う】ことで、「みんなで相談して退院しました」というように主体的に〔満足している〕生活をつかみ取ったと考えられた。

ただし、Aさんは、生活全般に満足している訳ではない。Aさんは、カラオケや卓球が好きである。「もうちょっとスポーツができるところが欲しいなと思うんだけどね。卓球もちょっとうまくなりたいしね。卓球部だったのでね。中学校卓球部3年間やりました。卓球やりたいです」という希望もある。しかし、他の入居者に対する気づかいもあり、「みんなね、みんなうるさい、迷惑かけるからね、（下宿のなかでは）できないの」と思ってしまう。また、「スポーツしたいのにだからといってわざわざ行くのも面倒くさいでしょ。バスに乗ってね。足悪いのにね。今度は本当に足悪くなった。あたし」というように移動自体が身体的な負担となっている。カラオケも「歌いたいけど、歌うやつ（カラオケの機械）がないです」と諦めている。病院と違い、地域生活の場では、そうしたレクリエーションのための備品が揃っているところは少ない。また、Aさんの希望につきあえるだけの時間的余裕のある援助者もいない。

そのため、インタビューのなかでも、相談支援専門員に対して、今の状況に

ついての愚痴をこぼし、自らの〔本音を伝えていた〕。先日、Aさんは、担当ヘルパーと市内のスーパーマーケットの靴屋に長靴を買いに行ったが、お店の商品のなかに気に入ったものはなかった。結局ブルーの長靴を買ったものの、「靴を買ったのはいいけど、あんな靴履きたくないです」と不満をこぼしていた。Aさんは、「上に着るジャケットにスカートに靴にとかって、同じ色で揃ってて履くの」というように、本当は服の色と靴の色を揃えたコーディネートをしたかった。自分一人で買い物ができていた頃は、「本当にね、気に入った靴買うにはね。本当3軒ぐらい回ってました」というように、市内にある数軒のお店を回って、気に入ったものを買っていた。

　しかし、今は買い物に同行してくれる援助者に対して「考えちゃうよ、一緒に行く人のことね」と遠慮してしまい、一つの店で選ぶようにしていた。そのため、「あれはあの靴はもう投げてしまった（使わないようにした）んですけどね。あれはね。残り物で買いました。残り物の靴」というように、その店で売っている靴（残り物）のなかからしか選べず、本当に気に入ったものを選ぶことができなかった。

　また、今は傘を買いたいと思っているが、「本当は欲しいけど（生活介護のスタッフから）要らないって。車乗るんだから要らないって」と言われていた。生活介護スタッフは、事業所へは、送迎の車があり、一人で外出することもほとんどないため、傘は必要ないと考えていた。そのため、Aさんは「壊れてるけど。壊れてるけどそれを使ってるんです」と壊れた傘で我慢していた。

　このように今のAさんは、援助者に対する遠慮もあり、自分の本音を十分に伝えられていなかった。しかし、今回のインタビューで久々に会った相談支援専門員に対しては、自分の感じていることを素直に話していた。

　インタビューのなかでも、Aさんは、相談支援専門員に対して「わかんないはっきりしてるんだよ。はっきりしてるのにわかんないんだよ。はっきり。わからないけど死んだっちゅうことはわかってるね。そのテレパシーっちゅうか、そういうのが多いんですね。どうしてだろう。テレパシー。怖ろしいよ」というような話もしていた。Aさんは、そうした話を否定することなく、ただ〔話を聴いてくれる〕相談支援専門員に対しては、感じていることを素直に語ることができていた。

160

そのため相談支援専門員に対しては、「薬の調合はいいような悪いようなわかりません」あるいは「おしっこに行くには歩けないんだよ、その辺（手すり）触らないと。トイレそこにあるのに」というような生活のしづらさについて相談したり、「聞こえるのは病気かなと思ったり。病気と本当は一緒なの」というように症状について相談したり、「これからどういうふうにして生きていきますか」というような将来に向けての不安を語ったりと〔本音で伝える〕ことができていた。

3. 契約終了後も【つながっている】

Aさんは、退院に向けた準備を【一緒に行う】存在であった相談支援専門員に対しては、担当を外れた後でも、自らの〔本音を伝えて〕、【相談する】ことができていた。

現在Aさんの計画相談は、別の相談支援専門員が担当しており、地域移行支援を担当した相談支援専門員と会う機会は減っていた。しかし、Aさんにとって、その相談支援専門員は〈手伝ってくれていた〉〔お世話になった〕人なので、「たまに」「そのときに何か用事があった場合」には、〔来て欲しい〕と思っていた。インタビューのなかで、もし可能であれば、地域移行支援を担当していた相談支援専門員に、傘の買い物につきあってもらいたいと語っていた。現在、計画相談を担当している訳ではないので、本来であれば外出に同行することは相談支援専門員の仕事ではない。しかし、Aさんは、今でも相談支援専門員と【つながっている】実感があり、「たまに」外出につきあって欲しいと思っていた。

第4節　考　察

1.【一緒に行う】ことで「関係に基づく援助」を補う

援助が必要となる以前の段階で自然発生的に取り結ばれる関係（例えば、家族関係や友人関係）にある人から受ける援助を「関係に基づく援助」（稲沢2019a: 2）と言う。この関係は、特定の目的や課題に制限されないことが特徴である。福祉活動は、特定の目的や課題のために行うため、「関係に基づく援

助」と全く同一のものではない。しかし「関係に基づく援助」の替わりになったり、補ったりする役割を担う（稲沢2019a: 4）。

　長期入院者の多くは、長期入院により家族や友人との関係性が希薄になっていることが多く、「関係に基づく援助」を受けにくい状況にある。そのため、「関係に基づく援助」を補うために、相談支援専門員による退院支援が必要であると考えられる。

　Aさんは、インタビューのなかで、現在の援助に対する愚痴のような話（気に入った長靴が買えなかったことや傘を買えないこと）を相談支援専門員にこぼしていた。その愚痴に対して、相談支援専門員は、他の援助者の思いを代弁するようなことはせず、彼女の話を只々聴いていた。それゆえ、Aさんは、安心して愚痴をこぼすことができたと考えられる。

　Aさんに愚痴をこぼせる家族や友人がいれば、相談支援専門員のような存在は必要ではないかもしれない。しかし、Aさんの場合、家族はいるものの、別の町に住んでいるため、〔家族に頼れない〕状況にあった。また卓球やカラオケをしたいという希望からも、そうしたことを一緒にしてくれる友人の少なさも示唆された。Aさんは、「関係に基づく援助」を受けられない状況にあった。

　Aさん以外の調査協力者も、〔家族に頼れない〕状況にある人が多かった。Bさんは、過去に自殺未遂をしたため、兄が心配して入院継続を希望しており、退院の件では頼りにくい状況にあった。Cさんは、父親が面会には来てくれるが、父親も障害者であり、父と一緒に暮らした経験もない。たまに会いに来て、一緒に出かける以上のサポートを求めることはできなかった。Dさんは、家族が牧畜業のため、毎日牛の世話があり、3か月に1回程度の面会以上のサポートを求めることはできなかった。このように様々な事情から〔家族に頼れない〕人が多かった。

　家族に頼れない状況は、退院時の引越しの場面に象徴されていた。退院のための荷造りや荷物運びは、一人で行うには、身体的に負担が大きい。加えて、病院が「住みなれた世界」（早川・谷中1984: 148）であった長期入院者にとって、引越しは新しい環境への不安が強まる時期であり、誰かに頼りたい状況にあると考える。彼らからすれば、家族に頼りたい気持ちもあると思われるが、家族にも事情があり、頼ることができなかった。

162

第5章　一緒に行うことを通して退院に至る相談支援専門員との「かかわり」

　Aさんは、退院時に援助者が、引越しの荷造りを手伝ったことに対して、「お世話になりました」と繰り返し感謝していた。Bさんも、退院日に「兄貴、来れないっていうんだもんね。ちょっともう……」というときに、相談支援専門員が荷物運びを手伝ったことに対して、「そうですね。ありがたかったですね」と話していた。

　こうした引越しや買い物などを【一緒に行う】かかわり方を、尾崎は「お世話」（援助者がクライエントの抱える困難を理解し、クライエントを支持ないし保護しようとする関わり方）と名づけた。この「お世話」は、クライエントの不安や緊張を軽減するだけでなく、回復に伴う困難を克服する勇気やエネルギーを醸成する契機になる（尾崎1997: 57）。精神障害者は、ある環境ではできることが、異なる環境ではできなくなるというように環境因子の影響を受けやすく、生活上の変化を回避する姿勢が強まり、やればできるかもしれないことを行わなくなる傾向が生じる（白石2019: 10-5）。AさんもBさんも、相談支援専門員の「お世話」を活用して、生活上の変化を乗り越えたようであった。

　このように長期入院者の退院支援では、「関係に基づく援助」を補うために、相談支援専門員が、引越しや買い物などの退院に向けた準備を【一緒に行う】ことが大切なのである。

2.【一緒に行う】ことで「関係に基づく援助」の替わりを担う

　長期入院者の退院支援では、公的な医療・福祉サービスを用いて「関係に基づく援助」を補う。しかし、どんなに多くの医療・福祉サービスを利用しても、「関係に基づく援助」を補いきれない部分もある。

　公的な医療・福祉サービスを利用する場合、そこには、「援助する者－される者」からなる援助関係が形成される。援助関係では、援助される者は、自分の力だけでは否定的な現状を変えられないため、援助を受ける状況になっている。一方、援助者は、彼らの否定的な現状を変える方法を知る者であるため、相対的に彼らより力をもつことになる。その結果、両者の間には、傾斜のある力関係が生じる。

　実際Aさんも、現在の援助者に対しては、自分の思いと異なる援助であっても受け入れていた。このことから推察すると、彼女は、援助者に対して「援

助してもらっている」という思いがあり、自らの思いと違う援助でも、我慢を
していたようであった。このときの両者の関係性は、援助者側が力をもつ傾斜
のある力関係が生じていたと考えられる。

　彼女が自らの生活を維持するためには、たとえ傾斜がある力関係であって
も、その関係を受け入れざるを得ない状況にあった。しかも、その関係では、
彼女は常に援助される立場におかれ続ける。Aさんには、傾斜のある力関係と
は異なる関係が必要であったと考える。

　本調査では、調査協力者に対して、相談支援専門員との「かかわり」のなか
で最も印象に残っていることを質問したが、5名中3名が、最も印象に残った
こととして、相談支援専門員と何かを【一緒に行う】経験を挙げていた。

　Cさんは、20歳の誕生日に、相談支援専門員がケーキを買ってきてくれて、
お祝いしてくれたことを挙げていた。Cさんは、両親ともに精神障害者であっ
たため、乳児院や児童養護施設で育ってきた。Cさんが19歳のときに、計画
相談で出会った相談支援専門員が、彼の20歳の誕生日に「ケーキ買ってくれ
た」ことを、10年近く経った今でもうれしそうに語っていた。

　Dさんは、相談支援専門員が作業所の職員だった頃に、同じ作業所に通所し
ていた。その頃、新年会で一緒にお酒を飲んだことを、最も印象に残ることと
して挙げていた。病院に入院して、地域移行支援の担当者として相談支援専門
員と久しぶりに会ったとき、一緒にお酒を飲んだり、しいたけを栽培したりし
ていた相談支援専門員だったので、とても安心したと語っていた。

　Eさんは、一緒に神社に行ったことを挙げていた。相談支援専門員は覚えて
いなかったが、Eさんは、「○○神社」と答え、最も印象に残っていることと
して話していた。

　また、退院意欲がとても強かったBさんは、最も印象に残っていることとし
て病院に相談支援専門員が通ってきてくれたことを挙げていた。しかし、現在
の希望としては「もっとみんなでね、どこか食いに行こうとかね、どこかカラ
オケに行こうとか、もっと増やしても良いんじゃないかな」と語り、援助者と
一緒に外食や外出することを希望していた。

　これらの語りから、長期入院者は、相談支援専門員に対して、専門的な援助
だけを望んでいる訳ではなく、外出などの「雑用」を【一緒に行う】ことを求

164

めていると考えられた。〔家族に頼れない〕長期入院者の視点に立てば、一見「雑用」と思われるようなことを【一緒に行う】ことが、「関係に基づく援助」の替わりを担う重要な援助であると考えられる。

　このことは、長期入院者が求める契約終了後の相談支援専門員との関係からも示唆される。Aさんは、インタビューのなかで、契約終了後の相談支援専門員に対して、「何か用事があった場合」に「たまに」来て欲しいと話していた。地域移行支援と計画相談の担当者が同じBさん以外の3名も、「時々は」相談支援専門員に来て欲しいと語っていた。

　彼らと相談支援専門員は、職業的関係として出会っており、友人関係ではない。そのため、相談支援専門員から「関係に基づく援助」を受けることはできない。しかし、契約終了後のつながりは、契約に基づいたものではないため、専門的な援助関係でもない。この「関係に基づく援助」における関係とも、専門的な援助関係とも異なるつながりを、彼らは求めているように考えられる。

　家族に頼れず、「関係に基づく援助」を受けにくい彼らにとって、専門的な援助関係でも、友人関係でもない、元援助者との人と人との「かかわり」が重要な意味をもつと考えられた。

3.【一緒に行う】ことで自己決定する力が育つ

　Aさんは、インタビューのなかで、「一緒に歩きました」「みんなで相談して退院しました」と語っており、援助者たちと何かを【一緒に行う】ことにより退院できたと位置づけていた。この発言からも、Aさんの退院に至るプロセスでは、相談支援専門員たちと一緒に住まい探しをしたり、買い物をしたり、退院のための荷造りをしたりする「かかわり」が必要であったと考えられる。

　相談支援専門員は、Aさんと【一緒に行う】ために、彼女のペースを大切にしていた。住まい探しも「ここにしようかどこにしようかなと思い、部屋探し3つ歩きました」というように、一緒に3か所見てから決めたことにより、「ここがいいところ。この場所が」という思いを、Aさんは抱くことができたと考えられる。

　Aさん同様に住まいのなかったBさんも、相談支援専門員が「何回も病院に来てくれて、去年、一昨年、一昨々年の夏場から冬場にかけてずっと何回も何

165

回も説明してくれたり、どういうところだとか、こういうとこだとか、いろんなところを紹介してくれたんですね」と語っている。Bさんは、自殺未遂による身体障害もあり、車いすを使わなければ生活できない。バリアフリーの住宅を探さなければならない状況においても、相談支援専門員は、Bさんの自己決定を誘導することなく、本人が納得するまで、何度も住まいを紹介し、一緒に考え続けていた。

クライエントの自己決定における「かかわり」の必要性については、柏木や尾崎が、以前から指摘してきた。柏木は、ソーシャルワーカーとクライエントが、「かかわりのなかで相互に成長しながら自己決定というものを育てていく」（柏木2010: 56）、「自己決定は『かかわり』の産物である」（柏木2022）と述べている。そして「かかわり」に時間をかけること、協働作業としての「かかわり」より自己決定が生まれると説明した（柏木2011: 83–4）。尾崎も「自己決定を尊重するには、互いに意見や感情を伝え合うかかわりをクライエントとのあいだに育てる必要がある」（尾崎2002: 146）と指摘した。

最終的な自己決定は、長期入院者本人が行うしかない。Aさんへの退院支援では、相談支援専門員は、Aさんと行動をともにし、彼女のペースを尊重しながら、そのかたわらにいて、彼女が自分で結論を出すまで待ち続けた。相談支援専門員は、援助することを控え、彼女に選択を委ね、本人のペースや思いを尊重して自己決定に時間をかけた。この援助により、Aさんは〔満足している〕住まいを自分で決めることができたと考えられる。

長期入院からの退院は、クライエントにとり自己決定の連続である。援助者と一緒に外出することを決心し、外の生活に慣れ、退院をする決意を固める。そして、一緒に住まいを探して契約し、退院後に使うサービスを選び、事業者と契約する。さらに長年ともに生活した病棟仲間との別れを決意する。こうした自己決定の積み重ねの先にあるのが、退院であり、地域生活なのである。Aさんも【一緒に行う】ことを通して展開された相談支援専門員との「かかわり」を基盤に、これらの小さな自己決定を積み重ね、退院するに至った。

この結果は、長期入院者の退院に対して【一緒に行う】ことが良い影響を与えることを示した第4章のアンケート調査の結果を、本人の語り（具体例）で示したものと言える。

アンケート調査では、共分散構造分析の結果として、【一緒に行う】ことが、退院というアウトカムに良い影響を示すことを実証的に示すことはできた。しかし、なぜ良い効果を示すのかについては十分に示すことはできなかった。本研究の結果から、【一緒に行う】ことを中心とした「かかわり」により、長期入院者の自己決定する力が育つ。地域移行支援では、その自己決定の積み重ねが、退院という結果で現れるという可能性が示唆された。

4. 【つながっている】ことで自立できる

「自立」とは、「できることは自分でやって、できないことは人に頼むことができる力を持っているということ」（白石2018: 67）である。Aさんは、担当を外れた相談支援専門員に対して「そのときに何か用事があった場合」には来てもらいたいと考えていた。Cさんは、「書類とか、わかんない書類とか、あとはこの前は市役所に行く道を教えてくれて、一緒に行ってくれたりした」と今でもつながり続け、「これから（困りごとが）出てくるから、それをサポートしてくれれば嬉しいなと思ってます」と語っていた。このようにAさんも、Cさんも上手に相談支援専門員にお願いごとをしながら、地域での生活を過ごしていた。

援助される者ができないことを他者に頼む場合、援助する者との関係ができなければ支援してもらおうという気持ちにはならない（白石2018: 78）。援助者であれば、誰でもいい訳ではなく、長期入院者自身で担当者を選べる「選ばれ、雇われる関係性」（柏木1995: 89）が必要なのである。AさんもCさんも、これまでの「かかわり」のなかで、相談支援専門員を信頼するようになったため、できないことを相談支援専門員にお願いできる状態（「自立」した生活を送る状態）になったと考える。

このように長期入院を経験した人が自立した生活を送るためには、信頼できる相談支援専門員と緩やかに【つながっている】関係が重要であると推察された。

5. 研究の限界と課題

本研究は、調査協力者に対する1回のインタビューデータを分析した事例研

究のため、調査結果を一般化することには限界がある。分析結果を一般化するためには、調査協力者に長期的に関与し、研究者や調査協力者の偏りなどを継続的にモニタリングし、十分に状況を描写する厚い記述を行うことが必要である。

第5節 結 論

　本調査では、長期入院者は、相談支援専門員と【一緒に行う】ことで「関係に基づく援助」を補うとともにその替わりとする。そして、【一緒に行う】なかで小さな自己決定を積み重ね、自己決定する力が育ち、退院後も相談支援専門員と【つながっている】関係を保つことで、自立した生活を送れるようになるという仮説を示すことができた。

　このプロセスは、一緒に外出するなどのつきあいを通して長期入院者から信用され、退院に向けて協働するようになり、退院という目標が達成された後もつながり続けるという「かかわり」のプロセスを、援助者視点から示した第3章のインタビュー調査の結果と概ね一致する。

　冒頭で示したように、本調査の目的は、退院支援における相談支援専門員の「かかわり」、特に「つきあい」や「一緒に行う」ことが、長期入院者にとって、どのような意味をもつのかについて明らかにすることにあった。その点については、考察において挙げた3点を示すことで目的が達成できたと考える。

　地域移行支援は、援助対象が一人であり、その一人に時間も労力もかけ、かつそのことが相手に伝わりやすいという特長がある。「関係に基づく援助」を受けることが難しい長期入院者たちにとって、誰かが、自分のために時間を割き、時間をかけて何かを【一緒に行う】ことは、援助者が思う以上に意味があると考える。

　退院後は、計画相談などでつながない限り、援助契約が切れるため、相談支援専門員が継続的にかかわることは難しい。しかし、【一緒に行う】経験をした相談支援専門員とつながり続けることが、「関係に基づく援助」を受けることができない長期入院者経験者たちを支え続けていると考えられた。

終 章

長期入院精神障害者の退院支援における
「かかわり」とは何か

総合考察

第1節　退院支援における長期入院精神障害者との
　　　　　「かかわり」

　本書では、「かかわり」を通して、長期入院という社会的課題の解決に向けた支援のあり方を提起するために、① 相談支援事業所に勤務する PSW に対するインタビュー調査（以下、インタビュー調査）、② 相談支援専門員に対するアンケート調査（以下、アンケート調査）、③ 長期入院経験者に対するインタビュー調査（以下、事例研究）を実施した。

　その結果、長期入院者の退院支援における「かかわり」の構成要素が明らかになった。加えて「一緒に行う」という行動レベルの支援が退院というアウトカムに影響を与えること、「かかわり」のプロセスは「一緒に行う」ことから始まって援助契約が終了しても「つながり続ける」ことを示すことができた。

1．退院支援における「かかわり」の構成要素
1）「かかわり」の構成要素

　相談支援専門員やPSWの実践は、業務と業務でないものを区別することが難しい。先行研究においても、相談支援専門員の行う相談支援には、相談業務

に加えて日常生活に必要な具体的な支援が含まれ、家族の基本機能の社会化された扶養役割が含まれる（門屋2014: 133）。また精神障害者への援助は、何が援助者の仕事なのかはっきりしないことがある不定形な仕事であり、ケアと相談支援という形で分けることができない（立岩2015: 197–8）、あるいは精神障害者は障害が固定している訳ではないので、その時々に応じた臨機応変な対応が必要である（萩原2019: 221）との指摘があった。

　その不定形な実践において、援助者がクライエントとの「かかわり」を形成するためには、面接業務では片づかない問題を一緒に乗り越えること（谷中1993a: 136）、日常生活的なかかわりをもつこと（谷中1983: 31）、日常的関係性を築くこと（柏木1995）、一生のつきあいを覚悟しなければならないこと（谷中1993b: 75）などが必要であると指摘されてきた。

　本書の意義の一つは、不定形な実践のなかで展開されるため、これまで明確に示されることがなかった長期入院者の退院支援における相談支援専門員の「かかわり」の構成要素を実証的に示すことができた点である。

　インタビュー調査では、【つきあい】【パートナーシップ】【つながり】という3つのカテゴリーが抽出された。アンケート調査では、探索的因子分析の結果、「相談を受ける」「一緒に行う」「本音を聴く」「つながり続ける」という4因子が抽出された。以下、2つの調査の結果を通して、「かかわり」の構成要素について確認していく。

　アンケート調査では、面接業務を示す「相談を受ける」だけでなく、「一緒に行う」「つながり続ける」といった面接業務では収まらない「かかわり」の構成要素が抽出された。インタビュー調査においても、【つきあい】や【つながり】という面接業務には収まりきらない実践の要素が抽出された。

　また、アンケート調査の第一因子「相談を受ける」に含まれる項目は、インタビュー調査における【パートナーシップ】のサブカテゴリーである〈共に悩む〉と概ね一致していた。アンケート調査の第二因子「一緒に行う」に含まれる項目は、インタビュー調査における【つきあい】や【パートナーシップ】に多くみられた。第三因子「本音を聴く」という因子に含まれる項目は、インタビュー調査の【つきあい】や【パートナーシップ】に多くみられた。第四因子「つながり続ける」は、インタビュー調査の【つながり】とほぼ一致していた

終章　長期入院精神障害者の退院支援における「かかわり」とは何か

（表6.1）。以上のように両調査の結果は概ね一致していた。

　長期入院者の退院支援では、退院という具体的な援助目標を達成するための面接業務（「相談を受ける」）が必要不可欠である。しかし、相談支援専門員が長期入院者と面接を繰り返すだけでは、彼らの退院意欲は向上せず、本音をこぼすこともなく、退院への原動力を知ることもできない。また、面接だけでは、彼らが気に入った住まいや家具を探すこともできない。彼らから信頼してもらい、彼らとともに退院に向けて動き出すためには、一見すると専門的にはみえない「一緒に外出する」などの【つきあい】を重ねることで信頼関係を形成することが必要であった。そして、退院への後押しをするためには、退院後も【つながり】を保つことを彼らに伝えなければならなかった。こうした【つきあい】や【つながり】にみられる時や場や経験をともにする「かかわり」は、谷中の「常に日常生活的なかかわりや、共同体の一員としてのかかわりが要求されてくることから生じてくる。問題解決で終了するものでもない」（谷中1983: 31）という指摘と一致していた。

　精神障害者に対する援助は不定形で、相談と生活支援を分けがたいという特徴があった。本書では、先行研究において「分けがたい援助」とされていたことの一部を、援助者とクライエントとの「かかわり」から腑分けし、その構成要素を実証的に示すことができた。

　加えて、「一緒に行う」ことで「本音を聴く」ことができ、「本音を聴く」ことで「相談を受ける」ことができるという構成要素間の関係性を示したことにより、相談と生活支援が分けがたい理由を実証的に説明することができたと考える。

2）「一緒に行う」ことで「つながり続ける」ことが可能になる

　アンケート調査では、探索的因子分析で抽出した4因子を潜在変数として、変数間の影響を確認するために共分散構造分析を実施した。その結果、「一緒に行う」から「つながり続ける」への係数は、0.39であり、弱い影響があった。「相談を受ける」や「本音を聴く」が「つながり続ける」に影響を与えなかったことと比較すると、「一緒に行う」は「つながり続ける」ことに影響を与えていた。この2つの変数は、相談支援専門員と長期入院者の「人と人」と

171

しての関係性を示す変数である。「一緒に行う」ことが「つながり続ける」ことに影響を与えているということは、退院支援の前半において「人と人としての関係」を築くことにより、援助契約終了後も「人と人」としてつながり続けることが可能になることを示していた。

　事例研究においても、長期入院者が印象に残っている相談支援専門員の「かかわり」として、「誕生日ケーキ買ってくれた」「神社に行った」「新年会で一緒にお酒を飲んだ」ことなどが挙げられていた。こうした「人と人」としての【つきあい】を「一緒に行った」経験が、長期入院者にとっては重要であり、彼らが現在も相談支援専門員と【つながり】続けていることに影響を与えていると推察される。

　3つの調査の結果から、PSWを中心とした相談支援専門員は、面接業務を行うだけではなく、生活場面をともにする「人と人」としての【つきあい】や「人と人」としての【つながり】を通して長期入院者との「かかわり」を形成していることが示唆された。この結果は、「全人格的なかかわりと、全生活的なかかわりとが同時に両者の間の深い結びつきともなってくるものである」（谷中 1983: 31）という谷中の指摘を実証的に説明できたと考える。

2. 「一緒に行う」ことが退院に与える影響

　アンケート調査では、共分散構造分析を用いて潜在変数が観測変数である「退院あり」に与える影響について分析を行った。その結果、「一緒に行う」から「退院あり」へ係数が0.59であり、「一緒に行う」だけが長期入院者の退院において影響を与えていた。一方「本音を聴く」や「相談を受ける」という面接に関する潜在変数は「退院あり」に影響を与えていなかった。「一緒に行う」という行動レベルの援助が、退院というアウトカムに良い影響を示すことを実証的に示し、退院支援の方向性を示唆したこと（松田 2023: 49）も本研究の意義の一つである。

　しかし、共分散構造分析では、「一緒に行う」ことがアウトカムに良い効果を示す理由については説明することができなかった。その理由について、インタビュー調査と事例研究から意味づけすることができた。インタビュー調査の分析結果から、援助する者であるPSWが【つきあい】や【つながり】のなか

で、「援助する」という自らの役割を一旦横におき、本人が自分で選択し、決めることができるように一歩下がって選択を委ねている姿がみえてきた。事例研究においても、Ａさんは、相談支援専門員と一緒に行うことを通して展開された「かかわり」を基盤に住まい探しやカーテン選びなどの小さな自己決定を積み重ね、退院するに至った。

　長期入院からの退院とは、長期入院者にとり自己決定の連続である。退院を決意し、地域移行支援の契約を結び、退院先を決め、退院後に使うサービスを選択する。そして、長年ともに生活した病棟仲間と別れる決意をする。退院への歩みは、自己決定の積み重ねの先にあるものと考える。

　「一緒に行う」ことは一見すると専門的技術にはみえないため、地域移行支援において必ずしも重視されているとは言えない。既述のように地域移行支援のガイドブックでは、「一緒に行う」ことより、地域移行支援計画の作成（アセスメントやプランニング）などに関する記述量のほうが多かった。しかし、そうした面談的な援助にあたる「相談を受ける」は、共分散構造分析の結果では、「退院あり」に影響を与えていなかった。

　アンケート調査の結果から、ガイドブックでわずかに触れているに過ぎない「一緒に行う」ことが、長期入院者の退院を促進させる可能性が示唆された。この結果は、面接を中心とした相談業務と支援関係機関のネットワークづくりに力点をおきすぎている現在の地域移行支援のあり方を再考する必要性を示唆している。

3.「かかわり」を通して自己決定する力が育つ

　これまでもクライエントの自己決定を尊重するためには、「かかわり」が必要であることは柏木や尾崎らによって指摘されてきた。本書では、相談支援専門員と「一緒に行う」ことを通して展開された「かかわり」を基盤に小さな自己決定を積み重ね、退院するに至るという仮説を導き出すことができた。

　わが国の精神障害者支援の現場では、援助者側の不安から彼らの生活をデイケアやグループホームなどのフォーマルサービスで固めることが少なくない。退院支援におけるできないことや問題点の対応策ばかりに偏ってしまう支援計画は、「障害者包囲網」（佐藤2008: 28）、「措置退院」（岩上2010: 25）、「リカバ

表6.1　インタビュー調査とアンケート調査の比較

インタビュー調査の結果		アンケート調査の結果	
カテゴリー名	概念名	質問項目	因子名
【パートナーとして認め合う関係】	退院に向けた悩みに寄り添う	家族との関係に関する相談を受ける	第一因子相談を受ける
		お金に関する相談を受ける	
		福祉サービスの利用に関する相談を受ける	
		他の支援者との人間関係に関する相談を受ける	
		寂しさに関する相談を受ける	
		生活上の困りごとに関する相談を受ける	
		将来（就職や進学など）に関する相談を受ける	
		恋愛・結婚に関する相談を受ける	
	地域生活への準備の手伝い	一緒に携帯電話の契約に行く	第二因子一緒に行う
		一緒に銀行や郵便局に行く	
		一緒に電車やバスなどの乗り方の練習をする	
		役所に同行して必要な申請手続きなどの支援を行う	
		一緒に日中活動の場所に見学に行く	
	住まい探しの手伝い	一緒に賃貸物件の内見に行く	
		住居の賃貸契約に同席する	
		一緒に利用者の住まい（持ち家や実家など）に行く	
	直接支援を行う	引っ越しの手伝いをする	
【お互いを知るための「つきあい」】	一緒に外出する	一緒に買い物に行く	第三因子本音を聴く
		一緒に外食に行く	
		一緒に散歩に行く	
	退院に関する希望を聴く	入院生活の不満や不自由さについて聴く	
		いつまでに退院したいか聴く	
		福祉サービスの利用に関する希望を聴く	
【パートナーとして認め合う関係】	本音を伝える	支援者の気持ちを素直に伝える	
	サービス調整する	本人の思いに合わせてケアプランを修正する	
【つながり続ける「かかわり」】	つながり続ける	契約終了後も相談にのる	第四因子つながり続ける
		担当を外れた後も相談にのる	
		日中以外の時間帯でも相談を受ける	
		日中以外の時間帯でも必要に応じて訪問する	

リーのベルリンの壁」（Rapp & Goscha＝2014: 28）という表現で批判されてきた。

こうした援助者の方針を押しつける援助が、現在も一般的であることは、第1章で示した通りである。こうしたクライエントの自己決定を軽視した援助のあり方は、長期入院者と丁寧な「かかわり」をもとうとしないために、彼らのストレングスに目が向かないことから生じると推察される。

インタビュー調査のフィールドであった十勝のPSWは、「一緒に行う」ことを中心とした【つきあい】を丁寧に行うことにより、本人の〈ストレングスに目が向く〉ようになっていた。そのため、十勝のPSWは、彼らを信頼して、退院前には本人が希望する最低限のサービス調整しか行っていなかった。PSWたちは、退院後も【つながり】続けるため、本人が困ったタイミングで話しあい、本人の希望に応じてサービスを追加したり減らしたりすればいいと考えていた。

援助する者であるPSWが、援助することを控えた結果、本人たちは、長期入院によって奪われた、何を食べるか、何時に寝るか、どのテレビ番組を見るか、どんな仕事をするか、誰と遊ぶか、誰とつきあうか、誰と結婚するかといった選択をする機会を取り戻していた。

このように十勝のPSWは、長期入院者と「一緒に行う」ことを中心とした【つきあい】を通して彼らのストレングスを知り、彼らを信頼して【つながり】を保ち続け、彼らの自己決定を尊重した「かかわり」を展開していた。長期入院者もそうした「かかわり」を基盤に自分の人生を自分で決めていくという当たり前の生活を取り戻すようになっていた。

本書では、「かかわり」を通して自己決定する力が育つという仮説を導き出すことができた。この仮説は退院支援における実践の質を示すものとして活用できると推察される。

4. 退院支援における「かかわり」のプロセス

本書では、長期入院者の退院支援におけるPSWを中心とした相談支援専門員の「かかわり」のプロセスを示すことができた。

第4章の共分散構造分析の結果では、「一緒に行う」から「本音を聴く」へ

のパス係数は、0.80という強い影響を示しており、相談支援専門員は「一緒に行う」ことを通して、彼らの「本音を聴く」ことができた。この結果は、長期入院者がPSWの「かかわり」のなかで、少しずつ本音を語り始めるという協会の報告（日本精神保健福祉士協会精神保健福祉部精神保健医療福祉委員会2012）の結果とも一致した。そして、「本音を聴く」から「相談を受ける」への係数も0.81という高い数値を示しており、相談支援専門員は、長期入院者から本音を教えてもらい、その思いに応えるために、彼らと退院に向けた相談を行えるようになるというプロセスが示唆された。また、既述のように「一緒に行う」から「つながり続ける」への係数は0.39で影響がみられ、「一緒に行う」経験をした相談支援専門員は、支援契約終了後も「つながり続ける」というプロセスも示唆された。

　一方で「相談を受ける」から「本音を聴く」への係数が−0.63であるということは、長期入院者と「一緒に行う」ことに時間をかけずに「相談を受ける」ことから始める相談支援専門員は、彼らの「本音を聴く」ことが難しいということを示していた。

　第1章で指摘したように長期入院者たちは、本来退院支援をするはずの専門職から適切な援助を受けられなかったために長期入院という状態に陥っている。彼らは、病棟内での専門職との乏しい関係性の影響により、治療や専門職に対する不信をもち、本音を語れなくなっていた。こうした彼らに対する退院支援では、病院の職員と同じ専門職としての立場からかかわろうとしても（面接業務を中心とした援助を行っても）、彼らから信用されず、本音を聴くことができない。「相談を受ける」から「本音を聴く」への係数が−0.63であるという結果は、そうした長期入院者の思いを反映していると考える。

　インタビュー調査では、PSWは、退院支援という自らの業務を一旦横におき、彼らとの【つきあい】を通して「人」として信用してもらうことから始めていた。次に、彼らと【パートナーシップ】を形成し、退院という共通の援助目標に向けて協働する。最後に、退院して共通の援助目標がなくなり、契約関係が終結した後も、彼らと「人」として【つながり】続けるというプロセスを明らかにした。

　この2つの調査結果から、PSWを中心とする相談支援専門員は、「専門職」

終章　長期入院精神障害者の退院支援における「かかわり」とは何か

を信じきれない長期入院者の視点に立ち、「専門職」としてではなく、「人」として彼らと外出などを「一緒に行う」。そうした【つきあい】を通して信頼関係を醸成し、彼らの「本音を聴く」ようになる。長期入院という不条理のなかにある「人」の本音を聴いた相談支援専門員は、「援助者」として退院に向けた【パートナーシップ】を形成する。そして、地域移行支援という業務が終了した後も、彼らにかかわった「人」として【つながり】続ける。相談支援専門員は、このプロセスを「かかわり」と捉えていることが示唆された。

5．退院支援における「かかわり」の必要性とその意義
1）退院支援における相談支援専門員の「かかわり」の必要性

　長期入院者の退院支援における相談支援専門員の「かかわり」の必要性については、相談支援専門員向けのガイドブックにおいても「『希望』を引き出すかかわり」として挙げられていた。具体的な行動として、会釈、声かけ、買い物同行などが示されていた（金城2013: 43）。実際に退院支援を担った援助者たちは、買い物などを「一緒に行うこと」の必要性について実感していた（金川2014;藤澤2014;上野・八重樫2014: 210）。しかし、そうした「一緒に行うこと」を中心とした「かかわり」を形成する意義や必要性については、実証的に説明されていなかった。

　また、「一緒に行う」ことの担い手としては、特定の職種である必要はないとして、他の患者、入所者、ピアサポーターなども含まれるという指摘もあった（金城2013: 43）。ピアサポーターやボランティアなどが担えるのであれば、精神保健福祉士や相談支援専門員が担う必要はないという問いに対して、先行研究では、十分に答えられていない。

　本書の結果は、こうした問いに対して、一定の答えを示すことができた。共分散構造分析の結果にあるように、相談支援専門員は、長期入院者と「一緒に行う」ことを通して、彼らの「本音を聴く」ことができ、その思いを叶えるために「相談を受ける」ようになるというプロセスを示していた。そのため、長期入院者の退院支援では、一見専門的にみえない「一緒に行う」ことから始めなければ、彼らの「本音を聴く」ことは難しく、その結果、援助者として「相談を受ける」こともできず、本人の意向に沿った退院支援ができなくなると推

察された。この点から「かかわり」には、長期入院者の退院支援を効果的に行うための（退院というアウトカムにつなげるための）専門的技術としての側面があることが示唆された。

「かかわり」に援助技術としての側面があることは、事例研究の結果から推察できる。PSWは、「一緒に行う」なかで、援助することを控え、長期入院者に選択を委ねることにより、小さな自己決定を積み重ねる機会を保障し、長期入院によって奪われた自己決定する力が育つように援助していた。

長期入院経験者Cさん（男性）へのインタビューの際、Cさんが「（ある女性が）今は飲み屋やってんだけど、そこ6000円なんだって。一番若い子紹介してあげるって」と話したとき、相談支援専門員は「6000円貯めたのかい」「そうか、それから行くんだね」と返すに留めていた。そのようにかかわった意図を確認したところ、「普段はね、そっとしてるの。多少失敗するなと思ってもね、黙って見てるから。失敗したかとかって。そうやってね、失敗繰り返さないと成長しないんだからね」と語っていた。相談支援専門員は、彼らが選択するタイミングでは、一歩後ろに下がり、彼らに選択に委ねて、彼らの自己決定する機会を保障する。そして、その決定により、彼らが躓いたとしても「見捨てはしない」姿勢で支え続けていた。

雑談や外出などを「一緒に行う」ことは、一見すると「人と人としての関係」のようにみえる。しかし、「人と人としての関係」にみえるなかにも、彼らが小さな自己決定を積み重ねられる機会を保障するための意図的な行為が内包されていると考えられる。ここに友人関係とは異なる高度な専門技術としての「かかわり」の一面が示唆された。

2)「かかわり」を通して現実と向きあう

尾崎は、『現場のちから』という著書のなかで、病院PSW時代に、退院への働きかけをした長期入院者から「仕事熱心な援助者は迷惑」と言われた経験を振り返り、その言葉の意味を以下のように考えた。

　　できるなら、退院したい。しかし、夢をもてば、またとりかえしのつかない辛い目にあう。だから、頼むから、もう俺に構わないでほしい。しか

し、……。(尾崎2002: 20)

　当時の尾崎は、彼の思いを受け止めることができず、拒絶されたと捉え、彼と向きあうことをやめ、彼の前から逃げ、自分からも逃げたと振り返った。そして、どうすべきかわからない現実から実践を始め、圧倒されるほどの矛盾や葛藤に対する感性と耐性を育て、葛藤に満ちた人生を生きる「わたし」と「あなた」として向きあうことが必要であると考えた（尾崎2002: 21–2）。

　長期入院は、国による意図的な政策誘導とその政策に乗った病院や関係者による現在進行形の人権侵害である。長期入院者の退院支援に携わる者は、長期入院者と向きあうなかで、彼らと自分を取り囲む状況（現実）に向きあうことになる。

　近い体験が『かかわりの途上で』というPSWによるエッセイ集のなかでも語られていた。長期入院している鈴木さんから「今さら退院しないかなんて言っても遅いんだよ！」（相川・田村・廣江2009: 71）と強い怒りをぶつけられ、その後、その人からかかわりを拒否されたPSWが次のように語っていた。

　　長期入院患者の存在は国の施策のせいと習っていたし、そう信じていた。
　　しかし、そんな単純なものではない。病院も加害者なのだ。そして私も
　　その加害者である病院の一員なのだという現実が重くのしかかってきた。
　　（相川・田村・廣江2009: 72）

　第1章で示したように長期入院者の退院支援を担う専門職は、これまで長期入院者に「退院不可能」というレッテルを貼り、「受け皿がない」といって多様な社会資源には目を向けず、世界に類をみない異常な精神病床数を放置し、長期入院者の思いから逃げ、自分自身と向きあうことからも逃げてきた。特に病院勤務の精神保健福祉士は、社会的入院の解消を目的に作られた国家資格でありながら、その役割を果たさず、人権侵害を担う機関のなかで長期入院者の「社会的復権」や「権利擁護」を訴え続けてきた（國重・鬼塚2016: 32）。そして、今もなお、この圧倒されるほどの矛盾や葛藤に対して目を閉ざし続けている。立岩は、こうしたPSWの態度を、以下のように批判している。

知らないで言うのだが、社会変革が少なくともその任務の一つだという「ソーシャルワーク」の「本義」からすれば、精神科ソーシャルワーカーたちがどれほどのことができてきたかと問われて仕方がないところはあると思う。(立岩2015: 118)

この立岩の指摘のようにPSWは、社会変革の役割を果たせているとは言いがたく、非難されても仕方がない状態にある。また、門屋も長期入院に対するPSWの取り組みについて、自戒も込めて次のように強く批判した。

私は精神保健福祉士。なんと罪深きことを重ねてきた職業かと自戒してきた。私たちの専門性が人の心理社会的存在を基本とし、人と環境の関係を理解した上で、人それぞれの幸せ達成に向かうことを支援する職業であり、人と環境との関係について調整、改善することなどを支援する専門職である。この立場で私たちはわが国の精神障害者のあまりにも悲惨な社会的処遇について声高に批判し、改善する具体的成果ある行動をしてこなかったと言えるからである。専門職とは言いがたい。(門屋2008: 453)

相談支援専門員として活動するPSWが社会変革という任務を果たすためには、まずは、圧倒されるほどの矛盾や葛藤という状態におかれ続けている長期入院者の思いに向きあうことから始めなければならない。

インタビュー調査においても「退院を意識するようになってから、たいていみんな聞いてくるんですよね。退院後にどうせ一人なんでしょとか。退院後に誰に相談すればいいの」(A1) と長期入院者から言われたPSWがいた。長期入院者は、入院の長期化により家族や友人などに頼れない人が多い。退院支援を担うものは、「関係に基づく援助」を受けなれない彼らに対して、「かかわり」を通して、これからの生活への不安や悩みに向きあわなければならない。十勝のPSWたちは、彼らとの「かかわり」を通して、彼らと自分たちを取り囲む現実と向きあっていた。「私多分いるから大丈夫だよ」(A1) と言葉で伝えたり、アパートの保証人になったり、自分の電話番号を教えたりして、彼らのかたわらに居続けることを示していた。相談支援専門員の業務としては、電

話番号を教えたり、保証人になったりする必要はない。しかし、あえてその役割を担うことで、ともに現実に向きあう姿勢を示していた。

このように「かかわり」は、退院という目的に向かって形成される専門的・職業的関係であるだけでなく、相談支援専門員やPSWに対して「専門職」としてだけでなく、「人」として、この不条理な現実におかれた彼らと向きあう覚悟を問いかけるものでもあった。

3)「かかわり」を通して現実に働きかける

わが国の長期入院者を取り囲む状況は、複合的要因から成り立っており、ミクロな「かかわり」だけでは、この現状を大きく変えることはできない。しかし、人間は個別的存在であるとともに社会的存在である（吉浦2024）。ミクロな「かかわり」を通して身近な地域を変えていく可能性は、十勝の実践から読み取ることができる。

既述のように十勝のPSWたちは、1970年代から目の前にいる長期入院者との「かかわり」を通して、彼らの希望を知り、その希望を叶えるために、住まいや通う場所を確保し、必要な医療サービスを整えてきた。しかも、開発した資源を、受診先に関係なく、必要な人は誰でも使えるオープンシステムで運営し、地域全体のケア力を高めたことにより、特定の病院だけでなく、地域全体での病床削減を実現した。

また1969年からPSWによる自主的な研究会（現、月曜会）を始め、50年以上経った現在も続けている。この月曜会では、地域と病院のソーシャルワーカーが集まり、顔のみえる関係づくりを行うだけでなく、「かかわり」を通して培った「本人中心の支援」を次世代に受け継ぐスーパービジョンのような機能を果たしてきた。こうしたPSWたちの業務を超えた公私にわたるつながりが、お互いに相談しやすいサポートネットワークを形成し、相談支援専門員たちが活動しやすい基盤を築くことになった。この基盤が足場となり、個別支援から抽出した地域課題を、協議会を通して地域資源を開発するというマクロな実践へつなげることを可能にした。

本書のアンケート調査では、「一緒に行く」ことで「本音を聴く」ことができ、「本音を聴く」ことにより「相談を受ける」ことができるという個別支援

における「かかわり」のプロセスを示した。このプロセスがなければ、個別課題から地域課題を抽出することができず、地域づくりにもつながらないと考えられる。十勝での実践は、ミクロな「かかわり」を通して長期入院者と援助者を取り囲む現実に働きかけるというマクロな働きかけへとつなげる象徴的実践と言える。

　全国的にみると、直接支援が乏しいブローカ型の相談支援が中心となり、「一緒に行く」ことから始まる「かかわり」のプロセスが欠如し、地域づくりにつながらない地域が多いと考えられる。現行の制度下においても十勝の実践が展開されていることから考えると、相談支援事業者側にも柔軟な制度利用や業務を超えた実践が求められるが、そのためにも「かかわり」を促進させる報酬上の後押しも必要であろう。

第2節　「かかわり」とは何か

　PSWにとり「かかわり」とは、あまりにも当たり前に使ってきた概念であったために、そこにあえて関心を向ける研究者は少なかった。そのため「かかわり」は、柏木や谷中らによって重要性を唱えられながらも十分に整理されないままに使われ、「かかわり」とは何か、なぜ大切なのか議論されることも少なかった。

　この「かかわり」は、わが国の病院における長期にわたる隔離収容政策、つまり地域のフォーマルな社会資源が長く整備されなかったことで生まれたという一面がある。「かかわり」は、PSWと精神障害者が生活をともにするなかで作り上げてきた関係であった。

　本書で示した結果は、長期入院者の退院支援という場面に限定されたものであるものの、PSWの実践知と一致している部分も多く、「かかわり」の一端を説明していると考えられる。そこで、本研究で得られた知見を整理し、「かかわり」の3つの特徴について示す。

1.　「援助する者−される者」と「人と人としての関係」を併せもつ関係
　第一の特徴として、「かかわり」は、「援助する者−される者の関係」と「人

終章　長期入院精神障害者の退院支援における「かかわり」とは何か

と人としての関係」という異なる2つの面（関係性）を併せもつ関係である。

「援助する者−される者の関係」とは、援助という目的があるときに形成される関係性を意味する。一方「人と人としての関係」とは、援助する者が、あえて援助という役割を横におき、援助することを控えることで作り出す関係性である。このときの関係性では、援助される者であるクライエントが「援助される」という役割から解放される。

　　多分向こうが大人で、すごい多分、（PSWを）子どもみたいな感じで、年
　　齢的にも子どもみたいな年齢だったので、見ててくれた面もあったのかも
　　しれない。（A1）

　　本人のほうから「あんまり来ないと心配するからちゃんと来て」って言わ
　　れて。（A1）

このインタビューの語りにみられるように、「人と人としての関係」では、援助される者という役割を担わされたクライエントが、その役割から解放されて、援助する側を見守ったり心配したりすることが起きる。そのため、援助者が意図的に援助することを控えていたとしても、この二者関係を外から見れば、「人と人」としてかかわりあっているようにみえる。

「かかわり」には、この「人と人としての関係」と「援助する者−される者の関係」が内在しているが、2つの関係性は、時期によって表面的に表れる大きさ（濃淡）に変化が生じる。図6.1は、その変化を図式化したもので、実線は援助者が援助することを控えた割合を示している。援助することを控え、本人に選択を委ねる割合が高いとき（実線が上にある状態）は、「人と人としての関係」として表れる面が大きくなる。一方、援助する割合が高いとき（実線が下にある状態）は、「援助する者−される者」として表れる面が大きくなる。

クライエントが援助者を信じることができない初期段階では、援助者は、援助することを控え、「一緒に行う」ことを中心とした【つきあい】を大切にするため、「人と人としての関係」として表れる部分が大きくなる。両者の間に共通の関心事ができた（援助目的が共有された）段階では、援助者として「相

183

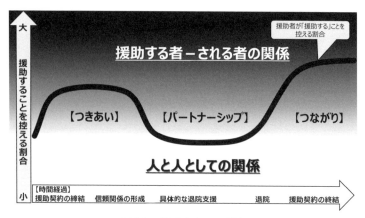

図6.1 「かかわり」の構造

談を受ける」ため、「援助する者－される者の関係」として表れる部分が大きくなる。そして、援助契約が終了し、援助目的がなくなった段階では、再び「人と人としての関係」が表れる面が大きくなり、人と人として【つながり】続けるようになると推察された（図6.1）。

このように長期入院者の退院支援における「かかわり」は、常に固定的な「援助する者－される者の関係」ではなく、場面ごとに「人と人としての関係」と「援助する者－される者の関係」が入れ替わり、どちらかが強く表面に浮かび上がる形で積み重ねられていた。一方の関係性は完全に消える訳ではなく、後方に下がってみえにくくなっているに過ぎない。このように「かかわり」には、「援助する者－される者の関係」が常にあるがゆえに、援助者がクライエントを利用する際に起こりうる「一蓮托生とでもいえるような心情」（尾崎 1994: 44）や、そのような心情から引き起こされる巻き込まれなどから一定の距離をとることができると考える。

また「かかわり」は、専門的・職業的な関係として始まりながらも、その関係に納まりきらない力（構成要素）を内包させていた。「かかわり」には、「相談を受ける」といった「援助する者－される者の関係」に近い要素だけでなく、「一緒に行う」「つながり続ける」【つきあい】【つながり】といった「人と人としての関係」に近い要素も内包している。

終章　長期入院精神障害者の退院支援における「かかわり」とは何か

　信頼関係を形成する時期では、PSWが〔自分の素を見せる〕ことで、「ごく
あたり前の関係」（柏木1995）に近づこうとする力が働く。援助契約が終結し
た時期は、援助目的がない状態であり、特定の目的や課題による制限から逃れ
ることができるため、【つながり】という形でバウンダリーを超える実践が展
開されやすい。そのとき「かかわり」は、家族や友人が提供する「関係に基づ
く援助」に近づき、「人と人としての関係」として面が強く表れるようになる。
　以上の退院支援における「かかわり」では、「退院」という目的があるため、
段階ごとに一方の関係性が強く表れやすい傾向がみられた。しかし、生活支援
の場面では、「人と人としての関係」として訪問したときに、急に「援助する
者－される者の関係」を求められることがある。援助者は、意識しないまま
に、状況に応じて2つの関係性を出し入れするため、両者を明確に分けて捉え
ていないと推察される。
　「かかわり」には、こうした特徴があるため、これまでは「従来のワーカー・
クライエント関係では説明しきれない部分がある」（谷中1983: 31）、あるいは
「『ワーカー－クライエント関係』が示唆するよりもっと人の営みの深みにおい
て織り成す人間模様の一部始終に触れることによって、ようやくそれを論じえ
るかもしれない厄介な代物」（柏木2007: 2）と、表現されてきたと考える。

2.「一緒に行う」ことを通して自己決定する力が育つ関係

　第二の特徴として、「かかわり」では、援助者とクライエントが外出や外食
などを「一緒に行う」ことを通して、クライエントの自己決定する力が育つと
推察される。
　第4章の共分散構造分析の結果では、「一緒に行う」ことが「本音を聴く」
に、「本音を聴く」が「相談を受ける」に影響を与え、「一緒に行う」だけ
が、退院というアウトカムに良い影響を与えていたことが示された。第3章
のM-GTAを用いた分析では、「雑談する」や「一緒に外出する」などの【つ
きあい】から「かかわり」がスタートしていた。これらの結果から「一緒に
行う」ことが「かかわり」の中核的構成要素であり、「一緒に行う」ことから
「かかわり」のプロセスが展開されることを示すことはできた。
　「一緒に行う」ことが、「かかわり」の中核的構成要素であることの意味づけ

185

は、主に事例研究から見出すことができた。事例研究のなかでAさんは、相談支援専門員と一緒に住まいやカーテンを探し、最終的に自分で選択したので、「ここがいいところ。この場所が」と満足していた。このようにAさんは、自分で決めることの喜びを語っていた。

　援助者は、「一緒に行う」なかで、自らの役割である「援助すること」を控えていた。援助者が、クライエントと時をともにし、彼らに選択を委ね、小さな自己決定を積み重ねる機会を保障し、自己決定する力が育つように援助していると推察された。

　また、質問しても「はい」「まぁまぁ」しか言わない長期入院者を援助していたPSWは、月2回くらいの訪問を2年間続けて、「好きなこととかしてみたいこととか、退院のまずイメージづくりからやらせてもらって、ご本人が好きなのが車とか、そういう男性だったのでそこからの興味で話を広げて、まずは地域を見に行きませんかっていうような形で一緒に外出支援から始めました」（B1）という「かかわり」を展開していた。PSWは、雑談を通して信頼関係を構築し、地域を見に行くことを「一緒に行う」なかで、住まいの選択などの小さな自己決定を積み上げ、本人が少しずつ主体性を取り戻すように援助していた。

　「かかわり」の中核的構成要素である「一緒に行う」という行為は、一見専門的にはみえず、援助者たちも明確には意識していない。しかし、第2章で示したように、これまでもクライエントと時や場や経験をともにすることの重要性は指摘されてきた。「一緒に行う」のような教科書では習わないことに精神障害者が必要としている非常に大事なことがある（坪上1998: 184）。そこには深い専門性が潜み、経験に基づく暗黙知[15]であることが推察された。

3. 援助契約終了後もつながり続ける関係

　第三の特徴として、「かかわり」は、援助契約の終了とともに終結する専門的・職業的関係とは異なり、援助契約が終了した後も【つながり】を保つ関係である。この特徴は、インタビュー調査、アンケート調査、事例研究の3つの

15　暗黙知とは、「明示的知識の背景にあって明確に言語化されない身体性や直観などに関わる知のこと」（上野2012: 38）を意味する。

調査結果において、共通して抽出された「かかわり」の構成要素であった。

以前から地域精神保健活動では、援助者の継続性が必要であると指摘されていた（Mosher & Burti = 1992; 谷中2000; 山口・吉田2004）。門屋とともに十勝で活動してきた小栗は、契約終了により関係が終了する訳ではない、関係を一旦「仕舞う」に過ぎず、その後も「仕舞い合い」が続くと説明した（小栗2021: 166）。退院支援においても、24時間、いつでも、どこでも、相談や連絡がとれることが退院する人に安心感を与えたとの報告もあった（川村・向谷地2008: 78）。今回の研究結果は、それらの指摘と一致した。

また、この【つながり】は、自立した他者同士による相互主体的関係を示すものであった。精神科医の成田善弘は、患者が治療者を「一人の他者」と見なす時に治療の転機が生じ、患者が自立した個になると指摘した（成田2005: 36）。精神医学ソーシャルワークにおいても、「臨在の証人」（早川・谷中1984）や「共感する他者」（窪田2013）という表現で、クライエントと異なる存在であるがゆえに、援助者として機能できると指摘されてきた。援助者とクライエントが「一心同体の関係」（尾崎1994: 44）になってしまえば、お互いに自立できず、援助者はクライエントに飲み込まれてしまい、援助することができない。

インタビュー調査では、PSWが長期入院経験者に対して〔大丈夫という信頼感〕をもつようになると、援助契約が終結するという流れになっている。この結果は、PSWがクライエントを自立した「他者」であると認めれば、援助がうまく進み、終結に至るということを示したと考える。

「自立」とは、できることは自分で行い、できないことを他者に頼むことができる力をもつことである（白石2018）。援助者は、「できないことがあれば、他者を頼ることができる」とクライエントを信じ、クライエントは、「何かあれば頼むことができる」と援助者を信じる。そのための緩やかな【つながり】を、両者が保つことで、クライエントは自立した生き方を歩むことができると推察される。

4. 長期入院者の退院支援における「かかわり」の特徴

長期入院者の退院支援における「かかわり」は、「援助する者－される者の

関係」と「人と人としての関係」という2つの関係性から構成される。援助者は、「一緒に行う」ことを起点に「人と人としての関係」の割合を高くしてかかわり始めるが、具体的な退院支援が動き始めると、その関係性は「援助する者−される者の関係」の割合が高くなり、退院に向けて協働するようになる。この「一緒に行う」過程で、援助者が「援助すること」を控えることにより、クライエントの自己決定する力が育つようになる。両者は、援助契約終了後も「人と人としての関係」として「つながり続ける」という特徴を有する関係であることが示された（図6.2）。

第3節 「かかわり」の課題と可能性

1.「かかわり」の課題

　本書では、長期入院者の退院支援における「かかわり」について、有効性の一端を示すことができた。相談支援は生活支援とともに行われることに意味があるため（門屋2014: 133）、地域移行支援においても「一緒に行う」ことを中心とした「かかわり」が評価されるべきである。現行の報酬制度では、月2回以上の対面支援に加え、月6回以上の対面支援については集中支援加算が算定され、丁寧な援助に一定の評価がなされている。しかし、相談支援業務に従事

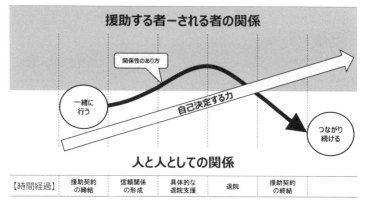

図6.2　退院支援における「かかわり」の特徴

終章　長期入院精神障害者の退院支援における「かかわり」とは何か

する人材の確保に課題があり（厚生労働省2023a）、計画相談への対応で手一杯の相談支援事業者が多く、地域移行支援の利用者数は増えていない（厚生労働省2023b）。

　さらに「かかわり」は、「一緒に行う」ことや「つながり続ける」ことが特長であるため、サービスの枠組み、特に援助期間に限定がある場合、その特長を十分に表すことができない。地域移行支援や地域定着支援も利用期限があるため、契約前の意欲喚起や事業終了後のつながりを事業の枠内で実施することが難しい。このようにミクロレベルの援助における「かかわり」は、人員不足や報酬制度などのマクロレベルの課題から制約を受ける。PSWは、制度のあり方を批判的視点で捉え（茨木2021: 155）、「かかわり」を通してみえてきた制度的課題を抽出し、制度を改善することで、長期入院の解消に結びつけるアプローチが求められる。

　また、ソーシャルワークが実証主義のドグマを採用すると、ソーシャルワーク自体が手段的視点に固定されるとの批判があり（Lorenz 2004: 149）、「かかわり」を実証的に明らかにしようとした本書の試みも同様の批判を受ける可能性がある。しかし、暗黙知としての「かかわり」に留まれば、おそらく柏木や谷中が大切にした「かかわり」は継承されない。そのことは、業務指針における俯瞰的な「かかわり」という表現や滝山病院の意向調査における東京精神保健福祉士協会役員の発言などからも推察される。

　「かかわり」を継承するためには、「かかわり」を業務遂行のための道具や手段にすることなく、かつ多くの援助者に伝わるものにするという困難な命題が課せられている。

2. 「かかわり」の可能性

　「かかわり」は、長期入院者の退院支援に有効であることからも、援助を拒否する人、援助目標が明確でない人、援助して欲しいと口に出して言えない人、援助者に不信感をもっている人などの援助において、良い影響を与えると考えられる。具体的には、ひきこもり状態にある人、若年無業者、ホームレス、依存症者などへの支援などに応用可能であると考える。

　これらの人たちは、長期入院者と同様に、援助者を信頼しようとして裏切ら

189

れた、あるいは見捨てられた経験（医療や福祉の現場では、退職や部署異動などによりクライエントと公的にかかわりにくくなること）を有している可能性がある。そのため、援助者は、継続的にかかわり続ける覚悟と彼らのかたわらにいる姿勢を彼らに見せなければならない。

　厚労省が示した「つながり続けることを目指すアプローチ（伴走型支援）」（厚生労働省2019）では、問題解決の後が重要とされており、人が人のかたわらにいるという「存在の支援」の必要性が指摘された。伴走型支援で問題が解決することはないかもしれないが、「切らない」でつながり続けること自体に意味があるとされている（奥田2018: 36–7）。

　「かかわり」には、「援助する者‐される者の関係」としての一面もあるため、「つながり続ける」こと自体を目的とする伴走型支援とは同一のものではない。しかし、「かかわり」の構成要素やプロセスはクライエントとの関係性を多様にするため、伴走型支援の質の向上に一定の影響を与える可能性があると考える。

　また、病床回転率が上がった現在の病院では、スーパー救急病棟のように入院期間が限定されることが多いため、以前と比べると時や場や経験をともにすることができず、「かかわり」を応用しにくい環境に変わってきた。しかし、2022（令和4）年度の診療報酬改定において、療養生活継続加算が新設され、精神科医療機関の外来担当の精神保健福祉士が行うケアマネジメントが報酬上認められた。訪問看護などと併せて用いることにより、「つながり続ける」ことが可能になった。これにより医療機関の精神保健福祉士も「かかわり」を中心に据えた援助を展開しやすい土壌が作られつつある[16]。特にACTは、「一緒に行う」ことを重視する点や利用期限がないという点において、「かかわり」と共通点が多く、「かかわり」を応用しやすいであろう。

　本書で明らかにした「かかわり」は、長期入院者の退院支援における「かかわり」に限定された理論であるが、上記のように長期入院者の退院支援以外に

16　現状においても、精神科デイケアや訪問看護などで精神科病院が継続的に治療を続けることは多い。また、精神科病院が運営する障害福祉サービス事業者が引き継いで援助を行うことも少なくない。しかし、こうした継続治療や継続支援は、クライエントの希望や支援の必要性から行われるだけでなく、病院の経営上の都合や地域における医療管理という一面が含まれることもあるので、「かかわり」における【つながり】と同一のものではない。

終章　長期入院精神障害者の退院支援における「かかわり」とは何か

も応用することにより、対人援助全般に拡張できる可能性があろう。

第4節　本研究の限界と今後の研究課題

1.「人と人としての関係」の構造とその意義の検討

　本書では、「援助する者－される者の関係」として「かかわり」については、その一端を説明することができた。しかし、援助者とクライエントが、長期にわたり「生活をともにする」なかで生まれた「支えたり、支えられたり」（谷中1993b: 236）する谷中の「かかわり」論については、十分に説明することができなかった。

　やどかりの里の「生活をともにする」活動は、24時間ともに過ごすなかで展開されたため、援助者ではいられない場面（例えば、援助者が疲れて寝てしまったような場面）もクライエントとともにすることになる。そのような場面において、援助者は、意図せずクライエントに「人として」の側面を見せてしまう。第3章のインタビューデータのなかにも、「全然仕事とは関係なしになんですけど」（A1）という発言がみられ、相談支援専門員は必ずしも援助者として意図的にかかわっていた訳ではないことが語られていた。本書では、こうした意図的ではない「かかわり」について、その一端を説明するに留まっている。

　また、谷中と谷しおりの関係にみられた「支えたり、支えられたり」する関係は、「生活をともにする」から表れたものであるが、その意味については検討できていない。この関係は、援助と同じ地平でつながっているものの、援助論の枠内では説明しきれない部分がある。

　本書では、長期入院者の退院支援における「かかわり」に「援助する者－される者の関係」と「人と人としての関係」があることを示した。しかし、退院という援助目標がある場面に限定した研究のため、「人と人としての関係」のなかに含まれるであろう「支えたり、支えられたり」する関係についての検討ができなかった。「かかわり」の意義を深めるためには、援助目標がないなかでの「人と人としての関係」に焦点化し、当事者の語りから、その構造や意義を明らかにすることが必要である。

2.「一緒に行う」ことを中心とした効果的な援助要素の検証

　本書は、実践知である「かかわり」を実証的に明らかにすることを目指したものであった。「一緒に行う」ことが、退院というアウトカムに影響を与える可能性は示せたが、退院実績との因果関係を示すことはできておらず、アンケート調査に用いた尺度の妥当性も評価されていない（松田2023: 49）。さらに理論生成の後にその理論に基づく実践を展開し、効果測定を行うにも至っていない。本研究の成果を、長期入院という社会的課題の解消に活かすためには、ミクロレベルの実践を全国的なものに拡げていく仕掛けも必要である。

　今後の展開として、以下のような方法を検討している。退院支援の経験を有し、退院支援に従事しているPSWや相談支援専門員を対象に、本研究で抽出した長期入院者の退院に効果的な「かかわり」の援助要素に関する研修会を実施する。研修会の内容は、講義だけでなく、事例を用いたグループ討議も行う。その後、受講生は、「かかわり」の援助要素を意識した実践を行い、一定期間後にスーパービジョンを受ける。スーパーバイザーは、スーパーバイジーが「一緒に行うことができているか」「本音を聴けているか」「事務的に相談を受けることから始めていないか」「つながり続ける姿勢を示せているか」などを意識してスーパービジョンを実施する。併せて、研修会の受講前とスーパービジョン終了後に、本研究で用いた尺度を使い、「かかわり」の変化とアウトカム（退院者数）などを確認し、「かかわり」の援助効果を検証する。

　「かかわり」は、「同じ状況が二つとして存在しない」（Dustin＝2023: 259）なかで展開されるため、マニュアル化することが難しい。「"かかわりを通してかかわりを学ぶ"のがスーパービジョンなのです」（柏木・佐々木2010a: 126）という指摘からも、スーパービジョンを介して、その援助効果を検証することが適していると考える。

　長期入院は、個人の問題であるとともに社会的に作られた問題でもある。「常にその人の個別の状況というものに密着しながら同時にその問題の持っている一般性というものに、絶えず帰る事がなかったら専門家ではない」（窪田1979: 28）という指摘からも、スーパービジョンというミクロな「かかわり」を通して、長期入院という社会的な問題の解決に向けた回路を示していくことが今後の課題である。

3. 「つながり続ける」ことの意味についての検討

【つながり】については、「かかわり」の構成要素の一つであるであること、PSWや相談支援専門員が「つながり続ける」ことの意味の一端を示すことはできた。しかし、それ以上の意味を明らかにすることはできなかった。

インタビュー調査では、援助契約が終わり、密に会わなくなったとしても彼らと〔つながっている感覚〕をもち続けるという結果を示したが、この感覚は、お互いに生涯続くこともあると思われる。目の前にいない人との〔つながっている感覚〕は、調査結果で示した以上に、人にとって重要な意味をもつのかもしれない。

以前実施したインタビュー調査において、ベテランPSWが、亡くなる直前に訪ねてきた元クライエントとの「かかわり」を「自分にとってはつながり続けている人っていう風に相手も思ってくれてたみたいで。最後に会った時は仏様みたいな感じで。微笑みながらね。声にならないような、もう声って言うかな。まもなくホントに生涯を閉じたていう感じで」と振り返っていた（國重 2015: 43）。この語りからも、【つながり】が両者を支えたことが推察される。

【つながり】は、その人が生き続けるための支えだけでなく、その人が生きてきたことの証でもあったように考えられる。そして、この【つながり】は、誰しも一人で迎えなければならない最期の瞬間においても、その人を支えるように思える。援助関係が消え去って、クライエントという立場の人がいなくなったとしても、そこには、人と人との「つながり」が残り（稲沢 2023: 23）、それが人を支えるように思われるが、実証的に示すことには限界があった。

「かかわり」の構成要素のなかでも【つながり】は、長期入院者の視点から理解することが重要である。しかし、援助者が援助という役割を忘れたときに【つながり】が生まれる（坪上 1998: 134）ため、【つながり】が生じた時点では援助関係がなく、調査を実施しにくい。そのため本研究においても彼らを対象とした調査は、事例研究に留まっている。今後は、長期入院経験者に対するインタビュー調査を重ね、彼らが【つながり】をどのように捉え、意味づけているのか示すことが必要であろう。

文 献

相原啓介（2023）「滝山病院事件の背景と課題」『響き合う街で』(107), 40-4.

相川章子（2024）「『かかわり』と『自己決定原理』の継承を誓って」『精神保健福祉』55
(3), 300-1.

相川章子・田村綾子・廣江仁（2009）『かかわりの途上で――こころの伴走者、PSWが綴る
19のショートストーリー』へるす出版.

赤沼麻矢（2007）「精神障害者退院促進支援事業における対象者個別事例の質的比較――ブー
ル代数アプローチを用いて」『社会福祉学』48(3), 42-54.

Anderson, H. and Goolishian, H.（1992）"The Client Is the Expert: A Not-Knowing Approach
to Therapy." In McNamee, S. and Gergen, K. J. eds., *Therapy as Social Construction*, Sage
Publications, pp. 25-39.（=2014, 野口裕二・野村直樹訳『ナラティヴ・セラピー――
社会構成主義の実践』遠見書房, pp. 43-64）

荒田寛（2002a）「PSWの役割と課題――精神障害者の社会参加と生活支援の視点」『社会福
祉研究』(84), 50-7.

荒田寛（2002b）「援助と自助」柏木昭編著『新精神医学ソーシャルワーク』岩崎学術出版社,
pp. 67-74.

荒田寛（2003）「『共に生きる』ということ」『精神保健福祉』34(1), 3.

荒田稔（1988）「共に生活して」谷中輝雄・藤井達也編著『心のネットワークづくり――や
どかりの里の活動記録』松籟社, pp. 75-81.

荒田稔（2020）「生活を見る視点　生活を共にすること」『響き合う街で』(93), 3-6.

朝本哲夫（2003）「大阪府における取組モデル――退院促進事業を実践して」『精神保健福
祉』34(1), 27-30.

粟谷登・大野和男・小出保廣他（1980）「提案委員会報告」日本精神医学ソーシャル・ワー
カー協会.

Biestek, Felix, P.（1954）*The Casework Relationship*, Loyola University Press.（=2006, 尾
崎新・福田俊子・原田和幸訳『ケースワークの原則［新訳改訂版］――援助関係を形成
する技法』誠信書房.）

土居健郎（1992）『新訂　方法としての面接――臨床家のために』医学書院.

Dustin, D.（2007）*The McDonaldization of Social Work*, Ashgate.（=2023, 小坂啓史・圷洋
一・堀田裕子訳『マクドナルド化するソーシャルワーク――英国ケアマネジメントの実
践と社会理論』明石書店.）

Flick, U.（2007）*Qualitative Sozialforschuhg*, 3rd Ed., Rowohlt Verlag GmbH.（=2011, 小
田博志監訳『新版　質的研究入門――〈人間の科学〉のための方法論』春秋社.）

藤井伸彦（2003）「現場の声　社会的入院について考える――岡山からの報告」『精神保健福

社』34 (1)，38–40.

藤井達也（1988）「生活を賭けた活動」谷中輝雄・藤井達也編著『心のネットワークづくり——やどかりの里の活動記録』松籟社，pp. 75–81.

藤井達也（2004）『精神障害者生活支援研究——生活支援モデルにおける関係性の意義』学文社.

藤井康男（2004）「ダウンサイジングと悪魔の囁き」『精神医学』46 (7)，672–3.

藤澤房枝（2014）「地域移行支援の利用者の声——退院の希望」『精神科臨床サービス』14 (2)，158–61.

藤沢満紀代・大海義昭・重石啓芳他（1979）「退院時の問題」『精神医学ソーシャル・ワーク』12 (18)，63–75.

藤沢敏雄（1998）『精神医療と社会——こころ病む人びとと共に［増補新装版］』批評社.

古屋龍太（2015a）『精神科病院脱施設化論——長期在院患者の歴史と現況、地域移行支援の理念と課題』批評社.

古屋龍太（2015b）『精神障害者の地域移行支援——退院環境調整ガイドラインと病院・地域統合型包括的連携クリニカルパス』中央法規.

古屋龍太・後藤基行（2023）「精神医療改革を阻んできたもの」『響き合う街で』(107) 19–26.

後藤基行（2019）『日本の精神科入院の歴史構造——社会防衛・治療・社会福祉』東京大学出版会.

萩下洋一・中垣望史・藤沢満紀代他（1979）「民間アパートを活用した社会復帰活動」『病院精神医学』(57)，71–6.

萩原浩史（2019）『詳論　相談支援——その基本構造と形成過程・精神障害を中心に』生活書院.

半田芳吉（1979）「退院と自立を考える」『精神医学ソーシャル・ワーク』13 (19)，31–4.

橋本みきえ（1992）「ハリのある生活＝文化のある生活——長期慢性病棟での試み」『精神医学ソーシャル・ワーク』(30)，66–9.

早川進（1968）「『ソーシャルワーク原理』に関する哲学的考察（Ⅲ）」『精神医学ソーシャル・ワーク』3 (1)，31–41.

早川進・谷中輝雄（1984）『流れゆく苦悩』やどかり出版.

平川淳一（2023）「滝山病院についての報告」『日本精神科病院協会雑誌』42 (10)，4–8.

茨木尚子（2021）「障害当事者運動にみる AOP——その可能性と課題」坂本いづみ・茨木尚子・竹端寛他『脱「いい子」のソーシャルワーク——反抑圧的な実践と理論』現代書館，pp. 141–156.

今井千代美・奥村由美・伊永晶一（2005）「大阪府退院促進支援事業の取り組み——自立支援員による支援を中心として」『精神障害とリハビリテーション』9 (2)，61–5.

今井楯男・斉藤篤・田宮崇他（1983）「精神科病院における長期在院者をめぐる諸問題」『精

神医学ソーシャル・ワーク』16 (22), 42–51.

今野正裕 (2005)「社会的入院の解消に向けて　どこに目を」社団法人日本精神保健福祉士協会精神保健福祉部精神医療委員会編『社会的入院の解消に向けて』社団法人日本精神保健福祉士協会, pp. 26–41.

稲沢公一 (1999)「生活支援の援助モデル――変容モデルと支援モデル」谷中輝雄・三石麻友美・仁木美知子他『生活支援Ⅱ』やどかり出版, pp. 279–300.

稲沢公一 (2002)「援助者は『友人』たりうるのか」古川孝順・岩崎晋也・稲沢公一・児島亜紀子『援助するということ――社会福祉実践を支える価値規範を問う』有斐閣, pp. 135–208.

稲沢公一 (2017)『援助関係論入門――「人と人との」関係性』有斐閣.

稲沢公一 (2019a)「社会福祉とは」稲沢公一・岩崎晋也『社会福祉をつかむ　第3版』有斐閣, pp. 1–8.

稲沢公一 (2019b)「個別援助」稲沢公一・岩崎晋也『社会福祉をつかむ　第3版』有斐閣, pp. 40–77.

稲沢公一 (2023)「援助関係からみたクライエント――『つながり』が残るとき」『ソーシャルワーク研究』1 (4), 17–24.

井上牧子 (2019)「業務ではなく、ソーシャルワーク実践を！――業務指針への批判」『精神医療［第4次］』(95), 38–45.

石川かおり (2011)「精神科ニューロングステイ患者の入院生活の体験」『岐阜県立看護大学紀要』11 (1), 13–24.

石川信義 (1982)「私の考える病院医療」『精神医学ソーシャル・ワーク』15 (21), 5–16.

石川信義 (1990)『心病める人たち――開かれた精神医療へ』岩波書店.

伊藤時男 (2024)『かごの鳥――奪われた40年の人生を懸けた精神医療国家賠償請求訴訟』やどかり出版.

岩上洋一 (2010)「地域移行支援は地域の課題――精神障害者地域移行支援特別対策事業を通して」『精神医療［第4次］』(57), 23–7.

岩上洋一・全国地域で暮らそうネットワーク (2018)『地域で暮らそう！　精神障害者の地域移行支援・地域定着支援・自立生活援助導入ガイド』金剛出版.

岩本操 (2013)「精神保健福祉士が経験する多様な業務の実態とその評価に関する研究――精神科病院に勤務するPSWへのアンケート調査結果より」『精神保健福祉』44 (2), 131–40.

岩本正次 (1975)「十年を振り返って」『精神医学ソーシャル・ワーク』9 (15), 1–2.

岩尾貢 (2009)「認知症の人たちとのかかわりと精神保健福祉士の課題」『精神保健福祉』39 (4), 277–280.

岩崎康孝 (1997)「PSWに期待するもの」『精神医学ソーシャル・ワーク』(38), 7–12.

岩田邦彦・大喜田由紀子・垂石房子他 (1972)「東海地区におけるPSW、相談員の業務実態

調査」『精神医学ソーシャル・ワーク』7 (1)，6–24.

門屋充郎（1983）「ある状況の中のPSW――実践の過程で教えてくれたもの」『精神医学ソーシャル・ワーク』16 (22)，77–82.

門屋充郎・菅野治子・寺谷隆子他（1994）「私はこう考える、クライエントの生活さまざま」『精神医学ソーシャル・ワーク』(33)，18–42.

門屋充郎（2002）「帯広・十勝における生活支援」東雄司・江畑敬介監修『みんなで進める精神障害リハビリテーション――日本の5つのベルト・プラクティス』星和書店，pp. 32–51.

門屋充郎（2004）「組織の方向性」社団法人日本精神保健福祉士協会事業部出版企画委員会編『日本精神保健福祉士協会40年史』社団法人日本精神保健福祉士協会，pp. 98–106.

門屋充郎（2008）「社会資源を使うとはどういうことか」『精神科臨床サービス』8 (4)，450–5.

門屋充郎（2010）「今も!!　われわれ精神保健福祉士に求められるもの」『精神保健福祉』41 (3)，155–9.

門屋充郎（2011）「帯広・十勝圏域における地域連携」『精神障害とリハビリテーション』15 (1)，34–41.

門屋充郎（2014）「相談支援の来歴と現実」『精神科臨床サービス』14 (2)，130–5.

門屋充郎（2015）「地域精神保健福祉活動の展開――帯広・十勝圏域の取り組み」『ソーシャルワーク学会誌』(30)，112–4.

梶元紗代（1991）「ケースワーク技術を考える――長期在院者プロジェクトを通して」『精神医学ソーシャル・ワーク』(28)，19–21.

金川洋輔（2009）「本当に『退院意欲の乏しい人』はいるのだろうか?」『精神科臨床サービス』9 (3)，416–9.

金川洋輔（2013）「地域移行支援・地域支援の今後を見据えてPSWの役割を考える」『東京PSW研究』(22)，61–4.

金川洋輔（2014）「地域移行支援・地域定着支援の進め方」『精神科臨床サービス』14 (2)，176–80.

金成透（2014）「相談支援と地域移行支援・地域定着支援」『精神科臨床サービス』14 (2)，141–5.

菅野治子（1979）「病院医療の展開におけるPSWの視点と役割――浅香山病院での実践をとおして」『精神医学ソーシャル・ワーク』13 (19)，5–16.

柏木昭（1966）『ケースワーク入門』川島書店.

柏木昭（1975）「協会10年の歩みの中から」『精神医学ソーシャル・ワーク』9 (15)，3–18.

柏木昭（1977a）「社会福祉における実践の意味」柏木昭・越智浩二郎『社会福祉と心理学』一粒社，pp. 1–6.

柏木昭（1977b）「社会福祉技術の意味」柏木昭・越智浩二郎『社会福祉と心理学』一粒社，

文　献

pp. 7–15.

柏木昭（1977c）「真の治療チームをめざして」柏木昭・越智浩二郎『社会福祉と心理学』一粒社，pp. 230–248.

柏木昭・越智浩二郎（1977）『社会福祉と心理学』一粒社.

柏木昭（1982）「働きかけの視点を求めて」『精神医学ソーシャル・ワーク』15（21），17–27.

柏木昭（1989）「自己覚知について思う」『精神医学ソーシャル・ワーク』19（25），2–3.

柏木昭（1991）「ケースワーク」『精神医学ソーシャル・ワーク』（28），66–7.

柏木昭（1993）「PSWの専門性と教育」柏木昭編『改訂　精神医学ソーシャル・ワーク』岩崎学術出版社，pp. 53–62.

柏木昭（1995）「法38条の戦略」『精神医学ソーシャル・ワーク』（35），83–90.

柏木昭（1996）「PSWの歴史」柏木昭編著『三訂　精神医学ソーシャル・ワーク』岩崎学術出版社，pp. 38–48.

柏木昭（1997）「直接援助技術の臨床研究に携わって」柏木昭・簇野脩一編『医療と福祉のインテグレーション』へるす出版，pp. 2–12.

柏木昭（1999）「ソーシャルワーカーとしての精神保健福祉士」『精神保健福祉』30（1），4–8.

柏木昭（2002）「ソーシャルワーカーに求められる『かかわり』の意義――精神保健福祉の領域から」『現代のエスプリ』（422），36–45.

柏木昭（2007）「誌上スーパービジョンとは何か」社団法人日本精神保健福祉士協会広報出版部出版企画委員会編『スーパービジョン――誌上事例検討を通して』へるす出版，pp. 1–4.

柏木昭（2010）「"トポス"の創造とソーシャルワーカー」柏木昭・佐々木敏明『ソーシャルワーク協働の思想――"クリネー"から"トポス"へ』へるす出版，pp. 74–97.

柏木昭（2011）「私とソーシャルワーク」岸川洋治・柏木昭『みんなで参加し共につくる――福祉の役わり・福祉のこころ』聖学院大学出版会，pp. 60–95.

柏木昭（2014）「『かかわり』が結晶する協会50年の系譜」公益社団法人日本精神保健福祉士協会設立50周年記念講演会資料，2014年11月28日，明治記念館.

柏木昭（2017）「誌上スーパービジョンの振り返り――クライエント主体とかかわり論に基づく狙い目」『精神保健福祉』48（1），24–7.

柏木昭（2022）「『かかわり論』の真髄を探る」『かかわり研究会資料』目白大学.

柏木昭（2023）「『三原則』の自覚にいたるスーパービジョン」聖学院大学人間福祉スーパービジョンセンター編，柏木昭・大野和男・相川章子『精神保健福祉士の専門性構築の経過とスーパービジョン』聖学院大学出版会，pp. 21–8.

柏木昭（2024）「ソーシャルワーカーとしての自覚」柏木昭・田村綾子『ソーシャルワーク・スーパービジョンの可能性』聖学院大学出版会，pp. 54–76.

柏木昭・坪上宏・佐竹洋人他（1969）「我が国における精神医学ソーシャル・ワークの現状と将来」『精神医学ソーシャル・ワーク』4 (2), 26–36.

柏木昭・坪上宏・谷中輝雄他（1970）「パネル討議」『精神医学ソーシャル・ワーク』5 (2), 8–15.

柏木昭・岩本正次・谷中輝雄他（1985）「協会の歴史を通してのPSW論」『精神医学ソーシャル・ワーク』17 (23), 58–84.

柏木昭・佐々木敏明（2010a）『ソーシャルワーク協働の思想――"クリネー"から"トポス"へ』へるす出版.

柏木昭・佐々木敏明（2010b）「『協働』の思想、ソーシャルワークに帰れ」柏木昭・佐々木敏明『ソーシャルワーク　協働の思想』へるす出版, pp. 32–72.

柏木昭・大野和男・柏木一恵（2014）「鼎談／精神保健福祉士の50年――何が出来、何が出来なかったのか」『精神保健福祉』45 (3), 158–63.

柏木昭・大野和男・西澤利朗他（2020）「先達から学ぶ！――実践の原点」『精神保健福祉』51 (1), 156–7.

柏木昭・大野和男・相川章子（2023）「参加者とともに」聖学院大学人間福祉スーパービジョンセンター編, 柏木昭・大野和男・相川章子『精神保健福祉士の専門性構築の経過とスーパービジョン』聖学院大学出版会, pp. 29–39.

柏木一恵（2002）「長期入院者と精神科病院のPSW」『精神保健福祉』33 (2), 123–7.

柏木一恵・小田敏雄・安藤里恵子他（2002）「座談会　精神科病院PSWの現状から見えてくるもの」『精神保健福祉』33 (2), 133–41.

加藤蔵行（2015）「30年以上も入院していたことに」きょうされん広報・出版・情報委員会編『白い部屋を飛び出して――精神科病院に長期入院していた人たちの証言』きょうされん, pp. 9–17.

加藤正明（2000）「我が国における社会精神医学の過去, 現在, 未来について」『日本社会精神医学会雑誌』9 (1), 45–52.

川口真知子（2009）「精神科病院からの地域移行を実現する具体的実践を」『精神保健福祉』40 (2), 89–92.

河合隼雄・中村雄二郎（1984）『トポスの知――箱庭療法の世界』TBSブリタニカ.

川村敏明・向谷地生良（2008）『退院支援、べてる式』医学書院.

河島京美（2010）「ピアサポーターの活動を中心に始めた退院促進支援事業――東京・練馬の地域生活支援センターの取り組み」『精神医療［第4次］』(57), 28–31.

菊池謙一郎・新開淑子・小口徹他（1998）「長期在院の精神分裂病患者の退院の意向とそれに関連する要因について」『臨床精神医学』27 (5), 563–71.

Killaspy, H., Johnson, S., Pierce, B., et al. (2008) "Successful Engagement: A Mixed Methods Study of the Approaches of Assertive Community Treatment and Community Mental Health Teams in the REACT Trial," *Soc Psychiatry Psychiatr Epidemiol*, 44, 532–40.

文　献

木村朋子（2013）「東京地業研から見た東京の精神科病院」『精神医療［第4次］』(69)，99–106.

金城多美子（2013）「利用者の希望の確認」特定非営利活動法人全国精神障害者地域生活支援協議会編『障害者地域移行支援・地域定着支援ガイドブック』中央法規，pp. 41–5.

木下康仁（2003）『グラウンデッド・セオリー・アプローチの実践——質的研究への誘い』弘文堂.

木下康仁（2009）『質的研究と記述の厚み——M-GTA・事例・エスノグラフィー』弘文堂.

小出保廣（2004）「草創期（1964〜1969）」社団法人日本精神保健福祉士協会事業部出版企画委員会編『日本精神保健福祉士協会40年史』社団法人日本精神保健福祉士協会，pp. 25–31.

国立精神・神経医療研究センター（2023）『令和5年度　630調査結果』(https://www.ncnp.go.jp/nimh/seisaku/data/630.html，2024.4.29).

厚生労働省（2004）『精神保健医療福祉の改革ビジョン』(https://www.mhlw.go.jp/kokoro/nation/vision.html，2020.11.4).

厚生労働省（2009）『精神保健医療福祉の更なる改革に向けて』(https://www.mhlw.go.jp/shingi/2009/09/s0924-2.html，2020.11.4).

厚生労働省（2014）『「長期入院精神障害者の地域移行に向けた具体的方策の今後の方向性」のとりまとめについて』(https://www.mhlw.go.jp/stf/shingi/0000051136.html，2020.11.4).

厚生労働省（2017）『障害者相談支援事業の実施状況等の調査結果について』(https://www.mhlw.go.jp/file/06-Seisakujouhou-12200000-Shakaiengokyokushougaihokenfukushibu/0000069105_7.pdf，2018.8.1).

厚生労働省（2017）『平成29年（2017）患者調査の概況』(https://www.mhlw.go.jp/toukei/saikin/hw/kanja/17/index.html，2023.8.12).

厚生労働省（2018）『平成30（2018）年医療施設（動態）調査・病因報告の概況』(https://www.mhlw.go.jp/toukei/saikin/hw/iryosd/18/，2020.11.4).

厚生労働省（2019）『地域共生社会に向けた包括的支援と多様な参加・共同の推進に関する検討会』(https://www.mhlw.go.jp/stf/newpage_04612.html，2020.11.4).

厚生労働省（2020a）『精神保健医療福祉の現状』(https://www.mhlw.go.jp/content/12200000/000607971.pdf，2020.11.4).

厚生労働省（2020b）『資料3　自立生活援助、地域相談支援（地域移行支援・地域定着支援）に係る報酬・基準について《論点等》』(https://www.mhlw.go.jp/stf/newpage_13497.html，2020.11.4)

厚生労働省（2023a）『令和4年度障害福祉サービス等報酬改定検証調査　調査結果報告書』(https://www.mhlw.go.jp/content/12200000/001109391.pdf，2024.5.1)

厚生労働省（2023b）『自立生活援助、地域移行支援、地域定着支援、地域生活支援拠点等に係る報酬・基準について《論点等》』(https://www.mhlw.go.jp/content/12401000/

001159438.pdf，2024.5.1)

厚生労働省（2024）『障害福祉サービス等の利用状況について』（https://www.mhlw.go.jp/stf/
　　seisakunitsuite/bunya/hukushi_kaigo/shougaishahukushi/toukei/index.html，2024.12.20）

窪田暁子（1979）「社会福祉の方法・技術を考える」『福祉研究』（40），6–32.

窪田暁子（2013）『福祉援助の臨床――共感する他者として』誠信書房.

國重智宏（2010）「退院から地域定着へ」北海道地域ケアマネジメントネットワーク編『精
　　神障害者の退院・退所を支援する地域移行推進員等の育成に関する調査研究事業報告書』
　　北海道地域ケアマネジメントネットワーク，pp. 94–5.

國重智宏（2015）「ベテラン精神科ソーシャルワーカーのクライエントとの『かかわり』形
　　成プロセス」『ライフデザイン学研究』（10），19–49.

國重智宏（2017）「退院支援における相談支援事業所PSWの『かかわり』――長期入院精神
　　障害者へのインタビュー調査から」『ライフデザイン学研究』（13），285–96.

國重智宏（2018）「精神科病院から退院および地域定着支援」精神保健医療福祉白書編集
　　委員会編『精神保健医療福祉白書2018／2019――多様性と包括性の構築』中央法規，
　　172.

國重智宏（2019）「長期入院精神障害者の退院支援における相談支援事業所に勤務する精神
　　保健福祉士の『かかわり』のプロセス」『社会福祉学』59（4），30–40.

國重智宏（2020）「地域移行支援における相談支援専門員と長期入院精神障害者の『かかわ
　　り』」『響き合う街で』（94），42–4.

國重智宏・鬼塚香（2016）「精神科ソーシャルワーカーの援助に対する自己批判」『ライフデ
　　ザイン学研究』（11），31–55.

國重智宏・吉田光爾（2021）「長期入院精神障害者の地域移行支援における相談支援専門員
　　の『かかわり』」『精神障害とリハビリテーション』25（1），69–77.

國重智宏・稲沢公一（2023）「長期入院精神障害者と相談支援専門員が退院に向けて『一緒
　　に行う』ことの意義について」『2022年度科学研究費助成事業実施状況報告書』（https://
　　kaken.nii.ac.jp/ja/report/KAKENHI-PROJECT-22K01960/22K019602022hokoku/，
　　2024.10.10）.

黒木満寿美（2003）「総合病院のなかで考えたこと」『精神保健福祉』34（1），36–7.

きょうされん広報・出版・情報委員会編（2015）『白い部屋を飛び出して：精神科病院に長
　　期入院していた人たちの証言』きょうされん

Lorenz, W.（2004）"Research as an Element in Social Work's Ongoing Search for Identity." In
　　Lovelock, R., Lyons, K., and Powel, J. eds. *Reflecting on Social Work: Discipline and
　　Profession*. Ashgate.

前川茂之（2023）「『カビの生えた病棟』はなくならない――神出病院虐待事件の取材から見
　　えてきたこと」『響き合う街で』（107），3–11.

丸瀬恵（2010）「地域移行支援の事例と課題」北海道地域ケアマネジメントネットワーク編

『精神障害者の退院・退所を支援する地域移行推進員等の育成に関する調査研究事業報告書』北海道地域ケアマネジメントネットワーク，pp. 92–3.

松田康裕（2023）「第9回野中賞（研究表彰）の選考経過と受賞者について」『精神障害とリハビリテーション』27 (1) 48–9.

松永宏子（2003）「精神保健福祉分野における研修」『精神保健福祉』34 (2) 109–12.

三代浩肆（1970）「パネルディスカッション要旨3」『精神医学ソーシャル・ワーク』5 (2)，4–5.

見浦康文（1970）「パネルデッスカッション要旨2」『精神医学ソーシャル・ワーク』5 (2)，3–4.

宮部真弥子（2009）「医療機関による居住サービスと地域生活支援」『精神科臨床サービス』9 (3)，361–6.

物江克男（2010）「『精神医療』は『精神障害者福祉』を位置づけることができるのか——問われているのはパラダイムの転換である」『精神医療［第4次］』(57)，79–82.

森山公夫（1984）「報徳会宇都宮病院の構造」『精神医療』13 (2)，2–11.

Mosher, Loren R. and Burti, Lorenzo (1989) *Community Mental Health: Principles and Practice*, New York Norton.（= 1992，公衆衛生精神保健研究会訳『コミュニティメンタルヘルス——新しい地域精神保健活動の理論と実際』中央法規）

向谷地生良（1992）「『べてる』を支えるもの——その理念と実際」べてるの家の本制作委員会『べてるの家の本——和解の時代』べてるの家，pp. 12–32.

向谷地生良（1996）「『べてるの家』から学ぶもの——精神障害者の生活拠点づくりの中で」『こころの科学』(67)，8–12.

向谷地生良（2002a）「苦労をとりもどす」浦河べてるの家編『べてるの家の「非」援助論——そのままでいいと思えるための25章』医学書院，pp. 42–6.

向谷地生良（2002b）「公私混同大歓迎」浦河べてるの家編『べてるの家の「非」援助論——そのままでいいと思えるための25章』医学書院，pp. 210–6.

向谷地生良（2009a）『統合失調症を持つ人への援助論——人とのつながりを取り戻すために』金剛出版.

向谷地生良（2009b）『技法以前——べてるの家のつくりかた』医学書院.

村上陽一郎（1986）『時間の科学』岩波書店.

長野敏宏（2018）「地域住民との連携」伊藤順一郎監修『病棟に頼らない地域精神医療論——精神障害者の生きる力をサポートする』金剛出版，pp. 197–206.

中越章乃（2016）「精神科病院における退院支援に関する文献の検討—長期在院精神障害者の退院意欲を中心に—」『神奈川県立保健福祉大学誌』13 (1)，53–9.

中村雄二郎（2000）『共通感覚論』岩波書店.

仲野実（1980）「退院して病院周辺のアパートに住んでいる人たちについての報告」『精神医療』9 (2)，3–16.

七瀬タロウ（2006）「日精協政治連盟の『政治献金』問題のその後——『同様な行為を再び行い』始めた日精協」『精神医療［第4次］』（41），93–5

成田善弘（2005）『治療関係と面接——他者と出会うということ』金剛出版.

名城健二（2007）『精神科ソーシャルワーカーの実践とかかわり——御万人の幸せを願って』中央法規.

日本放送協会（2022）「"コロナ感染で閉じ込められた"精神科病院院長など訴え裁判」（https://www3.nhk.or.jp/news/html/20220509/k10013616911000.html，2024.07.18）.

日本精神保健福祉士協会企画部痴呆性疾患を有する高齢者の処遇についての研究委員会編（2002）『PSWのかかわり実践集』日本精神保健福祉士協会.

日本精神保健福祉士協会事業部出版企画委員会編（2004）『日本精神保健福祉士協会40年史』社団法人日本精神保健福祉士協会.

日本精神保健福祉士協会企画部生涯研修制度検討委員会編（2007）『社団法人日本精神保健福祉士協会構成員ハンドブック』社団法人日本精神保健福祉士協会.

日本精神保健福祉士協会精神保健福祉部精神保健医療福祉委員会編（2012）『平成23年度精神保健医療福祉委員会事例集』日本精神保健福祉協会.

日本精神保健福祉士協会（2007）『精神障害者の退院促進支援事業の手引き』日本精神保健福祉士協会.

日本精神保健福祉士協会（2008）『良質な相談支援を支える地域のしくみ作りに関する人材育成研修プログラム開発』日本精神保健福祉士協会.

日本精神保健福祉士協会編（2008）『生涯研修制度共通テキスト　第1巻』社団法人日本精神保健福祉士協会.

日本精神保健福祉士協会編（2010）『精神保健福祉士業務指針及び業務分類［第1版］』社団法人日本精神保健福祉士協会.

日本精神保健福祉士協会編（2014）『精神保健福祉士業務指針及び業務分類［第2版］』公益社団法人日本精神保健福祉士協会.

日本精神保健福祉士協会（2014）『精神保健福祉士のための社会的入院解消に向けたガイドライン（ver.1）／相談支援ハンドブック（ver1.3）』日本精神保健福祉士協会.

日本精神保健福祉士協会編（2016）『生涯研修制度共通テキスト［第2版］』公益社団法人日本精神保健福祉士協会.

日本精神保健福祉士協会（2018）『精神保健福祉士の倫理綱領』（http://www.japsw.or.jp/syokai/rinri/japsw.htm#4-3，2020.12.26）.

日本精神保健福祉士協会編（2020）『精神保健福祉士業務指針［第3版］』日本精神保健福祉士協会.

日本精神保健福祉士協会（2024）『公益社団法人日本精神保健福祉士協会構成員ハンドブック（第11版）』日本精神保健福祉士協会.

日本精神保健福祉士協会60周年記念誌編集委員会編（2024）『日本精神保健福祉士協会60

年史』日本精神保健福祉士協会.

日本精神医学ソーシャル・ワーカー協会常任理事会（1975）「Y問題調査報告より提起された課題の一般化について（資料）」日本精神医学ソーシャル・ワーカー協会.

日本精神医学ソーシャル・ワーカー協会提案委員会（1981）『提案委員会報告（抜粋）』日本精神医学ソーシャル・ワーカー協会.

日本精神医学ソーシャル・ワーカー協会（1994）『日本精神医学ソーシャルワーカー協会の歩み1984～1993』日本精神医学ソーシャル・ワーカー協会.

日本精神医学ソーシャル・ワーカー協会編（1998）『わが国の精神保健福祉の展望――精神保健福祉士の誕生をめぐって』へるす出版.

日本精神医学ソーシャル・ワーカー協会島根支部（1985）「島根県におけるPSWの業務実態調査」『精神医学ソーシャル・ワーク』17(23), 18–27.

野口裕二（2002）『物語としてのケア――ナラティヴ・アプローチの世界へ』医学書院.

小栗静雄（2021）『精神保健福祉の実践――北海道十勝・帯広での五〇年』寿郎社.

岡田宏基（2020）「長期入院統合失調症者の陰性症状の特徴および退院困難要因との関連――地域在住統合失調症者との比較から」『精神障害とリハビリテーション』24(2), 193–200.

岡田靖雄（2002）『日本精神科医療史』医学書院.

岡村重夫・北田章・長坂五朗他（1967）「精神障害者の福祉をめぐって」『精神医学ソーシャル・ワーク』2(2), 30–43.

奥田知志（2018）「困窮者支援における伴走型支援とは」埋橋孝文・同志社大学社会福祉教育・研究支援センター編『貧困と生活困窮者支援――ソーシャルワークの新展開』法律文化社, pp. 9–44.

大熊一夫（1981）『ルポ・精神病棟』朝日新聞社.

大熊一夫（1988）『新ルポ・精神病棟』朝日新聞社.

大島巌・吉住昭・稲沢公一他（1996）「精神分裂病長期入院者の退院意向と希望する生活様式――全国の精神科医療施設約4万床を対象とした自記式調査から」『病院・地域精神医学』38(4), 108–17.

大島巌（1990）「精神保健法に基づく精神障害者社会復帰施設の実態と課題――1年の全国調査から」『病院・地域精神医学』(102), 29–36.

大谷京子（2010）「精神保健福祉領域におけるソーシャルワーカー‐クライエント関係に関する実証研究――『ソーシャルワーカーの自己規定』『対象者観』『関係性』概念を用いて」『社会福祉学』51(3), 31–43.

大谷京子（2012）『ソーシャルワーク関係――ソーシャルワーカーと精神障害当事者』相川書房.

尾崎新（1994）『ケースワークの臨床技法――「援助関係」と「逆転移」の活用』誠信書房.

尾崎新（1997）『対人援助の技法――「曖昧さ」から「柔軟さ・自在さ」へ』誠信書房.

尾崎新（2002）「自己決定を尊重する現場の力」尾崎新編『「現場」のちから──社会福祉実践における現場とは何か』誠信書房，pp. 126–152.

Rapp, C. and Goscha, R. (2011) *The Strengths Model: A Recovery-Oriented Approach to Mental Health Services*, 3rd Ed., Oxford University Press.（＝2014，田中英樹監訳『ストレングスモデル──リカバリー志向の精神保健福祉サービス［第3版］』金剛出版.）

雑賀良彦（2015）「生活するということは、自分で決めるということ」きょうされん広報・出版・情報委員会編『白い部屋を飛び出して──精神科病院に長期入院していた人たちの証言』きょうされん，pp. 51–9.

佐々木敏明（2004）「協会前史（〜1963）」社団法人日本精神保健福祉士協会事業部出版企画委員会編『日本精神保健福祉士協会40年史』社団法人日本精神保健福祉士協会，pp. 18–24.

佐々木敏明・古屋龍太（2014）「創始期（1964〜1972）9年間──協会創設からY問題前まで」日本精神保健福祉士協会50年史編集委員会編『日本精神保健福祉士協会50年史』公益社団法人日本精神保健福祉士協会，pp. 9–15.

齊藤くに（2015）「退院できて本当によかった」きょうされん広報・出版・情報委員会編『白い部屋を飛び出して──精神科病院に長期入院していた人たちの証言』きょうされん，pp. 33–42.

里見和夫（2003）「大和川病院事件から精神医療を問う」『精神神經學雜誌』105（7），868–871.

佐藤光正（2008）「ケアマネジメント」『精神科臨床サービス』8（4），26–9.

澤野文彦（2010）「精神科病院で働く精神保健福祉士の今日的課題」『精神保健福祉』41（2），88–91.

「精神医療人権基金」運営委員会（1986）『国際法律家委員会　日本における人権と精神病患者』悠久書房.

関口鉄夫（2015）「今は共同作業所が大切な場所」きょうされん広報・出版・情報委員会編『白い部屋を飛び出して──精神科病院に長期入院していた人たちの証言』きょうされん，pp. 43–50

瀬戸山淳（2003）「社会的入院の『社会的理由』とPSWのかかわりについて」『精神保健福祉』34（1），41–3.

柴田晃（1967）「破瓜型分裂病者の社会復帰面接の特殊性について」『精神医学ソーシャル・ワーク』2（2），16–22.

柴田憲良・鈴木幸子・井村満知子他（1984）「同和会千葉病院における社会復帰活動──『ふぇにっくす活動』及び『単身アパート退院援助活動』をめぐって」『病院・地域精神医学』（76），175–83.

鹿野勉（2003）「大阪府における『退院促進事業』をめぐって──その実践結果とPSWの役割を中心に」『精神保健福祉』34（1），70–7.

新谷歩（2016）『みんなの医療統計——12日間で基礎理論とEZRを完全マスター！』講談社.

白石弘巳（2012）「当事者・家族にとっての『回復』とその支援をめぐって」『精神科看護』39（10），20–9.

白石弘巳（2018）『ころがって、つながる』やどかり出版.

白石弘巳（2019）「精神疾患における障害概念と精神障害者・家族への支援」『精神障害とリハビリテーション』23（1），10–5.

Stake, R. E. (2000) "Case Studies." In Denzin, N. K. and Lincoln, Y. S. eds., *Handbook of Qualitative Research*, 2nd Ed., Sage Publications.（＝2006，平山満義監訳『質的研究ハンドブック2巻——質的研究の設計と戦略』北大路書房，pp. 101–20）

杉原努（2017）「精神科病院長期入院者の退院に至る変化に関する研究——精神科病院長期入院者が退院支援者からの働きかけによって退院していくプロセス」『臨床心理学部研究報告』9，3–16.

杉原努（2019）『精神科病院長期入院患者の地域生活移行プロセス——作られた「長期入院」から退院意思協同形成へ』明石書店.

杉山幸孝（2015）「退院をあきらめないで」きょうされん広報・出版・情報委員会編『白い部屋を飛び出して——精神科病院に長期入院していた人たちの証言』きょうされん，pp. 24–32.

助川征雄（2002）『ふたりぼっち——精神科ソーシャルワーカーからの手紙』万葉舎.

鈴木詩子（2019）「PSWの新たなステージを前に」『精神医療［第4次］』（95），70–6.

高田大志（2020）「第3回（最終回）医療依存から離れる覚悟」『精神看護』18（5），498–501.

高木健志（2013）「精神保健福祉士による退院援助実践に関する考察（その1）」『山口県立大学社会福祉学部紀要』（19），37–47.

高木健志（2017）「長期入院精神障害者の『退院の意思決定』を支える退院援助実践に関する研究——精神科病院に勤務する17人の精神科ソーシャルワーカーへのインタビュー調査を通して」『山口県立大学学術情報』（10），147–53.

高橋一（2002）「精神科病院におけるソーシャルワーカー」柏木昭編著『新精神医学ソーシャルワーク』岩崎学術出版社，pp. 71–87.

高橋清彦・長坂五朗・依岡信幸他（1968）「いわゆる『中間施設』（あけぼの寮）の試み」『病院精神医学』（23），11–21.

髙橋操（2015）「幸せになれるよ」きょうされん広報・出版・情報委員会編『白い部屋を飛び出して——精神科病院に長期入院していた人たちの証言』きょうされん，pp. 18–23.

竹端寛（2016）「精神医療のパラダイムシフト」遠塚谷冨美子・吉池毅志・竹端寛他『精神病院時代の終焉——当事者主体の支援に向かって』晃洋書房，pp. 83–119.

竹端寛（2018）『「当たり前」をひっくり返す——バザーリア・ニィリエ・フレイレが奏でた「革命」』現代書館.

滝沢武久（2014）『検証 日本の精神科社会的入院と家族——精神科長期入院者とその家族について歴史的考察とその実態 精神障害者福祉への政策提言』筒井書房.

田倉保男（1972）「ソーシャルワーク実践における『方法』と『技術』について——愛知・一宮・佐藤神経科病院問題の提起したもの」『精神医学ソーシャル・ワーク』7 (1)，1–5.

谷しおり（1993）「いま、ここから 闘病・二〇年」谷中輝雄編『旅立ち 障害を友として——精神障害者の生活の記録』やどかり出版，pp. 47–80.

田尾有樹子（2008）「巣立ち会の地域移行支援」『精神障害とリハビリテーション』12 (2)，148–53.

田尾有樹子（2010）「退院・地域移行 巣立ち会からの発信」『精神医療［第4次］』(57)，48–52.

立岩真也（2013）『造反有理——精神医療現代史へ』青土社.

立岩真也（2015）『精神病院体制の終わり——認知症の時代に』青土社.

寺谷隆子（2002）「全員参加と協働の地域支援」東雄司・江畑敬介監修『みんなで進める精神障害リハビリテーション——日本の5つのベストプラクティス』星和書店，pp. 81–93.

寺谷隆子（2008）『精神障害者の相互支援システムの展開——あたたかいまちづくり・心の樹「JHC板橋」』中央法規.

富島喜揮（2011）「メンタルヘルスとスクールソーシャルワーク」三原博光編『日本の社会福祉の現状と展望——現場からの提言』岩崎学術出版社，pp. 110–25.

富島喜揮（2019）「PSWがPSWでなくなる時」『精神医療［第4次］』(95)，46–52.

坪上宏（1970）「社会福祉的援助活動とはなにか——ケースワーク論の再検討より試論へ」『精神医学ソーシャル・ワーク』5 (1)，2–12.

坪上宏（1980）「PSWの歩みと現状 実践報告をとおして」『精神医学ソーシャル・ワーク』13 (19)，17–27.

坪上宏（1988）「援助者自身の自己発見」谷中輝雄・藤井達也編『心のネットワークづくり——やどかりの里の活動記録』松籟社，pp. 189–96.

坪上宏（1994）「いま考える二つのこと——精神科ソーシャルワーカー国家資格化の問題に関連して」『精神医学ソーシャル・ワーク』(32)，31–41.

坪上宏（1998）『援助関係論を目指して——坪上宏の世界』やどかり出版.

坪上宏・谷中輝雄編（1995）「早川先生からPSWへのメッセージ」『あたりまえの生活 PSWの哲学的基礎——早川進の世界』やどかり出版，pp. 123–138.

坪上宏・谷中輝雄・大野和男（1998）「PSW協会と坪上宏」坪上宏編（1998）『援助関係論を目指して——坪上宏の世界』やどかり出版，pp. 71–105.

上野大樹（2012）「暗黙知」大澤真幸・吉見俊哉・鷲田清一編『現代社会学事典』弘文堂，pp. 38–9.

上野康夫・八重樫久美子（2014）「川崎市における地域移行・地域定着支援の取り組みについて」『精神科臨床サービス』14（2），208–11.

United Nations (2022) *Concluding Observations on the Initial Report of Japan*（4b40e52dfcbeb4069f914f29dd82baf2.docx (live.com)，2023.8.12）

山田州宏（2000）「35年目の関わり」『精神保健福祉』31（4），46.

山田恭子（2005）「長期入院者の退院支援への取り組み」社団法人日本精神保健福祉士協会精神保健福祉部精神医療委員会編『社会的入院の解消に向けて』社団法人日本精神保健福祉士協会，pp. 15–25.

山口創生・吉田光爾（2024）「ケースマネジメントの発展の歴史と概要」『精神障害とリハビリテーション』28（2），125–139.

山口多希代（2005）「長期入院者の退院支援」社団法人日本精神保健福祉士協会精神保健福祉部精神医療委員会編『社会的入院の解消に向けて』社団法人日本精神保健福祉士協会，pp. 54–63.

山本深雪（1995）「大阪精神医療人権センターの活動と大和川病院事件」『精神医学ソーシャル・ワーク』（34），45–8.

谷中輝雄（1976）「『精神障害者』の社会復帰について」やどかりの里セミナー委員会編『『精神障害者』の社会復帰への実践──「やどかりの里」の試み』やどかり出版，pp. 11–51.

谷中輝雄（1979）「看護を超えて」『看護学雑誌』43（8），810.

谷中輝雄（1983）「精神障害者とのかかわりから学んだこと」『ソーシャルワーク研究』8（3），25–31.

谷中輝雄（1987）「あたり前の生活の実現をめざして」日本精神医学ソーシャル・ワーカー協会編『精神障害者のあたり前の生活の実現をめざして』日本精神医学ソーシャル・ワーカー協会，pp. 71–86.

谷中輝雄（1988）「やどかりの里の歩みをふりかえって」谷中輝雄・藤井達也編著『心のネットワークづくり──やどかりの里の活動記録』松籟社，pp. 13–52.

谷中輝雄（1993a）『谷中輝雄論稿集Ⅰ　生活』やどかり出版.

谷中輝雄（1993b）『谷中輝雄論考集Ⅱ　かかわり』やどかり出版.

谷中輝雄（1995）「早川進とやどかりの里」坪上宏・谷中輝雄編『あたりまえの生活　PSWの哲学的基礎──早川進の世界』やどかり出版，pp. 5–83.

谷中輝雄（1996）『生活支援──精神障害者生活支援の理念と方法』やどかり出版.

谷中輝雄（2000a）「生活支援形成過程について──やどかりの里における生活モデルの提示」『精神障害とリハビリテーション』4（2），132–6.

谷中輝雄（2000b）「精神障害者福祉とソーシャルワーク──精神医学ソーシャルワーカーの活動の足跡」『ソーシャルワーク研究』25（4），301–7.

谷中輝雄（2002）「精神障害者生活支援の理念」全国精神障害者社会復帰施設協会編『精神

障害者生活支援の体系と方法——市町村精神保健福祉と生活支援センター』中央法規, pp. 30–54.

谷中輝雄（2004）「協会再編への道のり」『精神保健福祉』35（2），123–7.

谷中輝雄・柏木昭・三代浩肆他（1970）「パネル討議」『精神医学ソーシャル・ワーク』5（2），8–15.

谷中輝雄・早川進（1983）『改訂　ごくあたりまえの生活をもとめて——精神障害者の社会復帰への実践』やどかり出版.

谷中輝雄・藤井達也編著（1988）『心のネットワークづくり——やどかりの里の活動記録』松籟社.

安原荘一（2003）「日精協の『政治献金』問題について」『精神医療［第4次］』（32），26–38.

横山登志子（2006）「『現場』での『経験』を通したソーシャルワーカーの主体的再構成プロセス——医療機関に勤務する精神科ソーシャルワーカーに着目して」『社会福祉学』47（3），29–42.

横山登志子（2008）『ソーシャルワーク感覚』弘文堂.

吉原明美（2005）「社会的入院患者の退院促進に向けた大阪府の取り組み」『精神医学』47（12），1353–61.

吉浦輪（2024）「報告を受けて；臨床の立場からテーマを今一度考察する」東洋大学福祉社会開発研究センターシンポジウム資料，2024年3月9日，東洋大学.

渡辺朝子（1969）「病院医療と地域精神衛生活動」『精神医学ソーシャル・ワーク』4（1），40–3.

渡邉博幸（2011）「旭中央病院精神科多職種アウトリーチシステムによる危機状況への対応」『精神障害とリハビリテーション』15（1），21–7.

あとがき

　本書は、東洋大学博士論文『長期入院精神障害者の退院支援における「かかわり」——PSWおよび当事者へのインタビュー調査、相談支援専門員へのアンケート調査に基づいて』を基に加筆修正したものである。

　まず2014年から10年以上にわたり、インタビュー調査にご協力いただいている十勝の長期入院経験者や支援者の皆さまに深くお礼申し上げる。十勝の方たちの強くてしなやかな「かかわり」に触れ、信頼できる人と「つながり続ける」ことができれば、人は望む場で、その人らしく生きることができると考えられるようになった。

　こうした十勝の方たちの「かかわり」を特別なものにしないためには、「かかわり」を統計的に検証することが不可欠であった。アンケート調査にご協力いただいた相談支援専門員の方々にもお礼申し上げる。

　そして、東洋大学の稲沢公一先生、吉浦輪先生、吉田光爾先生には、本書の出版に向けて、学位取得後も丁寧にご指導していただいた。先生方のご指導なくして、本書は完成しなかった。深謝の意を表する。

　また、私の研究活動を支えてくださった学部時代の師である松永宏子先生、博士前期課程の師である藤井達也先生、博士後期課程の最初の主査であった白石弘巳先生、柏木昭先生を中心とした「かかわり研究会」のPSWの先輩方にも感謝を伝えたい。

　わが国では、本書を作成している間も、精神科病院における虐待が止むことなく繰り返されている。精神科病院という「場」では、「人と人としての関係」がないかのように虐待や権利侵害が行われてしまう。そのような「場」にいることを強いられている「人」が、今でも15万人以上いるにもかかわらず、国も我々もできることすら行っていないように思われる。柏木や谷中がつないできたPSWの「かかわり」をこの状況を変えたいと思っている人に引き継ぎ、今も長期入院を強いられている人たちが、自ら選択した場で、望む生活を実現するための一助となれば、望外の喜びである。

なお本書の研究遂行に際しては、下記の研究助成からの支援をいただいた。研究助成団体に改めて感謝申し上げる。

- 東洋大学：2015年度井上円了記念研究助成「長期入院精神障害者の退院支援における精神保健福祉士の『かかわり』」
- 日本学術振興会：2016～2018年度科学研究費助成事業基盤研究（C）「長期入院精神障害者の退院支援における精神保健福祉士の『かかわり』」（課題番号：16K04189）
- 東洋大学：2019年度井上円了記念研究助成「長期入院精神障害者の地域移行支援における相談支援専門員の『かかわり』」
- 帝京平成大学：2020～2021年度帝京平成大学研究奨励助成金「長期入院精神障害者の地域相談支援における相談支援専門員の『かかわり』」
- 帝京平成大学：2021～2022年度帝京平成大学研究奨励助成金「『一緒に行うこと』を通して展開する退院までのプロセス」
- 日本学術振興会：2022～2026年度科学研究費助成事業 基盤研究（C）「長期入院精神障害者と相談支援専門員が退院に向けて『一緒に行う』ことの意義について」（課題番号：22K01960）

加えて、本書は、2024年度東洋大学井上円了記念研究助成の支援を得て刊行されるものである。記して謝意を表したい。

最後に出版の機会を与えてくださり、ご尽力を賜った明石書店の深澤孝之氏、編集を担当してくださった伊得陽子氏、明石書店をご紹介くださった日本医療大学の山下浩紀先生、資料を提供していただいた公益社団法人日本精神保健福祉士協会に感謝申し上げる。

■ 初出一覧

本書の各章は、以下の筆者の論文などを加筆修正したものである。

【第3章】

國重智宏（2019）「長期入院精神障害者の退院支援における相談支援事業所に
　勤務する精神保健福祉士の『かかわり』のプロセス」『社会福祉学』59（4），
　30–40.

【第4章】

國重智宏（2020）「地域移行支援における相談支援専門員と長期入院精神障害者
　の『かかわり』」『響き合う街で』（94），42–4.

國重智宏・吉田光爾（2021）「長期入院精神障害者の地域移行支援における
　相談支援専門員の『かかわり』」『精神障害とリハビリテーション』25（1），
　69–77.

索 引

A-Z

ACT　51, 148, 190
I問題　27
JHC板橋　33, 36, 73, 86
SV（スーパービジョン）　67
Y問題　25, 26, 29, 57, 59, 64, 88

あ

アパート退院　28, 30, 31, 37
暗黙知　189

い

一緒に行う　104, 133, 141–144, 146–
　148, 151–153, 156, 161, 163–173,
　175–178, 181–186, 188, 189, 192
一心同体の関係　187
一方的関係　80
稲沢公一　130
岩本正次　58
院内作業　18, 19
　――療法　28, 43
インフォーマルな資源　109

う

浦河べてるの家　33, 73, 86, 148

え

援助関係の3性質　80
援助の限界点　87, 130

お

オープンシステム　50, 181
尾崎新　130, 163, 166, 178

か

外勤作業　18, 19, 28, 30, 52, 68
　――療法　24
開放化運動　27
カイロス　63, 67, 85
かかわり続ける　113, 190
「かかわり」の欠如　79, 88
かかわりの三つの性質　80
「かかわり」論　14, 59, 66, 73, 78, 79
かかわり論　67, 76, 87
柏木昭　29, 58, 59, 66, 85, 147, 166
　――の「かかわり」論　88, 131
門屋充郎　33, 34, 37, 41, 132, 180
棺桶退院　19
関係に基づく援助　161–163, 165, 168,
　180, 185

214

索引

き

共感　117
　　――する他者　82, 83, 187
共通感覚　87
協働　65–67, 128
　　――作業　69, 166
　　――者　66
　　――する関係性　147
共同住居　25, 32, 33, 37
業務指針　79
業務の枠を超えた活動　144

く

クラーク勧告　26
クライエントとのかかわりを通して広がる視点　75, 77, 78
クライエントの自己決定　62
クライエントの社会的復権　38

け

経験をともにする　86
傾斜のある力関係　60, 88, 102, 105, 163, 164

こ

公私一体　148
ご近所づきあい　148, 149
ごくあたり前の関係　63
ごく普通のつきあい　129
ここで、今（here and now）　64, 67, 78

さ

札幌宣言　30
雑用　80

し

時系列を加味したPSWの視点　75–77
自己開示　66, 67, 84, 106, 130
自己決定　61, 67, 72, 85, 113, 116, 166, 175
　　――する力　167, 168, 178, 185, 186
　　――する力が育つ　104, 185, 188
　　小さな――　131, 168, 173, 178, 186
時熟　63, 64, 66, 85
死亡退院　49
　　――者　9
社会復帰施設　52
社会防衛思想　24
社団法人日本精神保健福祉士協会倫理綱領　74
循環的関係　80, 91
自立　167, 187

す

ストレングス　49, 95, 175
　　――モデル　37, 46, 107, 108, 148
住みなれた世界　162

せ

生活支援　72, 188
生活のしづらさ　111, 161
生活場面をともにする　150
生活をともにする　182, 191
精神科ソーシャルワーカー業務指針　38
精神障害者社会復帰施設　36
精神障害者の社会的復権　30, 38
精神保健医療福祉の改革ビジョン　9, 44
『精神保健福祉業務指針及び業務分類

（第1版）』 77
精神保健福祉士法 39, 44
全人格的なかかわり 71, 172
全生活的なかかわり 71, 172

そ

相互的関係 80
相互主体的（な）関係 83, 84, 153, 187
相談を受ける 141–144, 146, 149, 170, 171, 176, 181

た

対等な関係 84, 87
対話 67
滝山病院 10, 189
　——事件 79
他者 187
　——であること 82

つ

つきあい 113, 117, 125, 129, 130, 133, 142, 153, 168, 170–172, 175–177, 184, 185
　一生の—— 170
つながっている 161, 167
つながり 113, 125, 126, 128–131, 142, 153, 170–172, 175–177, 184–187, 193
　——続ける 119–121, 125–127, 129, 133, 142–144, 147, 169–172, 175–177, 184, 189
坪上宏 56, 59, 80
　——の援助関係論 80, 130

て

提案委員会報告 29, 30

寺谷隆子 33

と

十勝 33, 37, 50–52, 73, 75, 89, 90, 105, 109, 121, 132, 153, 180–182, 187
トポス 67, 85, 86
　地域の—— 65, 66
ともに生きる関係 88
ともに生きること 88
ともに経験すること 88

な

ナイトホスピタル 24

に

逃げない者 87
二重拘束 42
日常生活的なかかわり 170, 171
日常的関係性 170
日本精神医学ソーシャル・ワーカー協会
　倫理綱領 38

は

パートナー 72, 73, 112, 113, 129
　——シップ 12, 80, 142, 170, 176, 177
バウンダリーを超える実践 185
パターナリステック 73
働きかけ 61
早川進 55, 83
伴走型支援 190

ひ

人と状況の全体性 67, 78
人と人との「つながり」 193

ふ

俯瞰的な「かかわり」　78, 88, 189
父性主義（パターナリズム）　65
不定形な実践　170

ほ

報徳会宇都宮病院事件　34, 36
訪問指導　24
北海道十勝圏域　14
本音　117
　　──で伝える　161
　　──を聴く　141–144, 146, 170, 171,
　　176, 177, 181
　　──をこぼす　171

む

向谷地生良　33, 149
無知の姿勢　82
無力さを共有する関係　87

も

物語　82

や

やどかりの里　31, 32, 36, 52, 59, 68,
　69, 73, 86, 148, 149, 191
谷中輝雄　29, 35, 57, 59, 68, 147
　　──の「かかわり」論　88, 191
大和川病院事件　42, 53

ら

ライシャワー事件　24

り

臨在の証人　82, 83, 187

わ

分けがたい援助　171

■著者紹介

國重 智宏（くにしげ ともひろ）

帝京平成大学人文社会学部准教授／博士（社会福祉学［東洋大学大学院］）

上智大学を卒業後、精神科病院 PSW や東京都退院促進コーディネーターなどとして長期入院者の退院支援などに従事した。現場実践を行いながら上智大学大学院にて修士（社会福祉学）の学位を取得した。その後、教育機関に移り、精神保健福祉士養成教育を担うとともに PSW の「かかわり」と長期入院者の退院支援に関する研究を続けている。

［主要論文］

國重智宏（2019）「長期入院精神障害者の退院支援における相談援助事業所に勤務する精神保健福祉士の『かかわり』のプロセス」『社会福祉学』59（4），30–40.

國重智宏・吉田光爾（2021）「長期入院精神障害者の地域移行支援における相談支援専門員の『かかわり』」『精神障害とリハビリテーション』25（1），69–77.

＊日本精神障害者リハビリテーション学会第9回野中賞（最優秀賞）受賞論文

精神医学ソーシャルワーカーの「かかわり」論
長期入院精神障害者の退院支援における関係を問う

2025 年 2 月 7 日　初版第 1 刷発行

著　者	國　重　智　宏
発行者	大　江　道　雅
発行所	株式会社明石書店

〒101–0021 東京都千代田区外神田 6-9-5
電話 03（5818）1171
FAX 03（5818）1174
振替　00100-7-24505
https://www.akashi.co.jp/

装丁	明石書店デザイン室
印刷・製本	モリモト印刷株式会社

ISBN978-4-7503-5876-5
（定価はカバーに表示してあります）

JCOPY 〈出版者著作権管理機構　委託出版物〉

本書の無断複製は著作権法上での例外を除き禁じられています。複製される場合は、そのつど事前に、出版者著作権管理機構（電話 03-5244-5088、FAX 03-5244-5089、e-mail: info@jcopy.or.jp）の許諾を得てください。

メンタルヘルス不調のある親への育児支援
保健福祉専門職の支援技術と当事者・家族の語りに学ぶ
蔭山正子著
◎2500円

精神障害者が語る恋愛と結婚とセックス
当事者・家族・支援者のお悩みQ&A
YPS横浜ピアスタッフ協会、精神障害当事者会ポルケ編著
◎2000円

精神障がいのある親に育てられた子どもの語り
困難の理解とリカバリーへの支援
横山恵子・蔭山正子編著
◎2500円

当事者が語る精神障がいとリカバリー
続・精神障がいのある人の家族への暴力というSOS
YPS横浜ピアスタッフ協会 蔭山正子編著
◎2500円

精神障がい者の家族への暴力というSOS
家族・支援者のためのガイドブック
蔭山正子編著
◎2500円

精神に障害のある人々の政策への参画
当事者委員が実践するアドボカシー
松本真由美著
◎3200円

子どもの精神科入院治療
子どもを養育するすべての人へ
金井剛、中西大介著
◎2400円

小児思春期の子どものメンタルヘルスケア
プライマリ・ケア医療者向けガイダンス
ジェーン・メシャン・フォイ編 前橋赤十字病院小児科訳 溝口史剛監訳
◎20000円

医療福祉相談ガイドブック【2024年度版】
ソーシャルワーカー・ケアマネジャー必携
NPO法人日本医療ソーシャルワーク研究会編
◎2500円

医療福祉論
退院援助をめぐる社会科学的な探究
村上武敏著
◎3000円

外国人の医療・福祉・社会保障 相談ハンドブック
移住者と連帯する全国ネットワーク編
◎2500円

子どものウェルビーイングとひびきあう
権利、声、「象徴」としての子ども
山口有紗著
◎2200円

迷走ソーシャルワーカーのラプソディ
どんなときでも、「いいんじゃない?」と僕は言う
山下英三郎著
◎2000円

ソーシャルワーク実践のためのカルチュラルコンピテンス
宗教・信仰の違いを乗り越える
シーラ・ファーネス、フィリップ・ギリガン著 陳麗婷監訳
◎3500円

ソーシャルワークの哲学的基盤
理論・思想・価値・倫理
フレデリック・G・リーマー著 秋山智久監訳 福祉哲学研究所協力
◎3000円

新版 ソーシャルワーク実践事例集
社会福祉士をめざす人・相談援助に携わる人のために
渋谷哲、山下浩紀編
◎2800円

〈価格は本体価格です〉

ソーシャルワークと経過記録法
医療ソーシャルワーカーの実践力を高めるF-SOAi-P
髙石麗理湖著
◎3500円

演劇/ドラマの手法とソーシャルワーク教育
解放と脱構築のためのクリティカル・リフレクション
小山聡子著
◎4200円

「被害者意識」のパラドックス
非行・犯罪を繰り返す人たちの理解と対応
村尾泰弘著
◎3200円

塀の中のジレンマと挑戦
矯正施設における刑法・少年法改正の影響と課題
中島学著
◎3500円

攻撃的なクライエントへの対応
対人援助職の安全対策ガイド
ポーリン・ビビー著 清水隆則監訳
◎3200円

マイノリティ支援の葛藤
分断と抑圧の社会的構造を問う
呉永鎬・坪田光平編著
◎3500円

「ごみ屋敷」で暮らす高齢者の実態
「重度のためごみ状態にある住宅」の要因から
河合美千代著
◎5000円

困窮者に伴走する家庭経済ソーシャルワーク
居住者への支援まで
フランス「社会・家庭経済アドバイザー」の理念と実務
フランソワ・アバレアほか著 佐藤順子監訳 小野あけみ訳
◎3000円

ソーシャルワークの方法論的可能性
「実践の科学化」の確立を目指して
衣笠一茂著
◎3600円

女性移住者の生活困難と多文化ソーシャルワーク
母国と日本を往還するライフストーリーをたどる
南野奈津子著
◎3800円

伴走支援システム
生活困窮者の自立と参加包摂型の地域づくりに向けて
稲月正著
◎3600円

エンパワメントの視点に基づく路上生活者支援
多様な自立のあり方に応じたソーシャルワークへの転換
櫻井真一著
◎4200円

福祉政策研究入門 政策評価と指標 第1巻
少子高齢化のなかの福祉政策
埋橋孝文編著
◎3000円

福祉政策研究入門 政策評価と指標 第2巻
格差と不利/困難のなかの福祉政策
埋橋孝文編著
◎3000円

都市高齢者の介護・住まい・生活支援
福祉地理学から問い直す地域包括ケアシステム
宮澤仁著
◎3600円

地域福祉と包括的支援システム
基本的な視座と先進的取り組み
宮城孝「日本地域福祉学会」地域福祉と包括的相談・支援システム研究プロジェクト編著
◎3500円

〈価格は本体価格です〉

ダイレクト・ソーシャルワーク ハンドブック

対人支援の理論と技術

ディーン・H・ヘプワース ほか 著　武田信子 監修

■B5判／上製／980頁　◎25000円

北米の大学院で長年使われているソーシャルワークの基本図書。ソーシャルワークとは何かから始まり、アセスメントや援助計画、効果的なコミュニケーション法、解決のための方略、資源開発、そして援助の終結まで最新の欧米の知見と豊富な事例をベースに論じる。

● 内容構成 ●

第1部　序論　ソーシャルワークの課題／ダイレクト実践──対象領域、理念、役割／援助プロセスの概要／ソーシャルワークの基本的価値の実現

第2部　探索、アセスメント、計画　コミュニケーション／相手の話に沿い、問題を探り、焦点を当てる技術／逆効果を生むコミュニケーション・パターンの除去／アセスメント──問題とストレングスの探求と理解／アセスメント──個人的要因、対人的要因／環境的要因／多様な家庭的・文化的背景を持つ家族の機能のアセスメント／ソーシャルワークにおけるグループの形成と評価／目標の設定と契約の締結

第3部　変化をめざす段階　変化をめざす方略の計画と実行／介入の方略としての資源開発、組織化、プランニング、およびアドボカシー／家族関係の強化／ソーシャルワーク・グループへの介入／専門家による、より深い共感、解釈、および直面化／変化の阻害要因の扱い方

第4部　終結の段階　最終段階──評価と終結

スクールソーシャルワーク ハンドブック

実践・政策・研究

キャロル・リッペイ・マサット ほか 編著　山野則子 監修

■B5判／上製／640頁　◎20000円

米国で長くスクールソーシャルワークのための不朽の教科書と評価されてきた基本図書。エビデンスに基づく実践だけでなく、学校組織や政策との関連、マクロ実践まで豊富な事例と内容から論じ、これからのソーシャルワークの実践と教育には欠かせない必読書である。

● 内容構成 ●

第1部　スクールソーシャルワークの歴史と全体像

第2部　スクールソーシャルワーク実践の政策的背景

第3部　スクールソーシャルワークにおけるアセスメントと実践に基づく研究

第4部　政策実践

第5部　ティア1（段階1）の介入

第6部　ティア2（段階2）の介入

第7部　ティア3（段階3）の介入

〈価格は本体価格です〉

マクドナルド化する ソーシャルワーク

英国ケアマネジメントの実践と社会理論

ドナ・ダスティン 著

小坂啓史、圷洋一、堀田裕子 訳

■A5判/上製/328頁 ◎4500円

効率性や予測可能性、計算可能性に主眼をおいたケアマネジメントの導入は、ソーシャルワーク実践にどのような影響を及ぼすのか。英国の公共セクターにおける政策的背景や実践例をもとに、各種社会理論も援用して、「合理性の非合理性」に対抗する視座を提起する。

● 内容構成 ●

第Ⅰ部：マクロ的視点
ケアマネジメントの導入を理解する──理論と文脈
社会変動の理論化／社会変動の文脈

第Ⅱ部：ミクロ的視点
ケアマネジメント役割についてのソーシャルワーカーの認識
──調査からの研究結果
ソーシャルワーク実践におけるケアマネジメントの影響／ケアマネジメント・サービスにおける消費者主義、選択、エンパワメント／ケアマネージャーとしてのソーシャルワーカー

第Ⅲ部：マクロとミクロを考察する
過去を振り返り、将来をみる
ケアの商品化としてのケアマネジメント／ケアマネジメントの専門領域におけるソーシャルワーク実践

ソーシャルワーク

人々をエンパワメントする専門職

ブレンダ・デュボワ、カーラ・K・マイリー 著

北島英治 監訳　上田洋介 訳

■B5判/上製/644頁 ◎20000円

ソーシャルワーカーとして身につけるべき10のコア・コンピテンシー（核となる専門的力量）の習得を目的に執筆された米国の教科書。ストレングス、人権、社会正義という今日的テーマを織り込みながら、ソーシャルワーク専門職とはどのような仕事なのかについて平易に解説。

● 内容構成 ●

第1部 専門職としてのソーシャルワーク
1 ソーシャルワーク援助の専門職／2 進化し続ける専門職／3 ソーシャルワークと社会システム／4 ソーシャルサービス提供システム

第2部 ソーシャルワークの視座
5 ソーシャルワークの価値と倫理／6 人権と社会正義／7 ダイバーシティとソーシャルワーク

第3部 ジェネラリスト・ソーシャルワーク
8 エンパワメント・ソーシャルワーク・プラクティス／9 ソーシャルワークの機能と役割／10 ソーシャルワークと社会政策

第4部 プラクティスの現場における今日的課題
11 ソーシャルワークと貧困、ホームレス、失業、刑事司法／12 保健、リハビリテーション、メンタルヘルスにおけるソーシャルワーク／13 家族と青少年とのソーシャルワーク／14 成人と高齢者のためのサービス

〈価格は本体価格です〉

精神科病院 長期入院患者の 地域生活移行プロセス

作られた「長期入院」から退院意思協同形成へ

杉原努 著

■A5判／上製／240頁 ◎3200円

精神保健福祉士たちと協同しながら退院への意思を持ち続け、地域生活を実現した過程を詳述。先行研究の整理や精神科医療の現状把握を行いつつ、退院した人たちへの豊富なインタビューの分析を通して、日本の精神科医療と精神保健福祉の今後のあり方を示す。

●内容構成●

第1章　精神科病院長期入院患者に関する問題意識および研究目的

第2章　「希薄な施策の結果」としての長期入院患者

第3章　「観点のある退院支援の必要性」の確認と実践

第4章　M-GTAを使用した研究

第5章　密室の中のディスエンパワメント

第6章　暮らす力を得ていく

第7章　働きかけの強化と構造的変革の必要性

希望の対話的リカバリー

心に生きづらさをもつ人たちの蘇生法

ダニエル・フィッシャー 著
松田博幸 訳

■A5判／並製／344頁 ◎3500円

国際的な精神障害当事者運動のリーダーであり、精神科医として長年実践を重ねてきた著者による集大成の書を全訳。当事者の「私たち抜きで私たちのことを決めるな」の声に立脚し、リカバリー（回復）が対話を通して実現することを様々な具体例を示しつつ詳述。

私たち抜きで私たちのことを決めるな：日本のみなさんへ

●内容構成●

第1部　私の生をリカバリーする

第1章　他者のために存在する

第2章　自分自身の声を見つける

第3章　他者と調和して自らの生を生きる

第2部　エンパワメントを通した生のリカバリー

第4章　私の生のリカバリーを通して私が学んだこと

第5章　生をリカバリーするためのエンパワメントの過程

第3部　情動的対話を通した生のリカバリー

第6章　生の対話的リカバリーとは何か？

第7章　自らの声を見つけ出す

第8章　エンパワーする対話をエモーショナルCRRを通して学ぶ

第9章　エンパワーする対話を通した文化変容

第10章　オープン・ダイアローグを通して生のリカバリーをうながす

第11章　コミュニティ・ライフのリカバリーに関する私の考え

〈価格は本体価格です〉